ANNALES
DE
L'EMPIRE
DEPUIS
CHARLEMAGNE.

Par l'Auteur du Siecle de Louis XIV.

Regum, pontificum, populorum continet æstus.

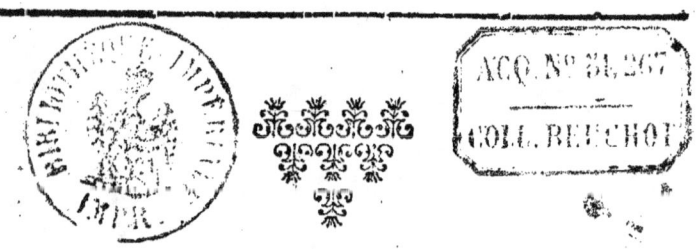

A BASLE,
Chez JEAN HENRI DECKER,
1753.

A S. A. S. Me. LA

D. de S. G.

MADAME,

Je n'ai fait qu'obéir aux ordres de Votre Alteſſe Sereniſſime en écrivant cet abregé de l'hiſtoire de l'Empire. Il aurait un grand avantage ſi j'étais reſté plus longtems dans Votre Cour. J'aurais mieux peint la vertu, ſurtout cette vertu humaine & ſociable, à qui l'eſprit & les graces donnent un nouveau prix ; mais elle eſt peu du reſſort de l'hiſtoire. L'ambition qu'on maſque du grand nom de l'intérêt des états, &

qui ne fait que le malheur des états, les paſſions féroces qui ont conduit preſque toujours la politique; laiſſent peu de place à ces vertus douces qu'on ne cultive guères que dans la tranquilité. Par tout où il y a des troubles, il y a des crimes; & l'hiſtoire n'eſt que le tableau des troubles du monde.

Il eſt important pour toutes les nations de l'Europe de s'inſtruire des révolutions de l'Empire. Les hiſtoires de France, d'Angleterre, d'Eſpagne, de Pologne ſe renferment dans leurs bornes. L'Empire eſt un théatre plus vaſte. Ses prééminences, ſes droits ſur Rome & ſur l'Italie, tant de rois, tant de ſouverains qu'il a créés, tant de dignités qu'il a conférées dans d'autres états, ces aſſemblées preſque continuelles de tant de princes, tout cela forme une ſcène auguſte, même dans les ſiécles les moins policés. Mais le détail en eſt immenſe. Et il reſte aux hommes occupés trop peu de tems pour lire ce prodigieux amas de faits qui ſe précipitent les uns ſur les autres, & ces recueils de loix preſque toujours contredites à force d'être expliquées. La juſteſſe de Votre eſprit vous a fait déſirer des annales qui ne fuſſent ni ſeches, ni prolixes, & qui donnaſſent une idée générale de l'Empire dans une langue que parlent toutes les nations, & qui eſt embellie dans Votre bouche. On aurait pû ſans doute obéir aux ordres de Votre Alteſſe Sereniſſime avec plus de ſuccès, mais non avec plus de zéle, & plus de reſpect.

Lettre

Lettre de Mr. de V*** à Mr. de *** Professeur en Histoire.

Vous avez dû vous appercevoir, Monsieur, que cette préténduë histoire universelle imprimée à la Haye, annoncée jusqu'au temps de Charlequint, & qui contient cent années de moins que le titre ne promet, n'était point faite pour voir le jour. Ce sont des recueils informes d'anciennes études, auxquelles je m'occupais il y a environ quinze années avec une personne respectable au-dessus de son sexe & de son siécle, dont l'esprit embrassait tous les genres d'érudition & qui savait y joindre le goût; sans quoi cette érudition n'eût pas été un mérite.

Je préparais uniquement ce canevas pour son usage & pour le mien, comme il est aisé de le voir par l'inspection même du commencement. C'est un compte que je me rends librement à moi-même de mes lectures; seule maniere de bien apprendre, & de fe faire des idées nettes ; car lors qu'on fe borne à lire, on n'a prefque jamais dans la tête qu'un tableau confus.

Mon principal but avait été de fuivre les révolutions de l'efprit humain dans celles des gouvernements.

Je cherchais comment tant de méchants hommes conduits par de plus méchants princes ont pourtant à la longue établi des fociétés où les arts, les fciences, les vertus mêmes ont été cultivées.

Je cherchais les routes du commerce qui répare en fecret les ruines que les fauvages conquérants laiffent après eux. Et je m'étudiais à examiner par le prix des denrées les richeffes ou la pauvreté d'un peuple. J'éxaminais furtout comment les arts ont pû renaître & fe foutenir parmi tant de ravages.

L'éloquence & la poëfie marquent le caractère des nations. J'avais traduit des morceaux de quelques anciens poëtes orientaux. Je me fouviens encor d'un paffage du perfan Sadi fur la puiffance de l'Etre fupréme. On y voit ce même génie qui anima les écrivains arabes & hébreux & tous ceux de l'orient : Plus d'imagination que de choix, plus d'enflure que de grandeur : Ils peignent avec la parole : mais ce font fouvent des figures mal-affemblées. Les élancements de

leur

leur imagination n'ont jamais admis d'idée fine & approfondie. L'art des transitions leur est inconnu.

Voici ce passage de Sadi en vers blancs :

Il sait distinctement ce qui ne fut jamais.
De ce qu'on n'entend point son oreille est remplie.
Prince, il n'a pas besoin qu'on le serve à genoux,
Juge, il n'a pas besoin que sa loi soit écrite.
De l'éternel burin de sa prévision
Il a tracé nos traits dans le sein de nos meres,
De l'aurore au couchant il porte le soleil,
Il sème de rubis les masses des montagnes.
Il prend deux gouttes d'eau ; de l'une il fait un home,
De l'autre il arrondit la perle au fonds des mers.
L'être au son de sa voix fut tiré du néant.
Qu'il parle & dans l'instant l'univers va rentrer
Dans les immensités de l'espace & du vide ;
Qu'il parle & l'univers repasse en un clin d'œil
Des abîmes du rien dans les plaines de l'être.

Ce Sadi né dans la Bactriane était contemporain du Dante né à Florence en 1265. Les vers du Dante faisaient déja la gloire de l'Italie quand il n'y avait aucun bon autheur prosaïque chez nos nations modernes. Il était né dans un temps où les querelles de l'Empire & du sacerdoce avaient laissé dans les états & dans les esprits des playes profondes. Il était gibelin & persécuté par les guelfes : ainsi il ne faut pas s'étonner s'il exhale à peu près ainsi ses chagrins dans son poëme en cette maniere :

Jadis on vit dans une paix profonde
De deux soleils les flambeaux luire au monde,
Qui sans se nuire éclairant les humains,
Du vrai devoir enseignaient les chemins :
Et nous montraient de l'aigle impériale
Et de l'agnau les droits & l'intervale.
Ce tems n'est plus, & nos cieux ont changé.
L'un des soleils de vapeurs surchargé
En s'échappant de sa sainte carrière,
Voulut de l'autre absorber la lumière.
La regle alors devint confusion ;
Et l'humble agneau parut un fier lion,
Qui tout brillant de la pourpre usurpée
Voulut porter la houlette & l'épée.

J'avais traduit plus de vingt passages assez longs du Dante, de Petrarque, & de l'Ariofte ; & comparant toujours l'esprit d'une nation inventrice & celui des nations imitatrices, je mettais en parallele plusieurs morceaux de Spencer que j'avais tachés de rendre avec beaucoup d'éxactitude. C'est ainsi que je suivais les arts dans leurs carrières.

Je n'entrais point dans le vaste labirinthe des absurdités philosophiques, qu'on honora si longtems du nom de *science*. Je remarquais seulement les plus grandes erreurs qu'on avait prises pour les vérités les plus incontestables ; & m'attachant

tachant uniquement aux arts utiles, je mettais devant mes yeux l'hiſtoire des découvertes en tout genre depuis l'arabe Geber inventeur de l'algebre juſqu'aux derniers miracles de nos jours.

Cette partie de l'hiſtoire, était ſans doute mon plus cher objet, & les révolutions des états n'étaient qu'un acceſſoire à celles des arts & des ſciences. Tout ce grand morceau qui m'avait coûté tant de peines, m'aïant été dérobé il y a quelques années, je fus d'autant plus découragé, que je me ſentais abſolument incapable de recommencer un ſi pénible ouvrage.

La partie purement hiſtorique reſta informe entre mes mains. Elle eſt pouſſée juſqu'au regne de Philippe II. & elle devait ſe lier au ſiécle de Louis XIV.

Cette ſuite d'hiſtoire débaraſſée de tous les détails qui obſcurciſſent d'ordinaire le fond, & de toutes les minuties de la guerre ſi intéreſſantes dans le moment, & ſi ennuïeuſes après, & de tous les petits faits qui font tort aux grands, devait compoſer un vaſte tableau qui pouvait aider la mémoire en frappant l'imagination.

Pluſieurs perſonnes voulurent avoir le manuſcrit tout imparfait qu'il était, & il y en a plus de trente copies. Je les donnai d'autant plus volontiers que ne pouvant plus travailler à cet ouvrage, c'était autant de matériaux que je mettais entre les mains de ceux qui pouvaient l'achever.

Lorſque

Lorsque Mr. de la Bruiere eut le privilége du Mercure de France vers l'année 1747. il me pria de lui abandonner quelques unes de ces feuilles qui parurent dans son journal. On les a recueillies depuis en 1751. parce qu'on recueille tout. Le morceau sur les croisades qui fait une partie de l'ouvrage fut donné dans ce recueil comme un morceau détaché & le tout fut imprimé très incorrectement avec ce titre peu convenable *Plan de l'histoire de l'esprit humain*. Ce prétendu plan de l'histoire de l'esprit humain, contient seulement quelques chapitres historiques touchant le neuviéme & dixiéme siécles.

Un libraire de la Haye ayant trouvé un manuscrit plus complet vient de l'imprimer avec le titre d'*Abregé de l'histoire universelle depuis Charlemagne jusqu'à Charlequint*. Et cependant il ne va pas seulement jusqu'au roi de France Louis XI. apparemment qu'il n'en avait pas d'avantage, ou qu'il a voulu attendre pour donner son 3e. volume, que ses deux premiers fussent débités.

Il dit qu'il a acheté ce manuscrit d'un homme qui demeure à Bruxelles. J'ai ouï dire en effet qu'un domestique de Mgr. le prince Charles de Lorraine en possédait depuis longtems une copie & qu'elle était tombée entre les mains de ce domestique par une avanture assez singuliére. L'exemplaire fut pris dans une cassette parmi l'équipage d'un prince, pillé par des houzards dans une bataille donnée en Bohéme. Ainsi on a

eu

eu cet ouvrage par le droit de la guerre, & il est de bonne prise. Mais apparemment que les mêmes houzards en ont conduit l'impression. Tout y est étrangement défiguré, il y manque les chapitres les plus intéressants. Presque toutes les dates y sont fausses, presque tous les noms déguisés. Il y a beaucoup de phrases qui ne forment aucun sens. D'autres qui forment un sens ridicule ou indécent. Les transitions, les conjonctions sont déplacées. On m'y fait dire très souvent tout le contraire de ce que j'ai dit. Et je ne conçois pas comment on a pû lire cet ouvrage dans l'état où il est livré au public. Je suis très-aise que le libraire qui s'en est chargé, y ait trouvé son compte & l'ait si bien vendu; mais s'il avait voulu me consulter, je l'aurais mis en état de donner au moins au public un ouvrage moins défectueux: & voyant qu'il m'était impossible d'arrêter l'impression, j'aurais donné tous mes soins à l'arrangement de cet informe assemblage qui dans l'état où il est ne mérite pas les regards d'un homme un peu instruit.

Comme je ne croiais pas, Monsieur, que jamais aucun libraire voulût risquer de donner quelque chose de si imparfait, je vous avouë que je m'étais servi de quelques uns de ces matériaux pour bâtir un édifice plus regulier & plus solide. Une de plus respectables princesses d'Allemagne, à qui je ne peux rien refuser, m'aïant fait l'honneur de me demander des annales de l'Empire, je n'ai point fait difficulté d'inférer un petit nombre

bre de pages de cette prétendue histoire univerfelle dans l'ouvrage qu'elle m'a ordoñé de compofer.

Dans le tems que je donnais à S. A. S. cette marque de mon obéïffance, & que ces annales de l'empire étaient deja prefque entierement imprimées, j'ai appris qu'un allemand qui était l'année paffée à Paris, avait travaillé fur le même fujet, & que fon ouvrage était prêt à paraître. Si je l'avais fçu plûtôt, j'aurais affurément interrompu l'impreffion du mien. Je fai qu'il eft beaucoup plus capable que moi d'une telle entreprife, & je fuis très-éloigné de prétendre lutter contre lui ; mais le libraire à qui j'ai fait préfent de mon manufcrit a pris trop de peine & m'a trop bien fervi pour que je puiffe fupprimer le fruit de fon travail. Peut-être même que le goût dans lequel j'ai écrit ces annales de l'Empire étant différent de la méthode obfervée par l'habile homme dont j'ai l'honneur de vous parler, les favants ne feront pas fâchés de voir les mêmes vérités fous des faces differentes. Il eft vrai que mon ouvrage eft imprimé en païs étranger à Bâle en Suiffe chez Jean-Henri Decker & qu'on peut préfumer que les livres français ne font pas imprimés chez les étrangers avec toute la correction neceffaire. Notre langue s'y corrompt tous les jours depuis la mort des grands hommes que la révolution de 1685. y tranfplanta, & la multitude même des livres qu'on y imprime, nuit à l'éxactitude qu'on y doit aporter. Mais cette édition a été revuë par des hommes intelligens. Et je peux répondre du moins qu'elle eft affez correcte &c.

Page 3. Dans l'ancien marbre confervé à Vienne, *lifez* Dans l'ancienne carte confervée à Vienne.

AVERTISSEMENT.

Ces courtes annales renferment tous les évenements principaux depuis le renouvellement de l'empire d'Occident. On y voit cinq ou six royaumes vassaux de cet empire, cette longue querelle des papes avec les empereurs, celle de Rome avec les uns & les autres, & cette lutte opiniatre du droit feodal contre le pouvoir supreme. On y voit comment Rome si souvent prête d'être subjuguée a échapé à un joug étranger, & comment le gouvernement qui subsiste en Allemagne s'est établi. C'est à la fois l'histoire de l'empire & du sacerdoce, & de l'Allemagne & de l'Italie. C'est en Allemagne que s'est formée cette réligion qui a ôté tant d'états à l'église romaine. Ce même païs est devenu le rempart de la crétienté contre les ottomans. Ainsi ce qu'on apelle l'empire est depuis Charlemagne le plus grand terme de l'Europe. On a mis au devant du premier volume, le catalogue des empereurs avec l'année de leur naissance, de leur avénement & de leur mort

mort, les noms de leurs femmes & de leurs enfans. Vis-à-vis est la liste de papes presque tous caracterisez par leurs actions principales, on y trouve l'année de leur exaltation. Desorte que le lecteur peut consulter d'un coup d'œil ce tableau, sans aller chercher des fragments de cette liste à la tête du regne de chaque empereur.

On a placé au devant du second volume une autre liste à colonnes contenant tous les électeurs. Le catalogue des rois de l'Europe & des empereurs Ottomans qu'on trouve si facilement partout ailleurs, eût trop grossi cet ouvrage qu'on a voulu rendre court autant que plein.

Pour le rendre plus utile aux jeunes gens, & pour les aider à retenir tant de noms & de dattes qui échapent presque toujours à la mémoire, on a resserré dans une centaine de vers técniques l'ordre de succession de tous les empereurs depuis Charlemagne, les dattes de leur couronnement & de leur mort & leurs principales actions, autant que la brieveté & le genre de ces vers l'ont pû permettre. Quiconque aura apris ces cent vers, aura toujours dans l'esprit sans hésiter tout le fonds de l'histoire de l'empire. Les dattes & les noms rapellent aisément dans la mémoire les evenements qu'on a lûs. C'est la méthode la plus sure & la plus facile.

EMPE-

EMPEREURS.	PAPES.

I.

CHARLEMAGNE né dit on le 10. avril 742. empereur en 800. mort en 814. SES FEMMES. *Hildegarde* fille de Childebrant comte de Suabe. *Irmengarde* qu'on croit la même que Désiderate fille de Didier roi des Lombards. *Fastrade* de Franconie. *Luitgarde* de Suabe. CONCUBINES OU FEMMES DU SECOND RANG. *Ilmetrude*, *Galienne*, *Matalgarde Gersinde*, *Regina*, *Adelaide* & plusieurs autres. SES ENFANS. *Charles* roi d'Allemagne mort en 771. *Pepin* roi d'Italie m. en 810. pere de Bernard roi d'Italie tige de la maison de Vermandois, dépossedé aveuglé & m. 818. *Louis* le pieux le débonnaire ou le faible empereur, *Rotrude* fiancée à Constan-

ZACHARIE exalté en 741. c'est lui qu'on prétend avoir décidé *que celui-là seul était roi qui en avait le pouvoir.*
ETIENNE II. ou III. ex. 752. le premier qui se fit porter sur les épaules des hommes.
PAUL I. 757. de son tems la grande querelle des images divisait l'église.
ETIENNE III. ou IV. 768. il disputa le siège à Constantin qui était séculier, & à Philippe. Il y eût beaucoup de sang répandu.
ADRIEN I. 772. ses légats eurent la premiere place au second concile de Nicée.
LEON III. 795. il nomma Charlemagne empereur le jour de noël en 800. il ne voulut point ajoûter *filioque* au simbole. On prétin

* 2

EMPEREURS.	PAPES.
tin V. empereur d'Orient. *Berthe* mariée à un chancelier de Charlemagne. *Giselde Tetrarde Hiltrude* encloitrées par Louis le débonnaire. Il eût des femmes du second rang, *Drogon* évêque de Mets. *Hugo* ou *Hugues* l'abbé, *Tierri* l'abbé, *Pepin* le boſſû, *Rothilde Gertrude*. Les romanciers ajoutent la belle *Emma* dont ils diſent que le ſecretaire Eginard & même Charlemagne furent amoureux.	tend que ce fut lui qui introduiſit l'uſage de baiſer les pieds des papes.

2.

LOUIS LE FAIBLE né 778. emp. 814. m. 840. 20. juin. Ses Femmes. *Irmengarde* fille d'un comte de Habsbanie. *Judith* fille d'un comte de Suabe. Ses Enfans. *Lothaire* emp. *Pepin* roi d'Aquitaine m. 838. *Giſelle* femme d'un comte de Bourgogne. *Louis* roi de Germanie m. 876. *Adelaide* femme d'un comte	ETIENNE IV. ou V. 816. PASCAL I. 817. accuſé d'avoir fait aſſaſſiner le primicier Théodore, & obligé de ſe purger par ſerment devant les commiſſaires de l'empereur Louis. EUGENE II. 842. ſurnommé le pére des pauvres. VALENTIN 827. de

EMPEREURS.	PAPES.
de Bourgogne. *Alpaide* femme d'un comte de Paris. *Charles le Chauve* roi de France & empereur.	GREGOIRE IV. 828. qui trompa Louis le faible.
3.	
LOTHAIRE I. né 796. emp. en 840. m. en 855. FEMME *Hermengarde* fille d'un comte de Thionville. SES ENFANS *Louis* fécond empereur. *Lothaire* roi de Lorraine m. en 868. *Charles* roi de Bourgogne. *Hermengarde* femme d'un duc fur la Mofelle.	SERGIUS II. 844. qui fe fit confacrer fans attendre la permiffion de l'empereur, pour établir la liberté de l'eglife romaine. LEON IV. 847. il fauva rome des mahometans par fon courage & par fa vigilance.
	BENOIT III. 855. à l'aide des francs malgré le peuple romain. Sous lui le *Denier de St. Pierre* s'établit en Angleterre.
4.	
LOUIS SECOND né en 825. emp. en 855. m. en 875. le 13. août. SA FEMME *Ingelberthe* fille de Louis roi de Germanie. SES ENFANS *Hermengarde* mariée à Bozon roi de Bourgogne.	NICOLAS I. 858. de fon tems commence le grand fchifme entre Conftantinople & Rome. ADRIEN II. 867. il fit le premier porter la croix devant lui. Le patriarche Photius l'excommunia par represailles. JEAN VIII. 872. il recon-

EMPEREURS.	PAPES.
	connut le patriarche Photius. On dit qu'il fut assassiné à coups de marteau.

5.

CHARLES LE CHAUVE né en 823. emp. en 875. m. en 877. le 6. octob. SES FEMMES *Hirmentrude* fille d'Odon duc d'Orleans. *Richilde* fille d'un comte de Bovines. SES ENFANS *Louis le begue. Charles* tué en 866. *Carloman* aveuglé en 873. *Judith* femme en premiere nôces d'Etelred roi d'Angleterre, & en fécondes nôces de Baudouin I. comte de Flandre.

6.

LOUIS LE BEGUE né en 843 1. novembre emp. en 878. m. en 879. 10. avril. SES FEMMES. *Ansgarde. Adelaide.* SES ENFANS. *Louis Carloman & Charles le Simple* rois de France. *Egiselle* mariée à Bolon ou Baoul premier duc de Normandie.

7. CHAR-

EMPEREURS.	PAPES.
7.	MARIN 882.
CHARLES LE GROS. emp. 880. dépossédé en 887. mort en 888. le 13. janvier SANS ENFANS.	ADRIEN III. 884. ETIENNE VI. 884. il défendit les épreuves par le feu & par l'eau.
8. ARNOLPHE ou ARNOULD né en 863. emp. en 887. m. en 889. il eût de SA MAITRESSE *Elengarde Louis l'Enfant* ou *Louis VI.* emp. *Zwentilbolde* roi de Lorraine. *Rapolde* tige des comtes d'Andeck & de Tirol.	FORMOSE 891. ETIENNE VII. 896. fils d'un prêtre, il fit déterrer le corps de son prédécesseur Formose, lui trancha la tête & le jetta dans le Tibre. Il fut ensuite mis en prison & étranglé. JEAN IX. 897. de son tems les mahométans vinrent dans la Calabre.
9. LOUIS IV. ou LOUIS L'ENFANT né 893. emp. vers 900. m. en 912. sans postérité.	BENOIT IV. 900. LEON V. 904. SERGIUS III. 905. homme cruel amant de Marosie fille de la premiere Théodora dont il eût le pape Jean XI.
10. CONRAD I. emp. en 911. ou 912. m. en 918. 23. décembre. SA FEMME *Cunigonde* de Bavière	ANASTASE 913. LANDON 914. JEAN X. 915. amant de la jeune Théodora qui dont

| EMPEREURS. | PAPES. |

dont il eût *Arnolphe le Mauvais* tige de la maison de Baviére.

11.
HENRI L'OISELEUR duc de Saxe né en 876. emp. en 919. m. en 936. SES FEMMES. *Hatbourge* fille d'un comte de Mersbourg. *Melchtide* fille d'un comte de Ringelheim. SES ENFANS. *Tancard* tué à Mersbourg en 939. L'empereur *Othon le Grand*. *Gerberge* mariée à Giselberg duc de Lorraine. *Aduide* mariée à Hugues comte de Paris. *Henri* duc de Baviére. *Brunon* évêque de Cologne.

12.
OTON I. ou LE GRAND né le 22. novembre 916. emp. en 936. m. en 973. le 7. mai. SES FEMMES *Edithe* fille d'Edouard roi d'Angleterre. *Adelaide* fille de Rodolphe second roi de Bourgogne. SES ENFANS. *Lutholf* duc

lui procura le St. Siége & dont il eût Crescence premier consul de ce nom. Il mourut étranglé dans son lit.

LEON VI. 928.
ETIENNE VIII. 929. qu'on croit encor fils de Marosie, enfermé au château qu'on nomme aujourd'hui St. Ange.
JEAN XI. 931. fils du pape Sergius & de Marosie, sous qui sa mère gouverna despotiquement.

LEON VII. 936.
ETIENNE IX. 939. allemand de naissance sabré au visage p r les romains.
MARIN III. 943.
AGAPET 946.
JEAN XII. 956. fils de Marosie & du patrice Alberic; patrice lui-mê-de

EMPEREURS.	PAPES.
de Suabe. *Luitgarde* femme d'un duc de Lorraine & de Franconie. *Oton* second dit le roux empereur. *Mathilde* abbesse de Quedlimbourg. *Adelaide* mariée à un marquis de Montferrat. *Richilde* à un comte d'Eninguen. *Guillaume* archevêque de Mayence.	me. Fait pape à l'âge de 18. ans. Il s'oppoſa à l'empereur Oton I. il fut aſſaſſiné en allant chez ſa maitreſſe. LEON VIII. 963. nommé par un petit concile à Rome par les ordres d'Oton. BENOIT V. 964. chaſſé immédiatement après par l'empereur Oton I. & mort en éxil à Hambourg. JEAN XIII. 965. chaſſé de Rome & puis rétabli. BENOIT VII. 972. étranglé par le conſul Creſcence fils du pape Jean X.
F 3. OTON II. ou le roux né en 955. emp. en 973. m. en 983. SA FEMME. *Theophanie* belle-fille de l'empereur Nicephore. SES ENFANS *Oton* depuis empereur. *Sophie* abbeſſe de Gannecheim. *Mathilde* femme d'un comte Pala-	BONIFACE VII. 974. il voulut rendre Rome aux empereurs d'Orient. DOMUS 974. BENOIT VII. 975.

| EMPEREURS. | PAPES. |

tin. *Vithilde* fille naturelle, femme d'un comte de Hollande.

14.

OTON III. né 973. emp. en 983. m. 1002. on prétend qu'il épousa *Marie* d'Arragon. Mort sans postérité.

JEAN XIV. 984. du tems de Boniface VII. mort en prison au château St. Ange

BONIFACE VII. rétabli. Assassiné à coups de poignard.

JEAN XV. ou XVI. 986. chassé de Rome par le consul Crescence, & rétabli.

GREGOIRE V. 996. à la nomination de l'empereur Oton III.

SILVESTRE II. 999. c'est le fameux Gerberg Auvergnac, archevêque de Reim, prodigé d'érudition pour son tems.

15.

HENRI SECOND surnommé le Saint, le Chaste & le Boiteux duc de Bavière, petit fils d'Oton le grand. emp. en 1002. m. en 1024. Sa Femme *Cunegonde*

JEAN XVII. 1003.
JEAN XVIII. 1004.
SERGIUS IV. 1009. regardé comme un ornement de l'église.
BENOIT VIII. 1012. il repoussa les sarrasins.

fille

EMPEREURS.	PAPES.

fille de Sigefroi comte de Luxembourg. Sans postérité.

16.

CONRAD II. le salique de la maison de Franconie, emp. en 1024. m. en 1039. le 4. juin. SA FEMME *Giselle* de Suabe. SES ENFANS. *Henri* depuis empereur. *Beatrix* abbesse de Gandersheim. *Judith* mariée à ce qu'en prétend à Azon d'Este en Italie.

JEAN XIX. ou XX, 1024. chassé & rétabli.

BENOIT IX. 1033. qui acheta le pontificat lui troisiéme, & qui revendit sa part.

17.

HENRI III. dit le noir, né le 28 octobre 1017. emp. 1039. m. 1056. SES FEMMES. *Cunegonde* fille de Canut roi d'Angleterre. *Agnés* fille de Guillaume duc d'Aquitaine. SES ENFANS DE LA SECONDE FEMME. *Mathilde* mariée à Rodolphe duc de Suabe. L'empereur *Henri IV. Conrad* duc de Baviére. *Sophie*

GREGOIRE VI. 1045. déposé.

CLEMENT II. évêque de Bamberg 1046. nommé par l'emp. Henri II.

DAMASE II. 1048. nommé encor par l'empereur.

LEON IX. 1048. pape vertueux.

| EMPEREURS. | PAPES. |

mariée à Salomon roi de Hongrie, & depuis à Uladislas roi de Pologne. *Itha* femme de Léopold marquis d'Autriche. *Adelaide* abbesse de Gandersheim.

18.

HENRI IV. né le 11. novembre en 1050. emp. 1056. m. 1106. Ses Femmes. *Berthe* fille d'Oton de Savoye qu'on appellait marquis d'Italie. *Adelaide* de Russie veuve d'un margrave de Brandebourg. Ses Enfans de Berthe. *Conrad* duc de Lorraine. L'empereur *Henri V*. *Agnès* femme de Fréderic de Suabe. *Berthe* mariée à un duc de Carinthie. *Adelaide* à Boleslas III. roi de Pologne. *Sophie* à Godefroi duc de Brabant.

VICTOR II. 1055. grand réformateur. Inspiré & gouverné par Hildebrand depuis Grégoire VII.

ETIENNE X. 1057. frere de Godefroi duc de Lorraine.

NICOLAS II. ex. à main année 1058. chassa son compétiteur Bénoit, il soumit le premier la pouille & la calabre au St. Siége.

ALEXANDRE II. élu par le parti d'Hildebrand sans consentement de la cour impériale 1061. de son tems est l'étonnant avanture de l'épreuve de Pierre igneus, vraïe, ou fausse, ou éxagerée.

GREGOIRE VII. 1073. c'est le fameux Hildebrand qui le premier rendit l'église romaine redoutable. Il fut la victime de son zéle.

VICTOR III. 1086. Gre-

EMPEREURS.	PAPES.
	Gregoire VII. l'avait recommandé à sa mort.
	URBAIN II. de châtillon sur Marne 1087. Il publia les croisades imaginées par Gregoire VII.
	PASCAL II. 1099. il marcha sur les traces de Gregoire VII.
19. HENRI V. né en 1081. emp. en 1106. m. 1125. le 23. mai. SA FEMME. *Mathilde* fille de Henri I. roi d'Angleterre. SES ENFANS. *Christine* femme de Ladislas duc de Silésie.	GELASE II. 1118. trainé immédiatement après en prison par la faction opposée. CALIXTE I. 1119. finit le grand procès des investitures. HONORIUS II. 1124.
20. LOTHAIRE SECOND duc de Saxe. emp. 1125. m. 1137. SA EEMME *Richeze* fille de Henri le gros duc de Saxe.	INNOCENT II. 1130. presque toutes les élections étaient doubles dans ce siècle, & les papes n'étaient point maîtres dans Rome.
21. CONRAD III. né 1092. emp. 1138. m. 1152. 15. février. SA FEMME *Gertrude* fille d'un comte de	CALIXTE II. 1143. LUCIUS II. 1144. tué d'un coup de pierre en combatant contre les romains.

* 7   Sultz

EMPEREURS.	PAPES.
Sultzbach. Ses Enfans *Henri* mort en bas-âge *Fréderic* comte de Rothembourg.	EUGENE III. 1145. maltraité par les romains, & refugié en France.

22.

FREDERIC I. surnommé Barberouffe duc de Suabe né en 1121. emp. en 1152. m. 1190. Ses Femmes. *Adelaide* fille du marquis de Vohenbourg repudiée. *Béatrix* fille de Renauld comte de Bourgogne. Ses Enfans. *Henri* depuis empereur. *Fréderic* duc de Suabe. *Conrad* duc de Spolete. *Philippe* depuis empereur. *Othon* comte de Bourgogne. *Sophie* mariée au marquis de Montferrat *Béatrix* abbeffe de Quedlimbourg.

ANASTASE IV. 1153.
ADRIEN IV. 1154. Anglais, fils d'un mendiant, mendiant lui-même & devenu un grand homme.
ALEXANDRE III. 1159. qui humilia l'empereur Fréderic Barberouffe, & le roi d'Angleterre Henri II.
LUCIUS III. 1181. chaffé encor & pourfuivi par les romains qui en reconnaiffant l'évêque, ne voulaient pas reconnaître le prince.
URBAIN III. 1185.
GREGOIRE VIII. 1187. paffe pour favant, éloquent, & honnête homme.
CLEMENT III. 1188. voulût réformer le clergs.

23.

HENRI VI. né en 1165. emp. 1190. m. en 1197.

CELESTIN III. 1191. qui défendit qu'on enterrât l'empereur Henri VI.
Sa

| EMPEREURS. | PAPES. |

SA FEMME *Constance* fille de Roger roi de Sicile. SES ENFANS. *Fridéric* depuis empereur. *Marie* femme de Conrad marquis de Mähren.

24.

PHILIPPE duc de Suabe fils puis né de Fréderic Barberousse tuteur de Fréderic II. né en 1181. emp. 1198. m. 1208. le 21. juin. SA FEMME. *Irène* fille d'Isaac empereur de Constantinople. SES ENFANS. *Béatrix* épouse de Ferdinand III. roi de Castille. *Cunegonde* épouse de Wenceslas III. roi de Bohéme. *Marie* épouse de Henri duc de Brabant. *Béatrix* morte immédiatement après son mariage avec Othon IV. duc de Brunswick depuis empereur.

INNOCENT III. 1198. qui jetta un interdit sur la France. Sous lui la croisades contre les albigeois.

25.

OTON IV. duc de Brunswick emp. 1198. m. 1218. SA SECONDE FEMME. *Marie* fille de

Henri

| EMPEREURS. | PAPES. |

Henri le vertueux duc de Brabant mort sans postérité.

26.

FREDERIC II. duc de Suabe roi des deux Siciles né le 26. décembre 1193. emp. 1212. m. 1250. le 13. décembre. SES FEMMES. *Constance* fille d'Alphonse II. roi d'Arragon. *Violente* fille de Jean de Brienne roi de Jérusalem. *Isabelle* fille de Jean roi d'Angleterre. SES ENFANS. *Henri* roi des romains mort en prison en 1236. *Conrad* depuis empereur père de Conradin en qui finit la maison de Suabe. *Henri* gouverneur de Sicile. *Marguerite* épouse d'Albert le dépravé landgrave de Turinge & marquis de Misnie. DE SES MAITRESSES IL EUT. *Enzio* roi de Sardaigne. *Manfredo* roi de Sicile. *Fréderic* prince d'Antioche.

HONORIUS III. 1216. commença à s'élever contre Fréderic II.

GREGOIRE IX. 1227. chassé encor par les romains, excommunia & crût déposer Fréderic II.

CELESTIN IV. 1241.

INNOCENT IV. 1243. excommunia encor Fréderic II. & crût le déposer au concile de Lyon.

| EMPEREURS. | PAPES. |

27.

CONRAD IV. emp. 1250. m. 1254. SA FEMME. *Elisabeth* fille d'Othon comte Palatin. SON FILS. *Conradin* duc de Suabe héritier du roïaume de Sicile, à qui Charles d'Anjou fit couper la tête à l'âge de dixsept ans le 29. Octobre 1268.

[ALPHONSE X. roi d'Espagne & RICHARD duc de Cornouaille fils de Jean sans terre tous deux élus en 1257. mais ils ne sont pas comptés parmi les empereurs.]

ALEXANDRE IV. 1254. qui protégea les moines mendians contre l'Université de Paris.

URBAIN IV. 1261. il fut d'abord savétier à Troye en Champagne. Il appela le premier Charles d'Anjou à Naples.

CLEMENT IV. 1264. on prétend qu'il conseilla l'assassinat de Conradin & du duc d'Autriche par la main d'un bourau.

28.

RODOLPHE comte de Habsbourg en Suisse tige de la maison d'Autriche né 1218. emp. 1273. m. 1291. SES FEMMES. *Anne Gertrude* de Bohenberg. *Agnés* fille d'Othon comte de Bourgogne. SES ENFANS. *Albert* duc d'Autriche depuis empereur. *Rodolphe* qu'on a crû duc de

GREGOIRE X. 1271. il donna des régles sévéres pour la tenuë des conclaves.
INNOCENT V. 1276.
ADRIEN V. 1276.
JEAN XXI. 1276. on dit qu'il était assez bon médecin.
NICOLAS III. 1277. de la maison des Ursins, on dit qu'avant de mou-

Sua-

| EMPEREURS. | PAPES. |

Suabe. *Hermann* qui se noia dans le Rhin à l'âge de dix-huit ans. *Fréderic* mort sans lignée. *Charles* mort en bas-âge. *Rodolphe* mort aussi dans l'enfance. *Mechtilde* mariée à Louis le sévére duc de Baviére. *Agnés* qui épousa Albert II. duc de Saxe. *Hedwige* femme d'Othon marquis de Brandebourg. *Gutha* mariée à Wenceslas roi de Bohême fils d'Ottocare. *Clémence* épouse de Charles-Martel roi de Hongrie petit-fils de Charles I. roi de Naples & de Sicile. *Marguerite* femme de Théodoric comte de Cléves. *Catherine* mariée à Othon duc de la Baviére inférieure fils de Henri frére de Louis le sévére. *Euphémie* réligieuse.

rir il conseilla les vépres siciliennes.

MARTIN IV. 1281. dès qu'il fut pape, il se fit élire sénateur de Rome pour y avoir plus d'autorité.

HONORIUS IV. 1285. de la maison de Savelli, prit le parti des Français en Sicile.

NICOLAS IV. 1288. sous lui les chrétiens entiérement chassés de la Sirie.

29.

ADOLPHE DE NASSAU emp. 1292. m. 1298. le 2. juillet. SA FEMME. *Imagine* fille de Jerlach

CELESTIN V. 1292. Bénoît Caïetan lui persuada d'abdiquer.

BONIFACE VIII. (Bé-
com-

EMPEREURS.	PAPES.
comte de Limbourg. SES ENFANS. *Henri* mort jeune. *Robert* de Naſſau. *Jerlach* de Naſſau. *Valdrame. Adolphe. Adelaide. Imagine. Mathilde. Philippe.*	noît Caïetan) 1294. il enferma ſon prédéceſſeur, excommunia Philippe le bel, s'intitula maître de tous les rois, fit porter deux épées devant lui, mit deux couronnes ſur ſa tête, & inſtitua le jubilée.
30. ALBERT I. d'Autriche emp. 1298. m. 1308. SA FEMME. *Eliſabeth* fille de Menard duc de Carinthie & comte de Tirol. SES ENFANS. *Fréderic* le beau depuis empereur. *Albert* le ſage duc d'Autriche.	CLEMENT V. (Bertrand de Gott) bordelois 1305. pourſuivit les templiers. Il eſt dit qu'on vendait à ſa cour tous les bénéfices.
31. HENRI VII. de la maiſon de Luxembourg emp. 1308. m. 1313. SES FEMMES. *Marguerite* fille d'un duc de Brabant. *Catherine* fille d'Albert d'Autriche fiancée ſeulement avant ſa mort. SES ENFANS. *Jean* roi de Bohéme.	
32. LOUIS V. de Baviére empereur 1314. m. 1347.	JEAN XXII. 1316. fils d'un ſavetier de Caors SES

EMPEREURS.　　PAPES.

SES FEMMES. *Béatrix* de Glaugau. *Marguerite* comtesse de Hollande. SES ENFANS. *Louis* l'ancien margrave de Brandebourg. *Etienne* le bouclé duc de Baviére. *Mechtilde* femme de Fréderic le sévére marquis de Misnie. *Elisabeth* mariée à Jean duc de la Basse-Baviére *Guillaume* comte de Hollande par sa mere, devenu furieux. *Albert* comte de Hollande. *Louis* le Romain marquis de Brandebourg. *Oton* marquis de Brandebourg.

nommé d'Eus qui passa pour avoir vendu encor plus de bénéfices que son prédécesseur, & qui eût un grand crédit dans l'Europe sans pouvoir en avoir dans Rome. Il résida toujours vers le Rhône. Il écrivit sur la pierre philosophale, mais il l'avait véritablement en argent comptant. Ce fut lui qui ajouta une troisiéme couronne à la tiare.

BENOIT XII. (Jacques Fournier) 1334. réside à Avignon.

CLEMENT VI. (Pierre Roger) 1342. rés. à Avignon qu'il acheta de la reine Jeanne.

33.

CHARLES IV. de la maison de Luxembourg né 1316. emp. 1347. m. 1378. SES FEMMES. *Blanche* de Valois, *Anne* Palatine, *Anne* de Silésie, *Elisabeth* de Poméranie. SES ENFANS. *Wenceslas* depuis empe-

INNOCENT VI. (Etienne Aubert) 1352. rés. à Avignon.

URBAIN V. (Guillaume Grimaud) 1362. rés. à Avignon. Il fit un voïage à Rome, mais n'osa s'y établir.

GREGOIRE XI. (Ro-
　　　　　　　　reur.

EMPEREURS.   PAPES.

reur. *Sigismond* depuis empereur. *Jean* marquis de Brandebourg.

ger de Momon) 1370. remit le S. Siège à Rome, où il fut reçû comme seigneur de la ville.

34.

WENCESLAS né 1361. emp. 1368. déposé en 1400. m. 1419. Ses Femmes. *Jeanne* & *Sophie* de la maison de Baviére : sans postérité.

Grand schisme qui commence en 1378. entre Prignano, URBAIN VI. & Robert de Genève CLEMENT VII. Ce schisme continuë de compétiteur en compétiteur jusqu'à 1417.

35.

Robert comte Palatin du Rhin emp. en 1400. m. 1410. Sa Femme. *Elisabeth* fille d'un burgrave de Nuremberg. Ses Enfans. *Robert* mort avant lui. *Louis* le barbu & l'aveugle, electeur. *Fréderic* comte de Hamberg. *Elisabeth* mariée à un duc d'Autriche. *Agnés* à un comte de Cléves. *Marguerite* à un duc de Lorraine. *Jean* comte Palatin Zimmeren.

36.

EMPEREURS. | PAPES.

36.
JOSSE marquis de Brandebourg & de Moravie emp. 1410. m. trois mois après.

37.
SIGISMOND frére de Wenceslas né 1368. emp. 1411. m. 1437. SES FEMMES. *Marie* héritiere de Hongrie & de Bohéme. *Barba* comtesse de Sillé. SES ENFANS. *Elisabeth* fille de Marie, héritiere de Hongrie & de Bohéme, mariée à l'empereur Albert second d'Autriche.

MARTIN V. (Colonna) 1417. élû par le concile de Constance. Il pacifia Rome & recouvra beaucoup de domaines du St. Siège.

EUGENE IV. (Gondelmere) 1431. on l'a crû fils de Gregoire XII. l'un des papes du grand schisme. Il triompha du concile de Bâle qui le déposa vainement.

38.
ALBERT II. d'Autriche né 1399. emp 1438. m. 1439. SA FEMME. *Elisabeth* fille de Sigismond héritiere de Bohéme & de Hongrie. SES ENFANS. *George* mort jeune. *Anne* mariée à un duc de Saxe. *Elisabeth* à un prince de Pologne. *Ladislas Posthume* roi de Bohéme & de Hongrie.

39.

EMPEREURS.	PAPES.

39.

FREDERIC D'AUTRICHE né 1415. mp. 1440. m. 1493. SA EMME. *Eléonore* fille du roi de Portugal SES ENFANS. *Maximilien* depuis empereur. *Cunegonde* mariée à un duc de Baviére.

NICOLAS V. (Sarzane) 1447. c'eſt lui qui fit le concordat avec l'empire.

CALIXTE III. (Borgia) 1455. il envoia le premier des galères contre les ottomans.

PIE II. (Enéas Silvius Piccolomini) 1458. il écrivit dans le tems du concile de Bâle contre le pouvoir du St. Siège, & ſe retracta étant pape.

PAUL II. (Barbo Venitien) 1464. il augmenta le nombre & les honneurs des cardinaux, inſtitua des jeux publics & des frères minimes.

SIXTE IV. (de la Rovere) 1471. il encouragea la conjuration des pazzi contre les médicis. Il fit reparer le pont antonin, & mit un impôt ſur les courtiſannes.

INNOCENT VIII. (Cibo) 1484. marié avant d'être prêtre, & aïant beaucoup d'enfans.

| EMPEREURS. | PAPES. |

40.

MAXIMILIEN I. d'Autriche né 1459. roi des rom. 1486. emp. 1493. m. 1519. le 12. janvier. SES FEMMES. *Marie* héritiere de Bourgogne & des Païs-Bas. *Blanche Marie* Sforce. SES ENFANS. *Philippe* le beau d'Autriche roi d'Espagne par sa femme. *François* mort au berceau. *Marguerite* promise à Charles VIII. roi de France gouvernante des Païs-Bas mariée à Jean fils de Ferdinand roi d'Espagne & depuis à Philibert duc de Savoïe, il n'eût point d'enfans de Blanche Sforce, mais il eût six batards de ses maitresses.

ALEXANDRE VI. (Borgia) 1491. on connait assez sa maitresse Vanosia, sa fille Lucrece, son fils le duc de Valentinois, & les voïes dont il se servit pour l'agrandissement de ce fils, dont le St. Siège profita.

PIE III. (Piccolomini) 1503. on trompa pour l'élire le cardinal d'Amboise premier ministre de France qui se croiait assuré de la thiare.

JULES II. (de la Rovere) 1503. il augmenta l'état ecclésiastique. Guerrier auquel il ne manqua qu'une grande armée.

LEON X. (Médicis) 1513. amateur des arts, magnifique, voluptueux. Sous lui la réligion chrétienne est partagée en plusieurs sectes.

41.

CHARLES - QUINT né le 24. février 1500. roi d'Espagne 1516. e. p.

ADRIEN VI. (Florent Boyens d'Utrecht) 1521. précepteur de Charles-1519.

EMPEREURS.	PAPES.
1519. abdique le 2. juin 1556. m. le 21. fept. 1558. SA FEMME. *Isabelle* fille d'Emanuel roi de Portugal. SES ENFANS. *Philippe* II. roi d'Espagne, Naples & Sicile, duc de Milan, fouverain des Païs-Bas. *Jeanne* mariée à Jean infant de Portugal. *Marie* épouse de l'empereur Maximilien II. fon coufin germain. SES BATARDS RECONNUS SONT. *Don Jean* d'Autriche célebre dans la guerre, & *Marguerite* d'Autriche mariée à Alexander duc de Florence, & enfuite à Octave duc de Parme. On a foupçonné ces deux enfans d'être nés d'une princeffe qui tenait de près à Charles-Quint.	Quint. Haï des romains comme étranger. A fa mort on écrivit fur la porte de fon médecin: *au liberateur de la patrie.* CLEMENT VII. (Medicis) 1523. de fon tems Rome eft faccagée, & l'Angleterre fe détache de l'eglife romaine. PAUL III. (Farnéfe) 1534. il donna Parme & Plaifance à fon bâtard, & ce fut un fujet de troubles. Il croïait à l'aftrologie judiciaire plus que tous les princes de fon tems. JULES III. (Ghiocchi) 1550. c'eft lui qui fit cardinal fon porte-finge qu'on appella le cardinal *Simia.* Il paffait pour fort voluptueux. MARCEL II. (Cervin) 1555. ne fiege que douze jours. PAUL IV. (Caraffa) 1555. élu à près de 80. ans. Ses neveux gouvernèrent. L'inquifition fut violente à Rome, & le peuple après fa mort brula les prifons de ce tribunal.

EMPEREURS.	PAPES.

42.

FERDINAND I. frére de Charles-Quint né le 10. mars 1503. roi des romains 1531. emp. 1556. m. le 25. juillet 1564. SA FEMME. *Anne* sœur de Louis roi de Hongrie & de Bohéme; IL EN EUT QUINZE ENFANS. *Maximilien* depuis empereur. *Elifabeth* mariée à Sigismond Augufte roi de Pologne. *Anne* au duc de Baviére Albert V. *Marie* à Guillaume duc de Juliers. *Magdelaine* réligieufe. *Cathêrine* qui époufa en premieres nôces François duc de Mantouë, & en fecondes Sigismond Augufte roi de Pologne après la mort de fa fœur. *Eléonore* mariée à Guillaume duc de Mantouë. *Marguerite* réligieufe. *Barbe* époufe d'Alphonfe II. duc de Ferrare. *Hélene* réligieufe. *Jeanne* époufe de François duc de Florence. *Ferdinand* duc de Tirol. *Charles* duc de Stirie. *Jeanne* & *Urfule* mortes dans l'enfance.

PIE IV. (Medequino) 1559. il fit étrangler le cardinal Caraffa neveu de Paul IV. & le nepotifme fous lui domina comme fous fon prédéceffeur.

EMPEREURS.   PAPES.

43.
MAXIMILIEN II. d'Autriche né le 1. août 1527. emp. 1564. m. le 12. octobre 1576. SA FEMME. *Marie* fille de Charles-Quint. IL EN EUT QUINZE ENFANS. *Rodolphe* depuis emp. L'archi-duc *Ernest. Mathias* depuis emp. L'archi-duc *Maximilien. Albert* mari de l'infante Claire Eugenie. *Wenceslas* mort à dix-sept ans. *Anne* épouse de Philippe second, roi d'Espagne. *Elisabeth* épouse de Charles IX. roi de France. *Marguerite* réligieuse, & six enfans morts au berceau.

44
RODOLPHE II. né le 18. juillet 1552. emp. 1576. m. 1612. le 10. janvier, SANS FEMMES, mais il eut cinq enfans naturels.

PIE V. (Gisleri Dominicain) 1566. on lui reprocha d'avoir donné trop de dignités à Jacques Buoncompagno son bâtard, en faveur duquel il ne demembra pourtant pas l'état ecclésiastique comme ses prédécesseurs.

SIXTE V. fils d'un pauvre vigneron nommé Peretti 1585. acheva l'eglise de St. Pierre, embellit Rome, laissa cinq millions d'écus dans le chateau St. Ange en cinq années de gouvernement.

URBAIN VII. (Castagna) 1590.

GREGOIRE XIV. (Sfondrat) 1590. envoïa du secours à la ligue en France.

45. MA-

| EMPEREURS. | PAPES. |

INNOCENT IX. (Santiquatro) 1591.

CLEMENT VIII. (Aldobrandin) 1592. il donna l'absolution & la discipline au roi de France Henri IV., sur le dos des cardinaux du Perron & d'Ossat Il s'empara du duché de Ferrare.

PAUL V. (Borghese) 1605. il excommunia Venise, & s'en repentit. Il éleva le Palais Borghese & embellit Rome.

45.

MATHIAS frere de Rodolphe né 1557. le 24. février emp. 1612. m. 1619. le 20. Mars. SA FEMME. *Anne* fille de Ferdinand du Tirol sans postérité.

46.

FERDINAND II. fils de Charles archi-duc de Stirie & de Carinthie, & petit-fils de l'empereur Ferdinand I. né 1578. le 9. juillet. emp. 1619. m. 1637. le 15 février. SES FEMMES. *Marianne* fille de Guillaume duc de Baviére. *Eléonore* fille de Wincent duc de Mantouë. SES ENFANS D'AN-

GREGOIRE XV. (Ludovisio) 1621. il aida à pacifier les troubles de la Valteline.

URBAIN VIII. (Barberino Florentin) 1623. il passait pour un bon poëte latin, ses neveux gouvernérent, & firent la guerre au duc de Parme.

NE.

EMPEREURS.   PAPES.

NE. *Jean Charles* mort à 14. ans. *Ferdinand* depuis empereur. *Marie Anne* épouſe de Maximilien duc de Baviére. *Cecile Renée* mariée à Uladislas roi de Pologne. *Léopold Guillaume* qui eut pluſieurs évechés. *Chriſtine* morte jeune.

47.

FERDINAND III. né 1608. 13. juillet. emp. 1637. m. 1657. Sᴇs Fᴇᴍᴍᴇs. *Marie Anne* fille de Philippe III. roi d'Eſpagne. *Marie Léopoldine* fille de Léopold archi-duc du Tirol. *Eléonore* fille de Charles II. duc de Mantouë. Sᴇs Eɴғᴀɴs. *Ferdinand* roi des romains mort à 21. ans. *Marie Anne* épouſe de Philippe IV. roi d'Eſpagne. *Philippe Auguſtin* & *Maximilien Thomas* morts dans l'enfance. *Léopold* depuis empereur. *Marie* morte au berceau. *Charles Joſeph* évêque de Paſſau. *Théreſe Marie* morte jeune. *Éléonore Marie* qui étant veuve de Michel roi de Pologne épouſa

INNOCENT X. (Pamphili) 1644. ſon pontificat fut long-tems gouverné par donna Olimpia ſa belle-ſœur.

ALEXANDRE VII. (Chigi) 1655. il fit de nouveaux embelliſſemens à Rome.

EMPEREURS.

Charles duc de Lorraine. *Marie Anne* femme de l'electeur Palatin. *Ferdinand Joseph* mort dans l'enfance.

48.

LEOPOLD né en 1640. le 9. juin. emp. 1658. m. 1705. le 5. mai. SES FEMMES. *Marguerite Thérese* fille de Philippe IV. roi d'Espagne. *Claude Felicité* fille de Ferdinand Charles duc de Tirol. *Eleonore Magdelaine* fille de Philippe Guillaume comte Palatin duc de Neubourg. SES ENFANS DE MARGUERITE THERESE. *Ferdinand Venceslas* mort au berceau. *Marie Antoinette* épouse de Maximilien Marie électeur de Bavière. Trois autres filles mortes dans l'enfance. ENFANS D'ELEONORE MAGDELAINE DE NEUBOURG. *Joseph* depuis empereur. *Marie Elisabeth*, gouvernante des Païs-Bas. *Léopold Joseph* mort dans l'enfance. *Marie Anne* épouse de Jean V. roi de Portugal. *Marie Thérese* m. à 12. ans. *Charles* depuis em-

PAPES.

CLEMENT IX. (Rospigliosi) 1667. il voulut rétablir à Rome l'ordre dans les finances.

CLEMENT X. (Altieri) 1670. de son tems commença la querelle de la régale en France.

INNOCENT XI. (Odescalchi) 1676. il fut toujours l'ennemi de Louis XIV. & prit le parti de l'empereur Léopold.

ALEXANDRE VIII. (Ottoboni) 1689.

INNOCENT XII. (Pignattelli) 1691. il conseilla au roi d'Espagne Charles II. son testament en faveur de la maison de France.

CLEMENT XI. (Albano) 1700. il reconnut malgré lui Charles VI. roi d'Espagne.

pereur.

EMPEREURS.
pereur. Et trois filles mortes jeunes.

49.
JOSEPH né en 1678. le 26. juillet. roi des rom. 1690. à l'âge de 12 ans. emp. 1705. m. 1711. le 17. avril. SA FEMME. *Amélie* fille du duc Jean Fréderic de Hanovre. SES ENFANS. *Marie Joſephine* mariée à Fréderic Auguſte roi de Pologne électeur de Saxe. *Léopold Joſeph* mort au berceau. *Marie Amélie* mariée au prince électoral de Baviére.

50.
CHARLES VI. né en 1685. le 1. octobre. emp. 1711. mort 1740. SA FEMME. *Eliſabeth Chriſtine* fille de Louis Rodolphe duc de Brunswick. SES ENFANS. *Léopold* mort dans l'enfance. *Marie Théreſe* qui épouſa François de Lorraine le 12. Février 1736. *Marie Anne* mariée à Charles de Lorraine. *Marie Amélie* morte dans l'enfance. CHARLES VI. fut le dernier Prince de la maiſon d'Autriche.

VERS

VERS TECNIQUES

Qui contiennent la suite cronologique des Empereurs, & les principaux événemens depuis Charlemagne.

Neuvième siècle.

CHarlemagne en huit-cent renouvelle l'empire,
Fait couronner son fils, en quatorze il expire.
Louis en trente-trois par des Prêtres jugé
D'un sac de pénitent dans Soissons est chargé.
Rétabli, toujours faible, il expire en quarante.
Lothaire est moine à Prum cinq ans après cinquante.
On perd après vingt ans le second des Louis.
Le *Chauve* lui succéde, & meurt au mont Cénis.
Le *Begue* fils du Chauve a l'empire une année.
Le *Gros* soumis au Pape; ô dure destinée!
En l'an quatre-vingt-sept dans Tribur déposé
Céde au bâtard Arnoud son trône méprisé.
Arnoud sacré dans Rome, ainsi qu'en Lombardie,
Finit avec le siécle en quittant l'Italie.

Dixiéme siécle.

LOuis bâtard d'Arnoud quatriéme du nom,
Du sang de Charlemagne avorté rejetton,
Termine en neuf-cent-douze une inutile vie.
On élit en plein champ Conrad de Franconie.

On voit en neuf-cent-vingt le faxon l'Oifeleur.
Henri roi des germains bien plûtôt qu'empereur.
Oton que fes fuccès font grand prince & grand homme
En l'an foixante-deux fe rend maître de Rome.
Rome au dixiéme fiécle en proïe à trois Otons,
Gémit dans le fcandale & dans les factions.

Onziéme fiécle.

SAint Henri de Baviére en l'an trois après mille ;
Puis Conrad le falique, Henri trois dit le noir.
Henri quatre, pieds nuds fans fceptre, fans pouvoir,
Demande au fier Grégoire un pardon inutile :
Meurt en mille-cent-fix à Liége fon azile,
Détrôné par fon fils, & par lui déterré.

Douziéme fiécle.

LE cinquiéme Henri, ce fils dénaturé,
Sur le trône foutient la caufe de fon pere.
Le Pape en vingt & deux foumet cet adverfaire.
Lothaire de Suabe en vingt-cinq couronné,
Baife les pieds du Pape à genoux profterné,
Tient l'étrier facré, conduit la fainte mule.
L'Empereur Conrad trois par un autre fcrupule
Va combattre en Syrie & s'en revient battu ;
Et l'empire romain pour fon fils eft perdu.
C'eft en cinquante-deux que Barberouffe règne,
Il veut que l'Italie, & le ferve, & le craigne,
Détruit Milan, prend Rome, & céde au Pape enfin.

Il court dans les saints lieux combattre Saladin,
Meurt en quatre-vingt-dix, sa tombe est ignorée.
Par Henri six son fils Naple au meurtre est livrée :
Il fait périr le sang de ses illustres rois,
Et huit ans à l'empire il impose des loix.

Treiziéme siécle.

PHilippe le régent se fait bien-tôt élire ;
Mais en douze-cent-huit il meurt assassiné.
Oton quatre à Bovine est vaincu, détrôné :
C'est en douze-cent-quinze. Il fuit & perd l'empire.
De Fréderic second les jours trop agités
Par deux Papes hardis longtems persécutés,
Finissent au milieu de ce siécle treiziéme.
Après lui Conrad quatre a la grandeur suprème.
C'est en soixante-huit que la main d'un bourreau
Dans Conradin son fils éteint un sang si beau,
Après les dix-huit ans, qu'on nomme d'anarchie.
Dans l'an soixante & treize Habsbourg plein de vertu
Du bandeau des Césars a le front revêtu.
Il défait Ottocare, il vange la patrie ;
Et de sa race auguste il fonde la grandeur.
Adolphe de Nassau devient son successeur :
En quatre-vingt-dix-huit une main ennemie
Finit dans un combat son Empire & sa vie.

Quatorziéme siécle.

ALbert fils de Habsbourg est cet heureux vainqueur.

Il meurt en trois-cent-huit & par un parricide.
On dit qu'en trois - cent - treize une main plus
    perfide
Au vin de Jefus-Chrift mêlant des fucs mortels,
Fit périr Henri fept aux pieds des faints autels.
Dépofant, dépofé, Louis cinq de Baviére,
Fait contre Jean vingt-deux l'antipape Corbiére;
Meurt en quarante-fept. Charles quatre après lui
Fait cette bulle d'or qu'on obferve aujourd'hui,
De l'an cinquante-fix elle eft l'époque heureufe.
De ce pere fi fage, héritier infenfé
Venceslas eft connu par une vie affreufe,
Mais en quatorze - cent il fe voit dépofé.

Quinziéme fiécle.

Robert regne dix ans, Joffe moins d'une année.
Venceslas traîne encor fa vie infortunée.
Son frere Sigifmond, moins guerrier que prudent,
Dans l'an quinze finit le fchifme d'Occident.
Son gendre Albert fecond, fage, puiffant & riche,
Fixe le trône enfin dans la maifon d'Autriche.
Fréderic fon parent en quarante eft élu :
Mort en quatre-vingt-treize, & jamais abfolu.

Seiziéme fiécle.

DE Maximilien le riche Mariage,
Et de Jeanne à la fin l'Efpagne en héritage,
Font du grand Charles-Quint un Empereur puiffant;
Vainqueur heureux des Lys, de Rome & du Croiffant,

Il meurt en cinquante-huit las des grandeurs suprêmes.
Son frere Ferdinand porte trois diadèmes.
Et l'an soixante-quatre il les laisse à son fils :
Rodolphe en quitta deux.

Dix-septiéme siécle.

Mathias fut assis
EN douze après six-cent au trône de l'empire.
Gustave, Richelieu, la fortune conspire
Contre le puissant Roi second des Ferdinands,
Qui laisse en trente-sept ses états chancelants.
Munster donne la paix à Ferdinand troisiéme.

Dix-huitiéme siécle.

LEopold délivré du fer des Ottomans,
Expire en sept-cent-cinq, & Joseph l'an onziéme;
Charles six en quarante. Un désastre nouveau
Du sang des nations arrosa son tombeau.
Et lorsque dans ce tems Charles sept de Baviére
Finit dans l'infortune une noble cariére,
Dans l'an quarante-cinq le beau sang des lorrains
A réuni l'Autriche au trône des germains.

ANNALES DE L'EMPIRE DEPUIS CHARLEMAGNE.

INTRODUCTION.

De toutes les révolutions qui ont changé la face de la terre, celle qui transféra l'empire des romains à Charlemagne paraît la seule juste, si le mot de *juste* peut être prononcé dans les choses où la force a tant de part.

Charlemagne fut en effet appellé à l'empire par la voix du peuple romain même, qu'il avait sauvé à la fois de la tirannie des lonbards & de la négligence des empereurs d'Orient.

C'est la grande époque des nations occidentales. C'est à ces temps que commence un nouvel ordre de gouvernement. C'est le fondement de la puissance temporelle ecclésiastique. Car aucun évêque dans l'Orient n'avait jamais été prince, & n'avait eu aucun des droits qu'on nomme régaliens. Ce nouvel empire romain ne ressemble en rien à celui des premiers Césars.

On verra dans ces annales ce que fut en effet cet empire, comment les pontifes romains acquirent leur puissance temporelle qu'on leur a tant reprochée pendant que tant d'evêques occidentaux & surtout ceux d'Allemagne se faisaient souverains ; & comment le peuple romain voulut longtemps conserver sa liberté entre les empereurs & les papes qui se sont disputés la domination de Rome.

Tout l'Occident depuis le cinquiéme siécle était ou désolé ou barbare. Tant de nations subjuguées autrefois par les anciens romains avaient du moins vécu jusqu'à ce cinquiéme siécle dans une sujetion heureuse. C'est un exemple unique dans tous les âges, que des vainqueurs aïent bâti pour des vaincus ces vastes thermes, ces amphithéatres, aïent construit ces grands chemins qu'aucune nation n'a osé depuis tenter même d'imiter. Il n'y avait qu'un peuple. La langue latine du temps de Théodose se parlait de Cadix à l'Euphrate. On commerçait de Rome à Tréves & à Alexandrie avec plus de facilité que beaucoup de provinces ne trafiquent aujourd'hui avec leurs voisins. Les tributs même quoiqu'onéreux,

l'él'étaient bien moins que quand il fallut païer depuis le luxe & la violence de tant de feigneurs particuliers. Que l'on compare feulement l'état de Paris quand Julien le philofophe la gouvernait, à l'état où il fut cent-cinquante ans après. Qu'on voïe ce qu'était Tréves la plus grande ville des gaules appellée du temps de Théodofe une feconde Rome, & ce qu'elle devint après l'inondation des barbares. Autun fous Conftantin avait dans fon enceinte vingt-cinq-mille chefs de famille. Arles était encor plus peuplée. Les barbares apportèrent avec eux la dévaftation, la pauvreté & l'ignorance. Les francs étaient au nombre de ces peuples affamés & féroces qui couraient au pillage de l'empire. Ils fubfiftaient de brigandage, quoique la contrée où ils s'étaient établis, fût très-belle & très-fertile. Ils ne favaient pas la cultiver. Ce païs eft marqué dans l'ancien marbre confervé à Vienne. On y voit les francs établis depuis l'embouchure du Méin jufqu'à la Frife, & dans une partie de la Veftphalie, *franci* ceu *chamavi*. Ce n'eft que par les anciens romains mêmes que nous connaiffons bien notre origine.

Les francs étaient donc une partie de ces peuples nommés faxons qui habitaient la Veftphalie, & quand Charlemagne leur fit la guerre trois-cent ans après, il extermina les defcendants de fes peres.

Ces tribus de francs, dont les faliens étaient les plus illuftres, s'étaient peu à peu établis dans

A 2 les

les gaules, non pas en alliés du peuple romain comme on l'a prétendu, mais après avoir pillé les colonies romaines, Tréves, Cologne, Mayence, Tongres, Tournay, Cambrai : battus à la vérité par le célébre Aëtius un des derniers soutiens de la grandeur romaine, mais unis depuis avec lui par nécessité contre Attila, profitant ensuite de l'anarchie où ces irruptions des huns, des gots, & des vandales, des lonbards & des bourguignons réduisaient l'empire, & se servant contre les empereurs mêmes des droits & des titres de maitres de la milice & de patrice, qu'ils obtenaient d'eux. Cet empire fut déchiré en lambeaux, chaque horde de ces fiers sauvages saisit sa proïe. Une preuve incontestable que ces peuples furent longtemps barbares, c'est qu'ils détruisirent beaucoup de villes, & qu'ils n'en fondèrent aucune.

Toutes ces dominations furent peu de chose jusqu'à la fin du huitiéme siécle devant la puissance des califes, qui ménaçait toute la terre.

Les premiers successeurs de mahomet avaient le droit du trône & de l'autel, du glaive & de l'entousiasme. Leurs ordres étaient autant d'oracles, leurs soldats autant de fanatiques. Dès l'an 651. ils assiégérent Constantinople destinée à être un jour musulmane. Les divisions inévitables parmi les nouveaux chefs de tant de peuples & d'armées, n'arrêtèrent point leurs conquêtes. Les mahometans ressemblèrent en ce point aux anciens romains qui subjuguèrent l'Asie mineure & les gaules parmi leurs guerres civiles.

On

On les voit en 711. passer d'Egypte en Espagne soumise aisément tour à tour par les carthaginois, par les romains, par les gots & vandales; & enfin par ces arabes, qu'on nomme mores. Ils y établissent le roïaume de Cordoue. Le sultan d'Egypte sécoüe à la vérité le joug du grand calife de Bagdad; & Abdérame gouverneur de l'Espagne conquise, ne connait plus le sultan d'Egypte; cependant tout plie encor sous les armes musulmanes.

Cet Abdérame, petit-fils du calife Hesham, prend les roïaumes de Castille, de Navarre, de Portugal, d'Arragon; il s'établit dans le Languedoc, il s'empare de la Guienne, & du Poitou; & sans Charles Martel qui lui ôta la victoire & la vie, la France était une province mahometane.

A mésure que les mahometans devinrent puissants, ils se polirent. Ces califes toujours reconnus pour souverains de la réligion, & en apparence de l'empire, par ceux qui ne reçoivent plus leurs ordres de si loin, tranquilles dans leur nouvelle Babilone, y font renaitre enfin les arts.

Aaron Rachild contemporain de Charlemagne, plus illustre que ses prédécesseurs, & qui sut se faire respecter jusqu'en Espagne & au fleuve de l'Inde, ranima toutes les sciences, cultiva les arts agréables & utiles, attira les gens de lettres, & fit succéder dans ses vastes états la politesse à la barbarie. Sous lui les arabes qui adoptaient déja les chiffres indiens, les apportèrent

A 3   en

en Europe. Nous ne connumes faiblement en Allemagne & en France le cours des aftres, que par le moïen de ces mêmes arabes ; le mot feul d'*Almanach* en eft encor un témoignage. Enfin dès le fecond fiécle de mahomet il fallut que les chrétiens d'occident s'inftruififfent chez les mufulmans.

Plus l'empire de mahomet floriffait, plus Conftantinople & Rome étaient avilies. Rome ne s'était jamais relevée du coup fatal que lui porta Conftantin, en transférant le fiége de l'empire. La gloire, l'amour de la patrie, n'animèrent plus les romains. Il n'y eut plus de fortune à efpérer pour les habitans de l'ancienne capitale. Le courage s'énerva ; les arts tombèrent ; on ne vit plus dans le féjour des Scipions & des Céfars que des conteftations entre les juges féculiers & l'évêque. Prife, reprife, faccagée tant de fois par les barbares, elle obéïffait encor aux empereurs; depuis Juftinien, un vice-roi fous le nom d'éxarque la gouvernait, mais ne daignait plus la regarder comme la capitale de l'Italie. Il demeurait à Ravenne & de-là il envoiait fes ordres au préfect de Rome. Il ne reftait aux empereurs en Italie que le païs qui s'étend des bornes de la Tofcane jufqu'aux extrémités de la Calabre. Les lonbards poffédaient le Piémont, le Milanais, Mantoüe, Gènes, Parme, Modène, la Tofcane, Boulogne. Ces états compofaient le roïaume de Lonbardie. Ces lonbards étaient venus, à ce qu'on dit, de la Pannonie, & ils y avaient embraffé l'arianifme, qui était la relligion dominante. Aïant pénétré en Italie par le Tirol, ils s'y étaient

éta-

établis, & y avaient affermi leur domination en se foumettant à la relligion catholique. Rome dont les murailles étaient abatuës, & qui n'était deffenduë que par les troupes de l'éxarque, était fouvent menacée de tomber au pouvoir des lonbards. Elle était alors fi pauvre que l'éxarque n'en retirait pour toute impofition annuelle, qu'un fou d'or par chaque homme domicilié; & ce tribut paraiffait un fardeau péfant. Elle était au rang de ces terres ftériles & éloignées qui font à charge à leurs maîtres.

Le diurnal romain du 7e. & 8e. fiécle monument précieux dont une partie eft imprimée fait voir d'une maniere authentique ce que le fouverain pontife était alors. On l'appellait le *vicaire de Pierre, évêque de la ville de Rome*. Dès qu'il était élu par les citoiens, le clergé en corps en donnait avis à l'éxarque & la formule était: *Nous vous fupplions vous chargé du miniftére impérial d'ordonner la confécration de notre pere & pafteur*. Ils donnaient auffi part de la nouvelle élection au métropolitain de Ravenne & ils lui écrivaient: *St. Pere, nous fupplions votre béatitude d'obtenir du feigneur éxarque l'ordination dont il s'agit*. Ils devaient auffi en écrire aux juges de Ravenne, qu'ils appellaient *Vos Eminences*.

Le nouveau pontife alors était obligé avant d'être ordonné, de prononcer deux profeffions de foi & dans la feconde il condamnait parmi les hérétiques le pape Honorius I. parce qu'à Conftantinople cet évêque de Rome Honorius paffait pour n'avoir reconnu qu'une volonté dans Jéfus-Chrift.

Il y a loin de-là à la tiare. Mais il y a loin aussi du premier moine qui prêcha sur les bords du Rhin, au bonnet électoral ; & du premier chef des saliens errans à un empereur romain. Toute grandeur s'est formée peu à peu ; & toute origine est petite.

Le pontife de Rome dans l'avilissement de la ville établissait insensiblement sa grandeur. Les romains étaient pauvres, mais l'église ne l'était pas. Constantin avait donné à la seule Basilique de Latran plus de mille marcs d'or, & environ trente mille d'argent, & lui avait assigné quatorze mille sous de rente. Les papes qui nourrissaient les pauvres, & qui envoiaient des missions dans tout l'Occident, aïant eu besoin de secours plus considérables, les avaient obtenus sans peine. Les empereurs & les rois lonbards même leur avaient accordés des terres. Ils possédaient auprès de Rome, des revenus & des châteaux qu'on appellait *les justices de St. Pierre*. Plusieurs citoyens s'étaient empressés à enrichir par donation ou par testament une église dont l'évêque était regardé comme le pere de la patrie. Le crédit des papes était très supérieur à leurs richesses. Il était impossible de ne pas révérer une suite presque non-interrompuë de pontifes, qui avaient consolé l'église, étendu la relligion, adouci les mœurs des hérules, des gots, des vandales, des lonbards & des francs.

Quoique les pontifes romains n'étendissent du temps des éxarques leur droit de métropolitain que sur les villes suburbicaires, c'est-à-dire sur
les

les villes foumifes au gouvernement du préfect de Rome ; cependant on leur donnait fouvent le nom de *pape univerfel*, à caufe de la primauté & de la dignité de leur fiége. Grégoire le grand refufa ce titre mais le mérita par fes vertus; & fes fucceffeurs étendirent leur crédit dans l'Occident. On ne doit donc pas s'étonner de voir au 8e. fiécle Boniface archevêque de Mayence le même qui facra Pepin, s'exprimer ainfi dans la formule de fon ferment : *Je promets à St. Pierre & à fon vicaire le bienheureux Grégoire* &c.

Enfin le temps vint où les papes conçurent le deffein de délivrer à la fois Rome & des lonbards qui la menaçaient fans ceffe, & des empereurs grecs qui la deffendaient mal. Les papes virent donc alors, que ce qui dans d'autres temps n'eût été qu'une révolte, & une fédition impuiffante, pouvait devenir une révolution excufable par la néceffité, & refpectable par le fuccès. C'eft cette révolution qui fut commencée fous le fecond Pepin ufurpateur du roïaume de France & confommée par Charlemagne fon fils; dans un temps où tout était en confufion & où il fallait néceffairement que la face de l'Europe changeât.

Le roïaume de France s'étendait alors des pirènées & des alpes au Rhin, au Méin, & à la Sâll. La Bavière dépendait de ce vafte roïaume, c'était le roi des francs qui donnait ce duché quand il était affez fort pour le donner. Ce roïaume des francs prefque toujours partagé depuis Clovis, déchiré par des guerres inteftines, n'était qu'une vafte province barbare de l'ancien empire romain

que

que Conftantinople comptait toujours parmi des rebelles, mais avec qui elle traittait comme avec un roïaume puiffant.

742.

Naiffance de Charlemagne auprès d'Aix-la-Chapelle le 10. avril. Il était fils de Pepin, maire du palais, duc des francs & petit-fils de Charles Martel. Tout ce qu'on connait de fa mere c'eft qu'elle s'appellait Berthe. On ne fait pas même précifément le lieu de fa naiffance. Il naquit pendant la tenuë du concile de Germanie, & grace à l'ignorance de ces fiécles on ne fait pas où ce fameux concile s'eft tenu.

La moitié du pays qu'on nomme aujourd'hui Allemagne, était idolatre des bords du Vefer, & même du Méin & du Rhin jufqu'à la mer baltique, l'autre demi chrétienne.

Il y avait déja des évêques à Tréves, à Cologne, à Mayence, villes frontiéres fondées par les romains & inftruites par les papes. Mais ce pays s'appellait alors l'Auftrafie & était du roiaume des francs.

Un anglais nommé Villebrod du tems du pere de Charles Martel était allé prêcher aux idolatres de la Frife le peu de chriftianifme qu'il favait Il y eut vers la fin du feptiéme fiécle un évêque titulaire de Weftphalie qui reffufcitait les petits enfans morts. Villebrod prit le vain titre d'évêque d'Utrecht. Il y bâtit une petite églife que les frifons

fons payens détruifirent. Enfin au commencement du 8e. fiécle un autre anglais qu'on appella depuis Boniface, alla prêcher en Allemagne. On l'en regarde comme l'apôtre. Les anglais étaient alors les précepteurs des allemands. Et c'était aux papes que tous ces peuples ainfi que les gaulois devaient le peu de lettres & de chriftianifme qu'ils connaiffaient..

743.

Un finode à Leftine en Hainaut fert à faire connaitre les mœurs du tems. On y regle que ceux qui ont pris les biens de l'églife pour foutenir la guerre donneront un écu à l'églife par métairie, ce reglement regardait les officiers de Charles Martel & de Pepin fon fils, qui jouirent jufqu'à leur mort des abayes dont ils s'étaient emparés. Il était alors également ordinaire de donner aux moines, & de leur ôter.

Boniface cet apôtre de l'Allemagne fonde l'abaye de Fuld dans le pays de Heffe. Ce ne fut d'abord qu'une églife couverte de chaumes, environnée de cabannes, habitées par quelques moines qui défrichaient une terre ingrate. C'eft aujourd'hui une principauté; il faut être gentilhomme pour être moine; l'abbé eft fouverain depuis longtéms, & évêque depuis 1753.

744.

Carloman oncle de Charlemagne, duc d'Auftrafie réduit les bavarois vaffaux rebelles du roi de France & bat les faxons dont il veut faire auffi des vaffaux.

745.

745.

En ce tems Boniface était évêque de Mayence. La dignité de métropole attachée jusques-là au siége de Worms passe à Mayence.

Carloman frere de Pepin abdique le duché de l'Austrasie ; c'était un puissant roiaume qu'il gouvernait sous le nom de maire du palais, tandis que son frere Pepin dominait dans la France occidentale & que Childeric roi de toute la France pouvait à peine commander aux domestiques de sa maison. Carloman rénonce à sa souveraineté pour aller se faire moine au Montcassin. Les historiens disent encor que Pepin l'aimait tendrement, mais il est vraisemblable que Pepin aimait encor davantage à dominer seul. Le cloître était alors l'azile de ceux qui avaient des concurrents trop puissants dans le monde.

747. 748.

On renouvelle dans la plupart des villes de France l'usage des anciens romains connu sous le nom de *patronage* ou de *clientelle*. Les bourgeois se choisissaient des patrons parmi les seigneurs ; & cela seul prouve que les peuples n'étaient point partagés dans les gaules, comme on l'a prétendu, en maîtres & en esclaves.

749.

Pepin entreprend enfin ce que Charles Martel son pere n'avait pu faire. Il veut ôter la couronne à la race de Merovée. Il mit d'abord l'apôtre Boniface

niface dans son parti, avec plusieurs évêques &
enfin le pape Zacharie.

750.

Pepin fait déposer son roi Hilderic ou Childeric
III. il le fait moine à St. Bertin & se met sur
le trône des francs.

751.

Pepin veut subjuguer les peuples nommés alors
Saxons qui s'étendaient depuis les environs du
Méin jusqu'à la Chersonese cimbrique & qui avaient
conquis l'Angleterre. Le pape Etienne III. demande
la protection de Pepin contre Luitprand roi de
Lonbardie qui voulait se rendre maître de Rome.
L'empereur de Constantinople était trop éloigné
& trop faible pour le secourir; & le premier domestique du roi de France, devenu usurpateur,
pouvait seul le protéger.

754.

La premiere action connuë de Charlemagne est
d'aller de la part de Pepin son pere au-devant
du pape Etienne à st. Maurice en Valais & de se
prosterner devant lui. C'était un usage d'orient.
On s'y mettait souvent à genoux devant les évêques, & ces évêques fléchissaient les genoux non
seulement devant les empereurs mais devant les
gouverneurs des provinces quand ceux-cy venaient
prendre possession.

B   Pour

Pour la coutume de baiser les pieds, elle n'était point encor introduite dans l'occident. Dioclétien avait le premier éxigé cette marque de respect. Les papes Adrien I. & Léon III. furent ceux qui attirèrent au pontificat cet honneur que Dioclétien avait arrogé à l'Empire ; après quoi les rois & les empereurs se soumirent comme les autres à cette cérémonie pour rendre la relligion romaine plus vénérable.

Pepin se fait sacrer roi de France par le pape au mois d'août dans l'abaye de st. Denis ; il l'avait été deja par Boniface, mais la main d'un pape rendait aux yeux des peuples son usurpation plus respectable. Eginard secretaire de Charlemagne dit en termes exprès *qu'Hilderic fut déposé par ordre du pape Etienne.* Pepin est le premier des rois de l'Europe qui ait été sacré. Cette cérémonie fut une imitation de l'onction donnée aux rois hébreux, il eut soin de faire sacrer en même tems ses deux fils, Charles, & Carloman. Le pape avant de le sacrer roi, l'absout de son parjure envers Hilderic son souverain ; & après le sacre il fulmina une excommunication contre quiconque voudrait un jour entreprendre d'ôter la couronne à la famille de Pepin. Ni Hugues Capet ni Conrad n'ont pas eu un grand respect pour cete excommunication. Le nouveau roi pour prix de la complaisance du pape, passe les alpes avec Thassilon duc de Bavière son vassal. Il assiége Astolphe dans Pavie, & s'en retourne la même année sans avoir bien fait ni la guerre ni la paix.

755.

755.

A peine Pepin a-t-il repaffé les alpes, qu'Aftolphe affiége Rome. Le pape Etienne conjure le nouveau roi de France de venir le délivrer. Rien ne marque mieux la fimplicité de ces tems groffiers qu'une lettre que le pape fait écrire au roi Franc par st. Pierre, comme fi elle était defcenduë du ciel. Simplicité pourtant qui n'excluait jamais ni les fraudes de la politique ni les attentats de l'ambition.

Pepin délivre Rome, affiége encor Pavie, fe rend maître de l'éxarcat, & le donne, dit-on, au pape. C'eft le premier titre de la puiffance temporelle du st. fiége. Par là Pepin affaibliffait également les rois lonbards & les empereurs d'orient. Cette donation eft bien douteufe, car les archevêques de Ravenne prirent alors le titre d'éxarques. Il réfulte que les évêques de Rome & de Ravenne voulaient s'aggrandir. Il eft très probable que Pepin donna quelques terres aux papes & qu'il favorifait en Italie ceux qui affermiffaient en France fa domination. S'il eft vrai qu'il ait fait ce préfent aux papes, il eft clair qu'il donna ce qui ne lui apartenait pas; mais auffi il avait pris ce qui ne lui apartenait pas. On ne trouve guères d'autre fource des premiers droits. Le tems les rend légitimes.

756.

Boniface archevêque de Mayence fait une miffion chez les frifons idolatres. Il y reçoit le martire.

tire. Mais comme les hiſtoriens diſent qu'il fut martiriſé dans ſon camp, & qu'il y eut beaucoup de friſons tués, il eſt à croire que les miſſionnaires étaient des ſoldats. Thaſſillon duc de Baviére fait un hommage de ſon duché au roi de France dans la forme des hommages qu'on a depuis appellés *Liges*. Il y avait deja de grands fiefs hereditaires, & la Baviére en était un.

Pepin défait encor les ſaxons. Il parait que toutes les guerres de ces peuples contre les francs, n'étaient guéres que des incurſions de barbares, qui venaient tour à tour enlever des troupeaux, & ravager des moiſſons. Point de place forte, point de politique, point de deſſein formé ; cette partie du monde était encor ſauvage.

Pepin après ſes victoires ne gagna que le payement d'un ancien tribut de 300. chevaux, auquel on ajouta 500. vaches ; ce n'était pas la peine d'égorger tant de milliers d'hommes.

758. 759. 760.

Didier ſucceſſeur du roi Aſtolphe reprend les villes données par Pepin à st. Pierre ; mais Pepin était ſi rédoutable que Didier les rendit à ce qu'on prétend ſur ſes ſeules ménaces. Le vaſſelage héréditaire commençait ſi bien à s'introduire, que les rois de France prétendaient être ſeigneurs ſuzerains du duché d'Aquitaine. Pepin force les armes à la main Gaïfre duc d'Aquitaine à lui prêter ſerment de fidelité en préſence du duc de

Ba-

CHARLEMAGNE. 17

Bavière, de forte qu'il eut deux grands souverains à ses genoux. On sent bien que ces hommages n'étaient que ceux de la faiblesse à la force.

762 763.

Le duc de Bavière qui se croit assez puissant & qui voit Pepin loin de lui, révoque son hommage. On est prêt de lui faire la guerre, & il renouvelle son serment de fidélité.

766. 767.

Erection de l'évêché de Saltzbourg. Le pape Paul I. envoie au roi des livres, des chantres, & une horloge à roües. Constantin copronime lui envoye aussi un orgue & quelques musiciens. Ce ne serait pas un fait digne de l'histoire, s'il ne faisait voir combien les arts étaient étrangers dans cette partie du monde. Les francs ne connaissaient alors que la guerre, la chasse & la table.

768.

Les années précédentes sont stériles en événements, & par conséquent heureuses pour les peuples; car presque tous les grands traits de l'histoire sont des malheurs publics. Le duc d'Aquitaine révoque son hommage à l'exemple du duc de Bavière. Pepin vole à lui, & réunit l'Aquitaine à la couronne.

Pepin surnommé le Bref meurt à Xaintes le 24. septembre agé de 54. ans. Avant sa mort il fait son testament de bouche, & non par écrit, en présence des grands officiers de sa maison, de ses généraux & des possesseurs à vie des grandes terres. Il partage tous ses états entre ses deux enfans,

fans, Charles & Carloman. Après la mort de Pepin, les feigneurs modifient fes volontés. On donne à Carl que nous avons depuis appelle Charlemagne, la Bourgogne, l'Aquitaine, la Provence avec la Neuftrie, qui s'étendait alors depuis la Meufe jufqu'à la Loire, & à l'océan. Carloman eut l'Auftrafie depuis Rheims jufqu'aux derniers confins de la Thuringe. Il eft évident que le roiaume de France comprenait alors près de la moitié de la Germanie.

770.

Didier roi des lonbards offre en mariage fa fille Defiderate à Charles ; il était deja marié. Il époufa Defiderate, ainfi il parait qu'il eut deux femmes à la fois. La chofe n'était pas rare. Gregoire de Tours dit que les rois Gontram, Caribert, Sigebert, Chilperic, avaient plufieurs femmes.

771.

Son frere Carloman meurt foudainement à l'age de 20. ans. Sa veuve s'enfuit en Italie avec deux princes fes enfans. Cette mort & cette fuite ne prouvent pas abfolument que Charlemagne ait voulu regner feul, & ait eu de mauvais deffeins contre fes neveux ; mais elles ne prouvent pas auffi qu'il meritât qu'on célébrât fa fête, comme on a fait en Allemagne.

772.

Charles fe fait couronner roi d'Auftrafie, & réunit tout le vafte roiaume des francs fans rien laiffer à fes neveux. La pofterité eblouïe par l'éclat

de

de sa gloire semble avoir oublié cette injustice. Il repudie sa femme fille de Didier pour se vanger de l'azile que le roi lonbard donnait à la veuve de Carloman son frere.

Il va attaquer les saxons, & trouve à leur tête un homme digne de le combattre; c'était Vitikind le plus grand défenseur de la liberté germanique après Herman que nous nommons Arminius.

Le roi de France l'attaque dans le pays qu'on nomme aujourd'hui le comté de la Lippe. Ces peuples étaient très mal armés. Car dans les capitulaires de Charlemagne on voit une défense rigoureuse de vendre des cuirasses & des casques aux saxons. Les armes & la discipline des francs dévaient donc être victorieuses d'un courage féroce. Charles taille l'armée de Vitikind en piéces, il prend la capitale nommée Erresbourgh. Cette capitale était un assemblage de cabannes entourées d'un fossé. On égorge les habitans; on rase le principal temple du pays élevé autrefois, à ce qu'on dit, au Dieu Tanfana, *principe universel*, si jamais ces barbares ont reconnu un principe universel, mais dédié alors au Dieu *Irminsul*, temple révéré en Saxe, comme celui de Sion chez les juifs. On y massacra les prêtres sur les débris de l'idole renversée. On pénétra jusqu'au Weser avec l'armée victorieuse. Tous ces cantons se soumirent. Charlemagne les voulut lier à son joug par le christianisme. Tandis qu'il court à l'autre bout de ses états, à d'autres conquêtes, il leur laisse des missionnaires pour les persuader, & des soldats pour les forcer. Presque tous ceux qui habitaient vers le Weser se trouvent en un an chrétiens & esclaves.

773.

773.

Tandis que le roi des francs contient les faxons fur le bord du Wefer, l'Italie le rappelle. Les querelles des lonbards & du pape fubfiftaient toujours ; & le roi en fecourant l'églife pouvait envahir l'Italie qui valait mieux que les pays de Brême, d'Hanover, & de Brunfwick. Il marche donc contre fon beaupere Didier, qui était devant Rome. Il ne s'agiffait pas de vanger Rome, mais il s'agiffait d'empêcher Didier de s'accommoder avec le pape, pour rendre aux deux fils de Carloman le roiaume qui leur apartenait. Il court attaquer fon beaupere, & fe fert de la piété pour fon ufurpation. Il eft fuivi de foixante & dix mille hommes de troupes reglées ; chofe inoüie dans ces tems-là. On affemblait auparavant des armées de cent & de deux cent mille hommes ; mais c'étaient des païfans, qui allaient faire leurs moiffons après une bataille perduë ou gagnée. Charlemagne les retenait plus longtems fous le drapeau, & c'eft ce qui contribua à fes victoires.

774.

L'armée françaife affiége Pavie. Le roi va à Rome, renouvelle la donation de Pepin, & l'augmente, il en met lui-même une copie fur le tombeau qu'on prétend renfermer les cendres de St. Pierre. Le pape Adrien le remercie par des vers qu'il fait pour lui.

La tradition de Rome eft que Charles donna la Corfe, la Sardaigne & la Sicile. Il ne donna sans doute aucun de ces païs qu'il ne possédait pas. Mais il éxiste une lettre d'Adrien à l'impératrice Iréne, qui prouve que Charles donna des terres, que cette lettre ne spécifie pas. *Charles duc des francs & patrice nous a*, dit-il, *donné des provinces & restitué les villes que les perfides lonbards retenaient à l'église*, &c.

On sent qu'Adrien ménage encor l'empire en ne donnant que le titre de duc & de patrice à Charles, & qu'il veut fortifier sa possession du nom de restitution.

Le roi retourne devant Pavie. Didier se rend à lui. Le roi le fait moine, & l'envoie en France dans l'abaye de Corbie. Ainsi finit ce roiaume des lonbards, qui avaient en Italie détruit la puissance romaine, & substitué leurs loix à celles des empereurs. Tout roi détrôné devient moine dans ces temps-là.

Charlemagne se fait couronner roi d'Italie à Pavie d'une couronne où il y avait une cercle de fer qu'on garde encor dans la petite ville de Monza.

La justice était administrée toujours dans Rome au nom de l'empereur grec. Les papes même recevaient de lui la confirmation de leur élection. On avait ôté à l'empereur le vrai pouvoir, on lui laissait quelques apparences. Charlemagne prenait seulement, ainsi que Pepin, le titre de *patrice* que Théodoric & Attila avaient daigné prendre. Ainsi le nom d'empereur qui dans son origine ne désignait qu'un général d'armée, signi-
fiait

fiait encor le maître de l'Orient & de l'Occident. Tout vain qu'il était, on le refpectait, on craignait de l'ufurper : on n'affectait que celui de *patrice* qui autrefois voulait dire fénateur romain, & qui alors fignifiait un lieutenant indépendant d'un empereur fans pouvoir.

Cependant on frappait alors de la monnoie à Rome au nom d'Adrien. Que peut-on en conclure finon que le pape délivré des lonbards & n'obéïffant plus aux empereurs était le maître dans Rome. Il eft indubitable que les pontifes romains fe faifirent des droits régaliens dès qu'ils le purent, comme ont fait les évêques francs & germains ; toute autorité veut toujours croitre : & par cette raifon là même on ne mit plus que le nom de Charlemagne fur les nouvelles monnoies de Rome lorsqu'en 800. le pape & le peuple romain le nommèrent empereur.

775.

Second effort des faxons contre Charlemagne, pour leur liberté, qu'on appelle révolte. Ils font encor vaincus dans la Weftphalie & après beaucoup de fang répandu, ils donnent des bœufs & des ôtages, n'ayant autre chofe à donner.

776.

776.

Tentative du fils de Didier, nommé Adalgife, pour recouvrer le roiaume de Lonbardie. Le pape Adrien la qualifie horrible confpiration. Charles court la punir. Il revole d'Allemagne en Italie, fait couper la tête à un duc du Frioul qui était du complot, & tout fe foumet.

Pendant ce tems-là même les faxons reviennent encor en Weftphalie ; il revient les battre. Ils fe foumettent, & promettent encor de fe faire chrétiens. Charles bâtit des forts dans leur pays avant d'y bâtir des églifes.

777.

Il donne des loix aux faxons, & leur fait jurer qu'ils feront efclaves, s'ils ceffent d'être chrétiens & foumis. Dans une grande diéte tenuë à Paderborn fous des tentes, un émir mufulman qui commandait à Sarragoffe vint conjurer Charles d'apuier fa rébellion contre Abdérame roi d'Efpagne.

778.

Charles marche de Paderborn en Efpagne, prend le parti de cet émir, affiége Pampelune & s'en rend maître. Il eft à rémarquer que les depouilles des farrazins furent partagées entre le roi, les officiers, & les foldats, felon l'ancienne coutume de ne faire la guerre que pour du butin, & de
le

le partager également entre tous ceux qui avaient une égale part au danger. Mais tout ce butin eſt perdu en repaſſant les pirenées. L'arriere-garde de Charlemagne eſt taillée en piéces à Roncevaux par les arabes & par les gaſcons. C'eſt là que périt, dit on, Roland ſon neveu, ſi celebre par ſon courage & par ſa force incroiable.

Comme les ſaxons avaient répris les armes pendant que Charles était en Italie, ils les reprennent tandis qu'il eſt en Eſpagne. Vitikind retiré chez le duc de Dannemarck ſon beaupere, revient ranimer ſes compatriotes. Il les raſſemble, il trouve dans Brême capitale du pays qui porte ce nom, un évêque, une égliſe, & ſes ſaxons déſeſperés qu'on traine à des autels nouveaux ; il chaſſe l'évêque qui à le tems de fuir & de s'embarquer. Charlemagne accourt, & bat encor Vitikind.

780.

Vainqueur de tous cotés, il part pour Rome avec une de ſes femmes nommée Ildegarde & deux enfans puiſnés, Pepin & Louis. Le pape Adrien batiſe ces deux enfans, ſacre Pepin roi de Lonbardie, & Louis roi d'Aquitaine. Ainſi l'Aquitaine fût érigée en roiaume pour quelque tems.

781. 782.

Le roi de France tient ſa cour à Worms, à Ratisbonne, à Cuierci. Alcuin archevêque d'Yorck d'Yorck vient l'y trouver. Le roi qui à peine favait figner fon nom, voulait faire fleurir les fciences, parce qu'il voulait être grand en tout. Pierre de Pife lui enfeignait un peu de grammaire. Il n'était pas étonnant que des italiens inftruififfent des gaulois & des germains, mais il l'était, qu'on eût toujours befoin des anglais pour aprendre ce qui n'eft pas même honoré aujourd'hui du nom de fcience.

On tient devant le roi des conferences qui peuvent être l'origine des académies, & furtout de celles d'Italie, dans lesquelles chaque académicien prend un nouveau nom. Charlemagne fe nommait *David*, Alcouin *Albinus*, & un jeune homme nommé Ilgeberd, qui faifait des vers en langue romance, prenait hardiment le nom d'*Homére*.

783.

Cependant Vitikind qui n'aprenait point la gramaire, fouléve encor les faxons. Il bat les géneraux de Charles fur le bord du Wefer. Charles vient réparer cette défaite. Il eft encor vainqueur des faxons; ils mettent bas les armes devant lui. Il leur ordonne de livrer Vitikind.

Les faxons lui répondent qu'il s'eft fauvé en Dannemark. *Ses complices font encor ici*, répondit Charlemagne; & il en fit maffacrer quatre mille cinq cent à fes yeux. C'eft ainfi qu'il difpofait la Saxe au chriftianifme.

784.

Ce maffacre fit le même éffet que fit long-tems après la St. Barthelemi en France. Tous les faxons reprennent les armes avec une fureur défefperée. Les danois & les peuples voifins fe joignent à eux.

785.

Charles marche avec fon fils du même nom, que lui, contre cette multitude. Il r'emporte une victoire nouvelle & donne encor des loix inutiles. Il établit des marquis, c'eft-à-dire des commandants de milices fur les frontiéres de fes roiaumes.

786.

Vitikind céde enfin. Il vient avec un duc de Frife fe foumettre à Charlemagne dans Attigni fur l'Aine.

l'Aine. Alors le roiaume de France s'étend juſqu'au Holſtein. Le roi de France repaſſe en Italie & rebâtit Florence ; c'eſt une choſe finguliére que dès qu'il eſt à un bout de ſes roiaumes, il y a toujours des révoltes à l'autre bout ; c'eſt une preuve que le roi n'avait pas ſur toutes les frontiéres de puiſſants corps d'armée. Les anciens ſaxons ſe joignent aux bavarois : le roi répaſſe les alpes.

787.

L'imperatrice Irene qui gouvernait encor l'empire grec, alors le ſeul empire, avait formé une puiſſante ligue contre le roi de France. Elle était compoſée de ces mêmes ſaxons, & de ces bavarois, des huns ſi fameux autrefois ſous Attila, & qui occupaient comme aujourd'hui les bords du Danube & de la Drave, une partie même de l'Italie y était entrée. Charles vainquit les huns vers le Danube, & tout fut diſſipé.

Depuis 788. juſqu'à 792.

Pendant ces quatre années paiſibles, il inſtitue des écoles chez les évêques & dans les monaſtéres. Le chant romain s'établit dans les égliſes de France. Il fait dans la diétte d'Aix-la-Chapelle des loix qu'on nomme *capitulaires*. Ces loix, ténaient beaucoup de la barbarie dont on voulait fortir, & dans laquelle on fut longtems plongé. Voici quels étaient les ufages, les mœurs, les loix, l'efprit qui regnaient alors.

COUTUMES
DU TEMS DE CHARLEMAGNE.

Des ducs, dont les uns étaient amovibles, & les autres des vaffaux hereditaires, gouvernaient les provinces, & lévaient les troupes, à peu près comme font aujourd'hui les beglierbeis des turcs. Ces ducs avaient été inftitués en Italie par Diocletien. Les comtes, dont l'origine paraît du tems de Théodofe, commandaient fous les ducs & affemblaient les troupes chacun dans fon canton. Les métairies, les bourgs, les villages, fourniffaient un nombre de foldats proportionné à leurs forces, douze métairies donnaient un cavalier armé d'un cafque & d'une cuiraffe. Les autres foldats n'en portaient point,

mais

mais tous avaient le bouclier quarré long, la hache d'arme, le javelot & l'épée. Ceux qui fe fervaient de flêches étaient obligés d'en avoir au moins douze dans leur carquois. La province qui fourniffait la milice, lui diftribuait du bled & les provifions néceffaires pour fix mois. Le roi en fourniffait pour le refte de la campagne. On faifait les revuës au prémier de mars, & au prémier de mai. C'eft d'ordinaire dans ces tems qu'on ténait les parlemens. Dans les fiéges des villes on emploiait le bellier, la balifte, la tortuë, & la plupart des machines des romains. Car de tous leurs arts celui de la guerre fut prefque le feul qui fubfifta, & ce fut pour leur ruine.

Les feigneurs nommés barons, Leudes, Richlomes compofaient avec leurs fuivans le peu de cavalerie qu'on voiait alors dans les armées. Les mufulmans d'Afrique & d'Efpagne avaient plus de cavaliers. Il parait qu'on prit depuis chez eux l'ufage de couvrir de fer les hommes, & les chevaux, & de combattre avec les lances.

Charles avait des forces navales aux embouchures de toutes les grandes riviéres de fon empire, depuis l'Elbe jufqu'au Tibre. Avant lui on ne les connaiffait pas chez les barbares, & après

après lui on les ignora longtems. Par ce moien & par la police guerriére, qu'il fit obferver fur toutes les côtes, il arrêta ces inondations des peuples du nord, qui alors éxerçaient le métier de pirates; il les contint dans leurs climats glacés; mais fous fes faibles défcendans, ils fe répandirent dans l'Europe.

Les affaires génerales fe reglaient dans des affemblées, qui répréfentaient la nation felon l'ufage des anciens romains, des gaulois, & des peuples du nord. Sous lui les parlemens n'avaient d'autre volonté que celle du maitre qui favait commander & perfuader.

Il fit un peu fleurir le commerce dans fes vaftes états, parce qu'il était le maitre des mers. Ainfi les marchands des côtes de Tofcane allaient trafiquer à Conftantinople chez les chrétiens, & au port d'Alexandrie chez les mufulmans, qui les recevaient, & dont ils tiraient les richeffes de l'Afie.

Venife & Gênes, fi puiffantes depuis par le négoce, n'attiraient pas encor à elles les richeffes des nations, mais Venife commençait à s'enrichir & à s'agrandir.

Rome,

Rome, Ravenne, Lion, Arles, Tours, avaient beaucoup de manufactures d'étoffes de laine. On démasquinait le fer, on fabriquait le verre, mais les étoffes de soie n'étaient tissuës dans aucune ville d'occident.

Les Venitiens commençaient à les tirer de Constantinople, où elles n'étaient connuës que depuis l'empereur Justinien ; mais ce ne fut que près de 400. ans après Charlemagne, que les maures travaillérent la soie à Cordouë, & que les princes normands qui conquirent le roiaume de Naples & de Sicile établirent ensuite à Palerme une manufacture de soie. Presque tous les oüvrages d'industrie & de recherche se faisaient dans l'empire d'orient. Le linge était peu commun. St. Boniface dans une lettre écrite à un évêque établi en Allemagne lui mande, qu'il lui envoie du drap à long poils pour se laver les pieds, probablement ce manque de linge était la cause de toutes ces maladies de la peau, connuës sous le nom de lêpres si générales alors, car les hopitaux nommés *léproseries* étaient déja très nombreux.

On dit que du tems de Charlemagne on avait déja de grandes vuës pour le commerce, puis qu'on commença le fameux canal qui devait joindre le Rhin au Danube, & ouvrir ainfi une communication de la mer noire à l'océan. L'efprit de conquête y pouvait avoir autant de part que l'utilité publique.

La monnoie avait à peu près la même valeur que celle de l'empire romain depuis Conftantin. Le fol d'or était le *folidum romanum* que les barbares nommaient *fol* par cette habitude qu'ils avaient de contracter tous les noms. Ainfi d'*Auguftus* ils ont fait *Août*; de *forum Julii*, fréjus; & ce fol d'or équivalait à quarante déniers d'argent dans toute l'étenduë des terres de Charlemagne.

SUITE
Des Ufages du tems de CHARLEMAGNE.

EGLISE.

Les églifes de France étaient riches, celles d'Allemagne commençaient à l'être, & devaient un jour le devenir davantage parce qu'on leur donnait plus de territoire.

Les

Les évêques & les abbés avaient beaucoup d'esclaves. On reproche à l'abbé Alcouin précepteur de Charlemagne d'en avoir eu jufqu'à vingt mille. Ce nombre n'est pas incroiable. Alévin avait trois abbayes dont les terres pouvaient être habitées par vingt mille hommes ; tous apartenaient au feigneur. Ces efclaves connus fous le nom de *ferfs* ne pouvaient fe marier, ni changer de demeure fans la permiffion de l'abbé. Ils étaient obligés de marcher 50. lieuës avec leurs charettes quand il l'ordonnait. Ils travaillaient pour lui trois jours de la femaine, & il partageait tous les fruits de la terre.

En France & en Allemagne plus d'un évêque allait au combat avec fes *ferfs*. Charlemagne dans une lettre à une de fes femmes, nommée Fraftade, lui parle d'un évêque qui a vaillamment combattu auprès de lui dans une bataille contre les avares, peuples défcendus des fcites, qui habitaient vers les pays qu'on nomme aujourd'hui l'Autriche.

On voit de fon temps 14. monaftéres, qui doivent fournir des foldats. Pour peu qu'un abbé fut guerrier, rien ne l'empéchait de les conduire lui-même ; il eft vrai qu'en 803. un
par-

parlement se plaignit à Charlemagne du trop grand nombre de prêtres qu'on avait tués à la guerre. Il fut alors défendu aux ministres de l'autel, d'aller aux combats, mais l'usage fut une loi plus forte.

Il est indubitable qu'alors les prêtres se mariaient, car le cinquième titre du premier capitulaire de Charlemagne prive des fonctions sacerdotales, tout prêtre qui a plus d'une femme.

Il n'était pas permis de se dire clerc sans l'être, de porter la tonsure sans appartenir à un évêque. De tels clercs s'appellaient acephales, on les punissait comme vagabonds, on ignorait cet état aujourd'hui si commun, qui n'est ni séculier ni ecclésiastique; le titre d'abbé, qui signifie *pere*, n'appartenait qu'aux chefs des monastéres, ou même à des séculiers constitués en dignité, on donna par exemple ce titre au chef de la republique de Gênes.

Les abbés avaient dès lors le baton pastoral que portaient les évêques, & qui avait été la marque de la dignité augurale dans Rome paienne. Telle était la puissance de ces abbés sur les moines, qu'ils condamnaient quelque fois aux peines afflictives les plus cruelles. Ils furent les premiers

miers qui prirent le barbare usage des empereurs grecs, de faire bruler les yeux, & il fallut qu'un concile leur deffendît cet attentat qu'ils commençaient à regarder comme un droit.

Quant aux cérémonies de l'église, la messe était différente de ce qu'elle est aujourd'hui; & encor plus de ce qu'elle fut aux prémiers siécles; on n'en disait qu'une dans chaque église. Les rois se faisaient dire rarement des messes privées.

La prémiére confession auriculaire qu'on nomme confession génerale, est celle de St. Eloy au sixiéme siécle. Les ennemis de l'église romaine, qui se sont élévés contre une institution si salutaire, semblent avoir oté aux hommes le plus grand frein, qu'on pût mettre à leurs crimes secrets. Les sages de l'antiquité en avaient eux-mêmes senti l'importance: s'ils n'avaient pu en faire un devoir à tous les hommes; ils en avaient établi la pratique chez eux qui prétendaient à une vie plus pure; c'était la prémiére expiation des initiés chez les anciens égyptiens, & aux mistéres de Ceres Eleusine. Ainsi la relligion chrétienne a consacré des choses dont Dieu avait
per-

permis que la sagesse humaine entrevit & embrassat les ombres.

La relligion ne s'était point encor étenduë au nord plus loin que les conquétes de Charlemagne. Le Dannemark & tout le pays des normans, était plongé dans une idolatrie grossiére. Les habitans adoraient Odin ; ils se figuraient qu'après leur mort, le bonheur de l'homme consistait à boire dans la sale d'Odin de la biére dans le crâne de ses ennemis. On a encor de leurs anciennes chansons traduites, qui expriment cette idée. C'était beaucoup pour eux de croire une autre vie. La Pologne n'était ni moins barbare, ni moins idolatre. Les moscovites plus sauvages que le reste de la grande Tartarie, en savaient à peine assez pour étre paiens. Mais tous ces peuples vivaient en paix dans leur ignorance, heureux d'être inconnus à Charlemagne, qui vendait si cher la connaissance du christianisme.

SUITE

SUITE
Des Usages du tems de CHARLEMAGNE.

LOIX & COUTUMES.

La justice se rendait ordinairement par les comtes, que le roi nommait: ils avaient leurs districts assignés, ils devaient être instruits des loix, qui n'étaient ni si obscures ni si nombreuses que les nôtres, la procédure était simple, chacun plaidait sa cause en France & en Allemagne.

Rome seule, & ce qui en dépendait avait encor retenu beaucoup de loix & de formalités de l'empire romain; les loix lonbardes avaient lieu dans le reste de l'Italie citerieure.

Chaque comte avait sous lui un lieutenant nommé Viguier, sept assesseurs, Scabini pris dans la cité. A l'éxemple des anciens sénateurs romains ils étaient à la fois guerriers & juges. Il leur était même ordonné de ne paraître jamais dans leur tribunal sans leur bouclier; mais il n'était permis sous Charlemagne, ni aux autres citoiens, ni aux soldats même d'être armés en tems de paix. Cette loi si sage, conforme à celle des romains & de musulmans, prévenait ces querelles & ces duels continuels, qui depuis désolerent l'Europe quand la coutume s'introduisit de ne jamais quitter l'épée, d'aller armés chez ses amis, aux tribunaux aux églises, abus porté si loin, qu'en Espagne, en Allemagne, en Flandre le juge, l'avocat, le procureur, le médecin marchent aujourd'hui l'épée au coté, comme s'ils allaient se battre.

Ces comtes publiaient dans leur jurisdiction l'ordre de marcher pour la guerre, enrollaient les soldats sous des centeniers, les menaient au rendez-vous des troupes, & laissaient alors leurs lieutenants faire les fonctions de juges dans les bourgades, que je n'ose appeller villes.

Les rois envoiaient des commissaires avec lettres expresses, *missi dominici* qui éxaminaient la conduite des comtes; ni ces commissaires ni ces comtes ne condannaient presque jamais à la mort, ni à aucun suplice. Car si on éxcepte la Saxe, où Charlemagne fit des loix de sang, presque tous les délits se rachétaient dans le reste de son empire; le seul crime de rébellion était puni de mort: & les rois s'en reservaient le jugement.

gement. La loi falique, celle des lonbards, celle des ripuaires avaient évalué à prix d'argent la plupart des autres attentats, qu'on punit aujourd'hui par la perte de la vie, où par de grandes peines. Leur jurisprudence qui paraît humaine était en éffet plus cruelle que la nôtre. Elle laiffait la liberté de mal faire à quiconque pouvait la païer: la plus douce loi eft celle, qui mettant le frein le plus terrible à l'iniquité prévient ainfi le plus de crimes.

Par les anciennes loix redigées fous le roi des francs Dagobert, il en coutait cent fols pour avoir coupé une oreille à un homme, & fi la furdité ne fuivait pas la perte de l'oreille, on était quite pour cinquante fols.

Le meurtre d'un diacre était taxé à quatre cent fols, celui d'un prêtre deffervant la paroiffe à fix cent.

Le troifiéme chapitre de la loi ripuaire permet au meurtrier d'un évêque de rachéter fon crime avec autant d'or, qu'en pouvait pefer une tunique de plomb, de la hauteur du coupable, & d'une épaiffeur déterminée.

La loi falique, remife en vigueur fous Charlemagne, fixe le prix de la vie d'un évêque à 400. fols. Il eft fi vrai, qu'on rachétait ainfi fa vie, que beaucoup de ces loix font éxprimées ainfi " *Componat tercentum, ducentum, centum solidis*, que le coupable compofe pour 300. 200. ou 100. fols.

On donnait la queftion mais feulement aux efclaves, & celui qui avait fait mourir dans les tourments de la queftion l'efclave innocent d'un autre maitre était obligé de lui en donner deux pour toute fatisfaction.

Charlemagne, qui corrigea les loix faliques & lonbardes, ne fit que hauffer le prix des crimes: ils étaient tous fpécifiés; on diftinguait ce que valait un coup qui laiffait voir la cervelle d'avec un coup qui avait ôté feulement un os de la tête. Le prémier était évalué à 45. fols le fecond à 20.

Une forciére convaincuë d'avoir mangé de la chair humaine étant condannée à 200. fols & cet article eft un témoignage bien humiliant pour la nature humaine, des excès où la fuperftition l'entraine.

Tous

Tous les outrages à la pudicité avaient auffi leur prix fixe. Le rapt d'une femme mariée ne coutait que 200. fols. Si on avait violé une fille fur le grand chemin on ne paiait que 40. fols. Si on enlévait une fille de condition fervile l'amande était de 4. fols & on la rendait à fon maitre. De ces loix barbares la plus fevére était précifément celle qui dévait être la plus douce. Charlemagne lui-même au 6e. livre de fes capitulaires dit que d'époufer fa comere eft un crime digne de mort & qui ne peut fe rachéter qu'en paffant toute fa vie en pelerinage.

Parmi les loix faliques, il s'en trouva une qui marque bien précifément dans quel mépris étaient tombés les romains chez les peuples barbares, le franc qui avait tué un citoien romain, ne paiait que 1050. deniers, & le romain paiait pour le fang d'un franc 2500. deniers.

Dans les caufes criminelles indécifes on fe purgeait par ferment, il fallait non feulement, que la partie accufée jurat, mais elle était obligée de produire un certain nombre de témoins qui juraient avec elle. Quand les deux partis oppofaient ferment à ferment, on permettait quelque fois le combat.

Ces combats étaient appellés, comme on fait, le jugement de Dieu. C'eſt auſſi le nom qu'on donnait à une des plus déplorables folies de ces gouvernements barbares, les accuſés étaient ſoumis à l'épreuve de l'eau froide, de l'eau bouillante, ou du fer ardent. Le celébre Etienne Baluze a raſſemblé toutes les anciennes cérémonies de ces épreuves. Elles commençaient par la meſſe, on y excommuniait l'accuſé, on béniſſait l'eau froide, on l'éxorcizait, enſuite il était jetté garotté dans l'eau : s'il tombait au fond, il était reputé innocent ; s'il ſurnageait, il était jugé coupable. Mr. de Fleuri dans ſon hiſtoire eccléſiaſtique dit, que c'était une maniére ſure de ne trouver perſonne criminel. J'oſe croire que c'était une maniére de faire perir beaucoup d'innocens, il y a bien des hommes qui ont la poitrine aſſez large, & les poumons aſſez légers, pour ne point enfoncer, lorsqu'une groſſe corde, qui les lie avec pluſieurs tours, fait avec leurs corps, un volume moins peſant, qu'une pareille quantité d'eau. Cette malheureuſe coutume, proſcrite depuis dans les grandes villes, s'eſt conſervée juſqu'à nos jours dans beaucoup de provinces : on y a très ſouvent aſſujetti, même par ſentence de juges, ceux qu'on faiſait paſſer pour ſorciers. Car rien ne dure ſi longtems que

la

la superstition, & il en a couté la vie à plus d'un malheureux.

Le jugement de Dieu par l'eau chaude s'exécutait en faisant plonger le bras nud de l'accusé dans une cuve d'eau bouillante, il fallait prendre au fond de la cuve un anneau béni. Le juge en préfence des prêtres & du peuple enfermait dans un sac le bras du patient & scellait le sac de son cachet. Si trois jours après il ne paraissait aucune marque de brulure, ou si la marque était jugée legére, l'innocence était reconnue. On voit aisément, que les juges pouvaient plier à leur volonté, ces étranges loix, puis qu'ils étaient les maitres de décider si la cicatrice était assez grande pour constater le crime.

793.

Charles devenu voisin des huns, devient par conséquent leur ennemi naturel. Il léve des troupes contre eux, & ceint l'épée à son fils Louis qui n'avait que quatorze ans. Il le fait ce qu'on appellait alors *miles*, c'est-à-dire, il lui fait aprendre la guerre; mais ce n'est pas le créer chevalier, comme quelques auteurs l'ont cru. La chevalerie ne s'établit que longtems après.

Il défait encor les huns fur le Danube & fur le Raab.

Charles affemble des évêques pour juger la doctrine d'Elipand archevêque de Toléde. On peut s'étonner de trouver dans ce tems-là un archevêque de Toléde, lorsque les mufulmans étaient maîtres de l'Efpagne. Mais il faut favoir que les mufulmans vainqueurs laifférent leur religion aux vaincus; qu'ils ne croïaient pas les chrétiens dignes d'être mufulmans, & qu'ils fe contentaient de leur impofer un leger tribut.

Cet Elipand s'imaginait, avec un Felix d'Urgel, que Jéfus-Chrift, en tant qu'homme, était fils adoptif de Dieu, & en tant que Dieu, fils naturel. Il eft difficile de favoir par foi-même, ce qui en eft. Il faut s'en rapporter aux juges, & les juges le condamnérent.

Pendant que Charles remporte des victoires, fait des loix, affemble des évêques, on confpire contre lui. Il avait un fils d'une de fes femmes ou concubines, qu'on nommait Pepin le boffu, pour le diftinguer de fon autre fils Pepin roi d'Italie. Les enfans qu'on nomme aujourd'hui batards & qui n'héritent point, pouvaient hériter alors, &
n'é-

n'étaient point réputés bâtards. Le boffu qui était l'ainé de tous, n'avait point d'appanage ; & voilà l'origine de la confpiration. Il eft arrêté à Ratisbonne avec fes complices, jugé par un parlement, tondu & mis dans le monaftére de Prum dans les Ardennes. On créve les yeux à quelques uns de fes adhérents, & on coupe la tête à d'autres.

794.

Les faxons fe révoltent encor, & font encor facilement battus. Vitikind n'était plus à leur tête.

Célébre concile de Francfort. On y condamne le fecond concile de Nicée, dans lequel l'imperatrice Irene venait de rétablir le culte des images.

Charlemagne fait écrire les livres carolins contre ce culte des images. Rome ne penfait pas comme le roiaume des francs ; & cette différence d'opinions ne brouilla point Charlemagne avec le pape, qui avait befoin de lui.

795.

Le duc de Frioul vaffal de Charles eft envoié contre les huns, & s'empare de leurs tréfors,

fup-

fuppofé qu'ils en euffent. Mort du pape Adrien le 25. décembre. On prétend que Charlemagne lui fit une épitaphe en vers latins. Il n'eft guéres croiable que ce roi franc, qui ne favait pas écrire, fût faire des vers latins.

796.

Léon III. fuccéde à Adrien. Charles lui écrit: " Nous nous rejouiffons de votre élection, & de ,, ce qu'on nous rend l'obéïffance & la fidélité qui nous eft duë. ,, Il parlait ainfi en patrice de Rome, comme fon pére avait parlé aux francs en maire du palais.

797. 798.

Pepin roi d'Italie eft envoié par fon pere contre les huns; preuve qu'on n'avait remporté que de faibles victoires. Il en remporte une nouvelle. La célébre imperatrice Iréne eft mife dans un cloître par fon fils Conftantin V. Elle remonte fur le trône, fait créver les yeux à fon fils; il en meurt; elle pleure fa mort. C'eft cette Iréne l'ennemie naturelle de Charlemagne, & qui avait voulu s'allier avec lui.

799.

799.

Dans ce tems-là les normans, c'eſt-à-dire, les *hommes du nord*, les habitans des côtes de la mer baltique, étaient des pirates. Charles équippe une flotte contre eux, & en purge les mers.

Le nouveau pape Léon III. irrite contre lui les romains. Ses chanoines veulent lui crever les yeux & lui couper la langue. On le met en ſang, mais il guérit. Il vient à Paderborn demander juſtice à Charles, qui le renvoie à Rome avec une eſcorte. Charles le ſuit bientot. Il envoie ſon fils Pepin ſe ſaiſir du duché de Benevent, qui relevait encor de l'empereur de Conſtantinople.

800.

Il arrive à Rome. Il déclare le pape, innocent des crimes qu'on lui imputait ; & le pape le déclare empereur aux acclamations de tout le peuple. Charlemagne affecta de cacher la joie ſous de la modeſtie, & de paraitre étonné de ſa gloire. Il agit en ſouverain de Rome, & renouvelle l'empire des Céſars. Mais pour rendre cet empire durable, il fallait reſter à Rome.

801.

801.

Les hiſtoriens diſent que dès qu'il fut empereur, Irene voulut l'épouſer. Le mariage eût été entre les deux empires plûtôt qu'entre Charlemagne & la vieille Irene.

802.

Charlemagne éxerce toute l'autorité des anciens empereurs. Nul païs depuis Benevent juſqu'à Baïonne, & de Baïonne juſqu'en Baviére, éxempt de ſa puiſſance legiſlative. Le duc de Veniſe Jean, ayant aſſaſſiné un évêque, eſt accuſé devant Charles, & ne le recuſe pas pour juge.

Nicephore ſucceſſeur d'Irene reconnait Charles pour empereur, ſans convenir des limites des deux empires.

803. 804.

L'empereur s'applique à policer ſes états, autant qu'on le pouvait alors. Il diſſipe encor des factions des ſaxons, & transporte enfin une partic de ce peuple dans la Flandre, dans la Provence, en Italie, à Rome même.

805.

Il dicte ſon teſtament qui commence ainſi; *Charles empereur Céſar, roi très-invincible des francs,*

francs, &c. Il donne à Louis tout le païs depuis l'Espagne jusqu'au Rhin. Il laisse à Pepin l'Italie & la Baviére : à Charles la France depuis la Loire jusqu'à Ingolstadt, & toute l'Austrasie depuis l'Escaut jusqu'aux confins du Brandebourg. Il y avait dans ces trois lots de quoi exciter des divisions éternelles. Charlemagne crut y pourvoir en ordonnant que s'il arrivait un différent sur les limites des roiaumes, qui ne pût être décidé par témoins, le jugement *de la croix* en deciderait. Ce jugement *de la croix* consistait à faire tenir aux avocats les bras étendus ; & le plûtôt las, perdait sa cause. Le bon sens naturel d'un si grand conquérant ne pouvait prévaloir sur les coutumes de son siécle.

Charlemagne retint toujours l'empire & la souveraineté ; & il était le roi des rois ses enfans. C'est à Thionville que se fit ce fameux testament avec l'approbation d'un parlement. Ce parlement était composé d'évêques, d'abbés, d'officiers du palais & de l'armée, qui n'étaient là que pour attester ce que voulait un maître absolu. Les diétes n'étaient pas ce qu'elles sont aujourd'hui : & cette vaste république de princes, de seigneurs, & de villes libres sous un chef, n'était pas établie.

806.

806.

Le fameux Aaron calife de Bagdad nouvelle Babilone, envoïe des ambaſſadeurs & des préſents à Charlemagne. Les nations donnérent à cet Aaron un titre ſuperieur à celui de Charlemagne. L'empereur d'Occident était ſurnommé le *grand*, mais le calife était ſurnommé le *juſte*.

Il n'eſt pas étonnant qu'Aaron Rachild envoïat des ambaſſadeurs à l'empereur français. Ils étaient tous deux ennemis de l'empereur d'orient : mais ce qui ferait étonnant, c'eſt qu'un calife eût, comme diſent nos hiſtoriens, propoſé de céder Jéruſalem à Charlemagne. C'eût été dans le calife une profanation, de céder à des chrêtiens une ville remplie de moſqueés, & cette profanation lui aurait coûté le trône & la vie. De plus, l'entouſiaſme n'appellait point alors les chrêtiens d'occident à Jéruſalem.

Charles convoque un concile à Aix-la-Chapelle. Ce concile ajoute au ſimbole, que *le St. Eſprit procéde du pere & du fils.* Cette addition n'était point encor reçuë à Rome : elle le fut bientôt après. Ainſi quelques dogmes ſe font établis peu-à-peu.

Dans ce tems les peuples appellés normans, danois

danois, & scandinaves, fortifiés d'anciens saxons retirés chez eux, osaient ménacer les côtes du nouvel empire. Charles traverse l'Elbe; & Godefroi le chef de tous ces barbares, pour se mettre à couvert, tire un large fossé entre l'océan & la mer baltique, aux confins du Holstein, l'ancienne Chersonese cimbrique. Il revêtit ce fossé d'une forte pallisade. C'est ainsi que les romains avaient tiré un retranchement entre l'Angletérre & l'Ecosse; faibles imitations de la fameuse muraille de la Chine.

807. 808. 809.

Traités avec les danois. Loix pour les saxons. Police dans l'empire. Petites flottes établies à l'embouchure des fleuves.

810.

Pepin ce fils de Charlemagne, à qui son pere avait donné le roiaume d'Italie, meurt de maladie au mois de juillet. Il laisse un bâtard, nommé Bernard. L'empereur donne sans difficulté l'Italie à ce bâtard, comme à l'héritier naturel, selon l'usage de ce tems-là.

811.

Flotte établie à Boulogne sur la manche. Fâre de

de Boulogne relevé. Wurtzbourg bâti. Mort du prince Charles deftiné à l'empire.

813.

L'empereur affocie à l'empire fon fils Louis au mois de mars à Aix-la-Chapelle. Il fait donner à tous les affiftans leurs voix pour cette affociation. Il donne la ville d'Ulm à des moines qui traitent les habitans en efclaves. Il donne des terres à Eginard qu'on a cru l'amant de fa fille Emma. Les legendes font pleines de fables dignes de l'archevêque Turpin fur cet Eginard, & cette prétendue fille de l'empereur. Mais par malheur jamais Charlemagne n'eut de fille qui s'appellât Emma.

814.

Il meurt d'une pleuréfie aprés fept jours de fiévre, le 28. janvier à trois heures du matin. Il n'avait point de médecin auprès de lui qui fût ce que c'était qu'une pleuréfie. La médecine, ainfi que la plûpart des arts, n'était connuë alors que des arabes, & des grecs de Conftantinople.

LOUIS

LOUIS LE DEBONNAIRE ou LE FAIBLE
Second Empereur.

814.

Louis accourt de l'Aquitaine à Aix-la-Chapelle, & se met de plein droit en possession de l'empire. Il était né en 778. de Charlemagne, & d'une de ses femmes, nommée Ildegarde fille d'un duc allemand. On dit qu'il avait de la beauté, de la force, de la santé, de l'adresse à tous les exercices, qu'il savait le latin & le grec ; mais il était faible, & il fut malheureux. Son empire avait pour bornes au septentrion la mer baltique & le Dannemarck, l'océan au couchant, la mediteranée & la mer adriatique & les pirénées au midi ; à l'orient la Vistule & la Tæisse. Le duc de Benevent était son feudataire, & lui païait sept mille écus d'or tous les ans pour son duché. C'était une somme très-considerable alors. Le territoire de Benevent s'étendait beaucoup plus loin qu'aujourd'hui, & il faisait les bornes des deux empires.

815.

La premiere chose que fit Louis, fut de mettre au couvent toutes ses sœurs, & en prison tous leurs amants : ce qui ne le fit aimer ni dans fa famille, ni dans l'état. La feconde, d'augmenter les priviléges de toutes les églifes; & la troifiéme d'irriter Bernard roi d'Italie fon neveu, qui vint lui prêter ferment de fidélité, & dont il éxila les amis.

816.

Etienne IV. eft élu évêque de Rome, & pape par le peuple romain, fans confulter l'empereur: mais il fait jurer obéïffance & fidélité par le peuple à Louis, & apporte lui-même ce ferment à Rheims. Il couronne l'empereur & fa femme Ermengarde. Il retourne à Rome au mois d'octobre, avec un decret que dorénavant les élections des papes fe feraient en préfence des ambaffadeurs de l'empereur.

817.

Louis affocie à l'empire fon fils ainé Lothaire. C'était bien fe preffer. Il fait fon fecond fils Pepin, roi d'Aquitaine: & érige la Baviére avec quelques païs voifins, en roiaume pour fon dernier fils Louis. Tous trois font mécontens; Lothaire d'être empereur fans pouvoir: les deux autres d'avoir de fi petits états; & Bernard roi d'Italie neveu de l'empereur, plus mécontent qu'eux tous.

818.

818.

L'empereur Louis se croiait empereur de Rome, & Bernard petit fils de Charlemagne ne voulait point de maître en Italie. Il est évident que Charlemagne dans tant de partages, avait agi en pére, plus qu'en homme d'état, & qu'il avait préparé des guerres civiles à sa famille. L'empereur & Bernard lévent des armées. Ils se rencontrent à Chaalons sur Sône. Bernard plus ambitieux apparemment que guerrier, perd une partie de son armée sans combattre. Il se remet à la clémence de Louis le débonnaire. Ce prince fait créver les yeux à Bernard son neveu, & à ses partisans. L'opération fut mal faite sur Bernard; il en mourut au bout de trois jours. Cet usage de créver les yeux aux princes, était fort pratiqué par les empereurs grecs, ignoré chez les califes, & déffendu par Charlemagne.

819.

L'empereur perd sa femme Ermengarde. Il ne sait s'il se fera moine ou s'il se remariera. Il épouse la fille d'un comte bavarois, nommée Judith. Il apaise quelques troubles en Pannonie, & tient des diétes à Aix-la-Chapelle.

820.

820.

Ses généraux reprennent la Carniole & la Carinthie fur des barbares qui s'en étaient emparés.

821.

Plufieurs eccléfiaftiques donnent des remords à l'empereur Louis fur le fupplice du roi Bernard fon neveu, & fur la captivité monacale où il avait réduit trois de fes propres freres nommés Drogon, Thierri & Hugues, malgré la parole donnée à Charlemagne d'avoir foin d'eux. Ces eccléfiaftiques avaient raifon. C'eft une confolation pour le genre humain qu'il y ait par tout des hommes qui puiffent au nom de la divinité infpirer des remords aux princes : mais il faudrait s'en tenir-là, & ne les pourfuivre, ni les avilir.

822.

Les évêques & les abbés impofent une penitence publique à l'empereur. Il parait dans l'affemblée d'Attigni couvert d'un cilice. Il donne des évêchés & des abbaïes à fes freres, qu'il avait fait moines malgré eux. Il demande pardon à Dieu de la mort de Bernard : cela pouvait fe faire fans le cilice, & fans la penitence publique qui rendait l'empereur ridicule.

823.

823.

Ce qui était plus dangereux, c'eſt que Lothaire était aſſocié à l'empire, qu'il ſe faiſait couronner à Rome par le pape Paſcal, que l'imperatrice Judith ſa belle-mere lui donnait un frère & que les romains n'aimaient ni n'eſtimaient l'empereur. Une de grandes fautes de Louis était de ne point établir le ſiége de ſon empire à Rome. Le pape Paſcal faiſait crever les yeux ſans remiſſion à ceux qui prêchaient l'obéïſſance aux empereurs; en ſuite il jurait devant Dieu qu'il n'avait point de part à ces executions, & l'empereur ne diſait mot.

L'imperatrice Judith accouche à Compiegne d'un fils qu'on nomme Charles. Lotaire était revenu alors de Rome : l'empereur Louis ſon pere éxige de lui un ſerment, qu'il conſentira à laiſſer donner quelque roiaume à cet enfant : eſpece de ſerment dont on devait prévoir la violation.

824.

Le pape Paſcal meurt. Les romains ne veulent pas l'enterrer. Lothaire de retour à Rome fait informer contre ſa mémoire. Le procès n'eſt pas pourſuivi. Lothaire comme empereur & ſouverain

verain de Rome fait des ordonnances pour protéger les papes ; mais dans ces ordonnances mêmes il nomme le pape avant lui ; inattention bien dangereuse.

Le pape Etienne II. fait ferment de fidélité aux deux empereurs, mais il y eft dit que c'eft de son plein gré. Le clergé & le peuple romain jurent de ne jamais fouffrir qu'un pape foit élu fans le consentement de l'empereur. Ils jurent fidélité aux seigneurs Louis & Lothaire : mais ils y ajoutent, *fauf la foi promife au feigneur pape.*

Il femble que dans tous les ferments de ce tems-là, il y ait toujours des claufes qui les annullent.

L'armorique ou la Bretagne ne voulait pas alors reconnaître l'empire. Ce peuple n'avait d'autre droit, comme tous les hommes, que celui d'être libre ; mais en moins de quarante jours il fallut céder au plus fort.

825.

Un *Heriolt* duc des danois vient à la cour de Louis embraffer la relligion chrétienne ; mais c'eft qu'il était chaffé de fes états. L'empereur envoie Anfchaire moine de Corbie, prêcher le chriftianifme dans les déferts, où Stokolm eft actuellement bâti. Il fonde l'évêché de Hambourg

bourg pour cet Anſchaire; & c'eſt de Hambourg que doivent partir des miſſionnaires pour aller convertir le nord.

La nouvelle Corbie fondée en Weſtphalie pour le même uſage. Son abbé au lieu d'être miſſionaire, eſt aujourd'hui prince de l'empire.

826.

Pendant que Louis s'occupait à Aix-la-Chapelle des miſſions du nord, les rois maures d'Eſpagne envoient des troupes en Aquitaine, & la guerre ſe fait vers les pirenées entre les muſulmans & les chrétiens : mais elle eſt bientot terminée par un accord.

827.

L'empereur Louis fait tenir des conciles à Mayence, à Paris, & à Toulouſe. Il s'en trouve mal. Le concile de Paris lui écrit à lui & à ſon fils Lothaire : " Nous prions vos Excellences de
„ vous ſouvenir à l'éxemple de Conſtantin que
„ les Evêques ont droit de vous juger, & que
„ les Evêques ne peuvent être jugés par les
„ hommes.

Louis donne à ſon jeune fils Charles au berceau, ce qu'on appellait alors l'Allemagne; c'eſt-à-dire ce qui eſt ſitué entre le Mein, le Rhin, le

Necker

Necker & le Danube. Il y ajoute la Bourgogne Trans-juranne ; c'eſt le païs de Geneve & de Suiſſe.

Les trois autres enfans de Louis ſont indignés de ce partage, & excitent d'abord les cris de tout l'empire.

828.

Judith mere de Charles cet enfant, nouveau roi d'Allemagne, gouvernait l'empereur ſon mari, & était gouvernée par un Comte de Barcelone ſon amant nommé Bernard, qu'elle avait mis à la tête des affaires.

829.

Tant de faibleſſes forment des factions. Un abbé nommé Vala, parent de Louis, commence la conjuration contre l'empereur. Les trois enfans de Louis, Lothaire aſſocié par lui à l'empire, Pepin à qui il a donné l'Aquitaine, Louis qui lui doit la Baviére, ſe declarent tous contre leur pére.

Un abbé de St. Denis, qui avait à la fois St. Médard de ſoiſſons, & St. Germain, promet de léver des troupes pour eux. Les évêques de Vienne, d'Amyens, & de Lion déclarent *rebélles à Dieu & à l'égliſe ceux qui ne ſe joindront pas à eux.* Ce n'était pas la premiére fois qu'on
avait

avait vû la guerre civile ordonnée au nom de Dieu ; mais c'était la premiére fois qu'un pere avait vû trois enfans foulevés à la fois, & dénaturés au nom de Dieu.

830.

Chacun des enfans rebelles, a une armée ; & le pere n'a que peu de troupes, avec les quelles il fuit d'Aix-la-Chapelle à Boulogne en picardie. Il part le mercredi des cendres ; circonftance inutile par elle-même, devenue éternellement mémorable, parce qu'on lui en fit un crime, comme fi c'eût été un facrilége.

D'abord un refte de refpect pour l'autorité paternelle impériale, mêlé avec la révolte, fait qu'on écoute Louis *le faible* dans une affemblée à Compiegne. Il y promet au roi Pepin fon fils de fe conduire par fon confeil, & par celui des prêtres, & de faire fa femme religieufe. En attendant qu'on prenne une réfolution décifive, Pepin fait crever les yeux, felon la méthode ordinaire, à Bernard cet amant de Judith, laquelle fe croiait en fûreté, & au frere de cet amant.

Les amateurs des recherches de l'antiquité croyent que Bernard conferva fes yeux & que fon frere paya pour lui. La vraye fcience ne consiste pas à savoir ces choses ; mais à savoir quels usages barbares regnaient alors, combien le gouvernement était faible, les nations malheureuses, le clergé puissant.

Lothaire arrive d'Italie. Il met l'empereur son pere en prison entre les mains des moines. Un moine plus adroit que les autres, nommé Gombaud, sert adroitement l'empereur: il le fait délivrer. Lothaire demande enfin pardon à son pere à Nimégue. Les trois freres sont divisés, & l'empereur à la merci de ceux qui le gouvernent, laisse tout l'empire dans la confusion.

831.

On assemble des diétes, & on léve de toutes parts des armées. L'empire devient une anarchie. Louis de Baviére entre dans le païs, nommé Allemagne, & fait sa paix à main armée.

Pepin est fait prisonnier. Lothaire rentre en grace, & dans chaque traité on médite une révolte nouvelle.

832.

L'imperatrice Judith profite d'un moment de bonheur, pour faire dépouiller Pepin du roiaume d'Aquitaine, & le donner à son fils Charles, c'est-à-dire à elle même sous le nom de son fils.

Si

Si l'empereur Louis le *faible* n'eût pas donné tant de roiaumes, il eût gardé le sien.

Lothaire prend le prétexte du détrônement de Pepin fon frere, pour arriver d'Italie avec une armée, & avec cette armée il améne le pape Gregoire IV. pour infpirer plus de refpect & plus de trouble.

833.

Quelques évêques attachés à l'empereur Louis, & fur tout les évêques de Germanie écrivent au pape : *fi tu es venu pour excommunier, tu t'en retourneras excommunié.* Mais le parti de Lothaire, des autres enfants rebelles & du pape prévaut. L'armée rebelle & papale s'avance auprès de Basle contre l'armée imperiale. Le pape écrit aux évêques ; *fâchez que l'autorité de ma chaire eft au deffus de celle du trône de Louis.* Pour le prouver, il négocie avec cet empereur, & le trompe. Le champ où il négocia, s'appella le *champ du menfonge.* Il féduit les officiers, & les foldats de l'empereur. Ce malheureux pere fe rend à Lothaire, & à Louis de Baviére fes enfans rebelles, à cette feule condition qu'on ne crévera pas les yeux à fa femme, & à fon fils Charles, qui était avec lui.

Le rebelle Lothaire envoie fa belle-mere Judith prifonniére à Tortone. Son pere dans l'abbaïe de St. Médard, & fon frere Charles dans le monaftére de Prum. Il affemble une diéte à Compiegne, & de-là à Soiffons.

Un archevêque de Rheims nommé Ebbon, tiré de la condition fervile malgré les loix, élevé à cette dignité par Louis-même dépofe fon fouverain, & fon bienfaicteur. On fait comparaître le monarque devant ce prélat, entouré de trente évêques, de chanoines, des moines, dans l'églife de notre Dame de Soiffons. Lothaire fon fils eft préfent à l'humiliation de fon pere. On fait étendre un cilice devant l'autel. L'archevêque ordonne à l'empereur d'ôter fon baudrier, fon épée, fon habit, & de fe profterner fur ce cilice. Louis, le vifage contre terre, demande lui-même la penitence publique, qu'il ne méritait que trop, en s'y foumettant. L'archevêque le force de lire à haute voix, la lifte de fes crimes, parmi les quels il eft fpecifié, qu'il avait fait marcher fes troupes le mecredi des cendres & indiqué un parlement un jeudi faint. On dreffe un procès verbal de toute cette action, monument encor fubfiftant d'infolence & de baffeffe. Dans ce procès verbal on ne daigne pas
feule-

seulement nommer Louis du nom d'empereur.

Louis *le faible* reste enfermé un an dans une cellule du couvent de St. Médard de Soissons, vêtu d'un sac de penitent sans domestiques, sans consolation. S'il n'avait eu qu'un fils, il était perdu pour toujours: mais ses trois enfans se disputaient ses dépouilles. Leur dissension rendit bientôt au pere sa liberté & sa couronne.

Dans ce tems d'anarchie les normans, c'est-à-dire, ce ramas de norvegiens, de suedois, de danois, de pomeraniens, de livoniens, infestaient les côtes de l'empire. Ils brulaient le nouvel éveché de Hambourg: ils saccageaient la Frise; ils faisaient prevoir les malheurs qu'ils devaient causer un jour; & on ne put les chasser qu'avec de l'argent, ce qui les invitait à revenir encor.

834.

Louis roi de Baviére, Pepin roi d'Aquitaine veulent délivrer leur pere, parce qu'ils sont mécontents de Lothaire leur frere. Lothaire est forcé d'y consentir. On rehabilite l'empereur dans St. Denis auprès de Paris. Mais il n'ose reprendre la couronne qu'après avoir été absous par les évêques.

835.

Des qu'il est absous, il peut léver des armées.

Lothaire lui rend fa femme Judith, & fon fils Charles. Une affemblée à Thionville anathematife celle de Soiffons. Il n'en coûte à l'archeveque Ebbon que la perte de fon fiége : encor ne fut-il dépofé que dans la facriftie. L'empereur l'avait été aux pieds de l'autel.

836.

Toute cette année fe paffe en vaines négociations, & eft marquée par des calamités publiques.

837.

Louis le *faible* eft malade. Une cométe parait : *ne manquez pas*, dit l'empereur à fon aftrologue, *de me dire ce que cette cométe fignifie*. L'aftrologue répondit qu'elle annonçait la mort d'un grand prince. L'empereur ne douta pas que ce ne fût la fienne. Il fe prépara à la mort, & guérit. Dans la même année la cométe eut fon effet fur le roi Pepin fon fils. Ce fut un nouveau fujet de trouble.

838.

L'empereur Louis n'a plus que deux enfans à craindre au lieu de trois. Louis de Baviére fe révolte encor, & lui demande encor pardon.

839.

Lothaire demande auffi pardon afin d'avoir l'Aquitaine

quitaine. L'empereur fait un nouveau partage de ſes états. Il ôte tout aux enfans de Pepin dernier mort. Il ajoute à l'Italie, que poſſedait le rebelle Lothaire, la Bourgogne, Lion, la Franche-Comté, une partie de la Lorraine, du Palatinat, de Tréves, de Cologne, l'Alſace, la Franconie, Nurenberg, la Turinge, la Saxe & la Friſe. Il donne à ſon bien aimé Charles le fils de Judith, tout ce qui eſt entre la Loire, le Rhône la Meuſe, & l'océan. Il trouve encor par ce partage le ſecret de mécontenter ſes enfans, & ſes petits enfans. Louis de Baviére arme contre lui.

840.

L'empereur Louis meurt enfin de chagrin. Il fait avant ſa mort des préſents à ſes enfans. Quelques partiſans de Louis de Baviére lui faiſant une ſcrupule de ce qu'il ne donnait rien à ce fils dénaturé: *je lui pardonne*, dit-il, *mais qu'il ſache qu'il me fait mourir.*

Son teſtament confirme la donation de Pepin & de Charlemagne à l'égliſe de Rome, la quelle doit tout aux rois des francs. On eſt étonné en liſant la charte appellée *Carta diviſionis*, qu'il ajoute à ces préſents, la Corſe, la Sardaigne & la Sicile. La Sardaigne & la Corſe étaient diſputées entre les mufulmans, & quelques avanturiers chrétiens. Ces avanturiers avaient recours aux papes qui leur donnaient des bulles & des aumones. Ils confentaient à relever des papes ; mais alors pour acquerir ce droit de mouvance, il fallait que les papes le demandaffent aux empereurs. Refte à favoir fi Louis le faible leur ceda en effet le domaine fupreme de la Sardaigne & de la Corfe. Pour la Sicile elle appartenait aux empereurs d'orient.

Louis expire le 20. juin 840.

LOTHAIRE
Troisieme Empereur.

841.

Bientôt après la mort du fils de Charlemagne, fon empire éprouva la deftinée de celui d'Alexandre, & de la grandeur des Califes. Fondé avec précipitation il s'écroula de même; & les guerres inteftines le diviférent.

Il n'eft pas furprenant que des princes qui avaient détrôné leur pere, fe vouluffent éxterminer l'un l'autre. C'était à qui dépouillerait fon frere. L'empereur Lothaire voulait tout. Louis de Baviére, & Charles fils de Judith s'uniffent

niffent contre lui.   Ils défolent l'empire, ils l'é-
puifent de foldats. Les deux rois livrent à Fon-
teney dans l'Auxerois une bataille fanglante à
leur frere.   On a écrit qu'il y périt cent-mille
hommes. Lothaire fut vaincu. Il donne alors
au monde l'éxemple d'une politique toute contraire à celle de Charlemagne.   Le vainqueur
des faxons & des frifons les avait affujettis au
chriftianifme, comme à un frein néceffaire. Lothaire pour les attacher à fon parti, leur donne
une liberté entiére de confcience, & la moitié
du païs redevient idolatre.

842.

Les deux freres Louis de Baviére, & Charles
d'Aquitaine s'uniffent par ce fameux ferment,
qui eft prefque le feul monument que nous
aïons de la langue romance.

Pro Deo amur & pro chriftian poblo, & no-
ftro commun falvament dinft di in avant, in
quant Deos favir & podir me dunat &c...
On parle encor cette langue chez les grifons dans
la vallée d'Engadina.

843. 844.

On s'affemble à Verdun pour un traité de partage entre les trois freres.   On fe bat, & on
négocie

négocie depuis le Rhin jufqu'aux Alpes. L'Italie tranquile attend que le fort des armes lui donne un maître.

845.

Pendant que les trois freres déchirent le fein de l'empire, les normans continuent à défoler fes frontiéres impunément. Les trois freres fignent enfin le fameux traité de partage, terminé à Coblentz par cent-vingt députés. Lothaire refte empereur. Il poffède l'Italie, une partie de la Bourgogne, le cours du Rhin, de l'Efcaut, & de la Meufe. Louis de Baviére a tout le refte de la Germanie. Charles furnommé depuis *le chauve*, eft roi de France. L'empereur renonce à toute autorité fur ces deux freres. Ainfi il n'eft plus qu'empereur d'Italie, fans être le maître de Rome. Tous les grands officiers, & feigneurs des trois roiaumes, reconnaiffent par un acte autentique le partage des trois freres, & l'heredité affurée à leurs enfans.

Le pape Sergius II. eft élu par le peuple romain, & prend poffeffion fans attendre la confirmation de l'empereur Lothaire. Ce prince n'eft pas affez puiffant pour fe vanger, mais il l'eft affez pour envoyer fon fils Louis confirmer à Rome l'élection du pape, afin de conferver fon
droit

droit, & pour le couronner roi des lonbards ou d'Italie. Il fait encor regler à Rome dans une affemblée d'évêques, que jamais les papes ne pouront être confacrés fans la confirmation des empereurs.

Cependant Louis en Germanie eft obligé de combattre tantôt les huns, tantôt les normands, tantôt les bohémes. Ces bohémes avec les filefiens & les moraves étaient des idolatres barbares qui courraient fur des chrétiens barbares avec des fuccés divers.

Lempèreur Lothaire & Charles le *chauve* ont encor plus à foufrir dans leurs états. Les provinces depuis les Alpes au Rhin ne favent plus à qui elles doivent obéir.

Il s'éleve un parti en faveur d'un fils de ce malheureux Pepin roi d'Aquitaine que Louis le *faible* fon pere avait dépouillé. Plufieurs tirans s'emparent de plufieurs villes. On donne par tout des petits combats, dans lesquels il y a toujours des moines, des abbés, des évêques tués les armes à la main. Hugues ce fils de Charlemagne forcé à être moine, & depuis abbé de St. Quentin, eft tué devant Touloufe avec l'abbé de Ferriere. Deux évêques y font prifonniers.

Les

Les normanis ravagent les côtes de France. Charles le *chauve* ne s'oppofe à eux qu'en s'obligeant à leur païer quatorze-mille marcs d'argent: ce qui était encor les inviter à revenir.

847.

L'empereur Lothaire non moins malheureux céde la Frife aux normans à titre d'hommage. Cette funefte coutume d'avoir fes ennemis pour vaffaux, prépare l'établiffement de ces pirates dans la Normandie.

848.

Pendant que les normans ravagent les côtes de la France, les farrafins entraient en Italie. Ils s'étaient emparés de la Sicile. Ils s'avancent vers Rome par l'embouchure du Tibre. Ils pillent la riche églife de faint Pierre hors des murs.

Le pape Léon IV. prenant dans ces dangers une autorité que les généraux de l'empereur Lothaire paraiffaient abandonner, fe montra digne en défendant Rome, d'y commander en fouverain. Il avait emploié les richeffes de l'églife à reparer les murailles, à élever des tours, à tendre des chaînes fur le Tibre. Il arma les milices à fes dépens, engagea les habitans de Naples & de Gaïette à venir déffendre les côtes & le port d'Oftie, fans manquer à la fage précaution de
prendre

prendre d'eux des ôtages, fachant bien que ceux qui font affez puiffants pour nous fecourir, le font affez pour nous nuire. Il vifita lui même tous les poftes, & reçut les farrafins à leur defcente, non pas en équipage de guerrier, ainfi qu'en ufa Goflin évêque de Paris dans une occafion encor plus preffante, mais comme un pontife qui exhortait un peuple chrétien, & comme un roi qui veillait à la fureté de fes fujets. Il était né romain : Le courage des premiers âges de la république revivait en lui dans un tems de lâcheté & de corruption, tel qu'un beau monument de l'ancienne Rome, qu'on trouve quelque fois dans les ruines de la nouvelle.

Les arabes font défaits & les prifonniers emploiés à batir la nouvelle enceinte autour de St. Pierre, & à agrandir la ville qu'ils venaient détruire.

Lothaire fait affocier fon fils Louis à fon faible empire. Les mufulmans font chaffé de Benevent, mais ils reftent dans le Guarillan & dans la Calabre.

849.

Nouvelles difcordes entre les trois frères, entre les évêques & les feigneurs. Les peuples n'en font que plus malheureux. Quelques évêques francs & germains déclarent l'empereur Lothaire déchu de l'empire. Ils n'en avaient le droit, ni comme évêques, ni comme germains & francs; puisque l'empereur n'était qu'empereur d'Italie. Ce ne fut qu'un attentat inutile. Lothaire fut plus heureux que son pere.

850. 851. 852.

Racommodement des trois freres. Nouvelles incursions de tous les barbares voisins de la Germanie.

Au milieu de ces horreurs le missionaire Ans-chaire évêque de Hambourg, persuade un Erick chef ou duc ou roi du Dannemarck de souffrir la relligion chrétienne dans ses états. Il obtient la même permission en Suéde. Les suédois, & les danois n'en vont pas moins en course contre les chrétiens.

853. 854.

Dans ces désolations de la France & de la Germanie, dans la faiblesse de l'Italie menacée par les musulmans, dans le mauvais gouvernement de Louis d'Italie fils de Lothaire livré aux débauches à Pavie, & méprisé dans Rome, l'empereur de Constantinople négocie avec le pape, pour recouvrer Rome: mais cet emperenr était
Michel,

Michel, plus débauché encor, & plus méprisé que Louis d'Italie ; & tout cela ne contribue qu'à rendre le pape plus puiſſant.

855.

L'empereur Lothaire qui avait fait moine l'empereur Louis *le faible* ſon pere, ſe fait moine à ſon tour, par laſſitude des troubles de ſon empire, par crainte de la mort, & par ſuperſtition. Il prend le froc dans l'abbaïe de Prum, & meurt imbecille le 28. ſeptembre après avoir vécu en tiran.

LOUIS SECOND
Quatrieme Empereur.

856.

Après la mort de ce troiſiéme empereur d'occident, il s'éleve de nouveaux roiaumes en Europe. Louis l'italique, ſon fils ainé reſte à Pavie avec le vain titre d'empereur d'occident. Le ſecond fils, nommé Lothaire comme ſon pere, a le roiaume de Lotharinge appellé enſuite Lorraine, ce roiaume s'étendait depuis Geneve juſqu'à Strasbourg & juſqu'à Utrecht. Le troiſiéme nommé mé Charles eut la Savoïe, le Dauphiné, une partie du Lionnais, de la Provence & du Languedoc. Cet état compoſa le roiaume d'Arles, du nom de la capitale, ville autrefois opulente & embellie par les romains, mais alors petite & pauvre, ainſi que toutes les villes en deçà des Alpes. Dans les tems floriſſants de la republique & des Céſars les romains avaient agrandi & décoré les villes qu'ils avaient ſoumiſes ; mais rendües à elles mêmes, ou aux barbares, elles dépérirent toutes, atteſtant par leurs ruines la ſupériorité du génie des romains.

Un barbare nommé Salomon ſe fit bientôt après roi de la Bretagne, dont une partie était encor païenne ; mais tous ces roiaumes tombérent preſque auſſi promptement, qu'ils furent élevés.

857.

Louis le germanique commence par enlever l'Alſace au nouveau roi de Lorraine. Il donne des privileges à Strasbourg, ville deja puiſſante, lors qu'il n'y avait que des bourgades dans cette partie du monde au delà du Rhin. Les normans déſolent la France. Louis le germanique prend ce tems pour venir accabler ſon frere, au lieu de le ſécourir contre les barbares. Il le défait vers Orleans. Les évêques de France ont beau l'excommunier. Il veut s'emparer de la France

France : des restes des saxons & d'autres barbares, qui se jettent sur la Germanie, le contraignent de venir défendre ses propres états.

Depuis 858. jusqu'à 865.

Louis second fantôme d'empereur en Italie, ne prend point de part à tous ces troubles ; laisse les papes s'affermir, & n'ose resider à Rome.

Charles le chauve de France & Louis le germanique font la paix, parce qu'ils ne peuvent se faire la guerre. L'évenement de ces tems-là, qui est le plus demeuré dans la mémoire des hommes, concerne les amours du roi de Lorraine, Lothaire : ce prince voulut imiter Charlemagne, qui répudiait ses femmes, & épousait ses maitresses. Il fait divorce avec sa femme nommée Thietberge fille d'un seigneur de Bourgogne. Il l'accuse d'adultére. Elle s'avouë coupable. Il épouse sa maitresse nommée Valdrade qui lui avait été auparavant promise pour femme. Il obtient qu'on assemble un concile à Aix-la-Chapelle, dans lequel on aprouve son divorce avec Thietberge. Le décrét de ce concile est confirmé dans un autre à Metz en présence des légats du pape. Le pape Nicolas I. casse les conciles de Metz & d'Aix-la-Chapelle, & exerce une autorité jufqu'alors inouie. Il excommunie & dépofe quelques évéques, qui ont pris le parti du roi de Lorraine. Et enfin ce roi fut obligé de quitter la femme qu'il aimait, & de reprendre celle qu'il n'aimait pas.

Il eft à fouhaiter fans doute, qu'il y ait un tribunal facré, qui avertiffe les fouverains de leurs dévoirs, & les faffe rougir de leurs violences. Mais il parait que le fecret du lit d'un monarque pouvait n'étre pas foumis à un évêque étranger ; & que les orientaux ont toujours eu des ufages plus conformes à la nature & plus favorables au repos interieur des familles, en regardant tous les fruits de l'amour comme legitimes, & en rendant ces amours impénétrables aux yeux du public.

Pendant ce tems les defcendans de Charlemagne, font toûjours aux prifes les uns contre les autres. Leurs roiaumes toûjours attaqués par les barbares.

Le jeune Pepin arriére-petit-fils de Charlemagne, fils de ce Pepin roi d'Aquitaine dépofé, & mort fans états, aiant quelque tems trainé une vie errante & malheureufe, fe joignit aux normands, & renonça à la relligion chrêtienne; il
finit

finit par être pris & enfermé dans un couvent où il mourut.

866.

C'eſt principalement à cette année qu'on peut fixer le chiſme qui dure encor, entre les égliſes grecque & romaine. La Germanie ni la France, n'y prirent aucun interêt. Les peuples étaient trop malheureux pour s'occuper de ces diſputes, qui ſont ſi intereſſantes dans le loiſir de la paix.

Charles roi d'Arles meurt ſans enfans. L'empereur Louis, & Lothaire partagent ſes états.

C'eſt la deſtinée de la maiſon de Charlemagne que les enfans s'arment contre leurs peres. Louis le germanique avait deux enfans. Louis le plus jeune mécontent de ſon appanage, veut le détroner. Sa révolte n'aboutit qu'à demander grace.

867. 868.

Louis roi de Germanie bat les moraves & les bohémes par les mains de ſes enfans. Ce ne ſont pas là des victoires qui augmentent un état, & qui le faſſent fleurir. Ce n'était que répouſſer des ſauvages dans leurs montagnes & dans leurs forêts.

869.

L'excommunié roi de Lorraine va voir le nou-veau

veau pape Adrien à Rome, dine avec lui; lui promet de ne plus vivre avec sa maitresse; il meurt à Plaisance à son retour.

Charles le chauve s'empare de la Lorraine & même de l'Alsace au mépris des droits d'un batard de Lothaire à qui son pere l'avait donnée. Louis le germanique avait pris l'Alsace à Lothaire; mais il la rendit; Charles le chauve la prit & ne la rendit point.

870.

Louis de Germanie veut avoir la Lorraine. Louis d'Italie empereur veut l'avoir aussi, & met le pape Adrien dans ses interêts. On n'a égard ni à l'empereur ni au pape. Louis de Germanie, & Charles le chauve, partagent tous les états compris sous le nom de Lorraine en deux parts égales. L'occident est pour le roi de France, l'orient pour le roi de Germanie. Le pape Adrien ménace d'excommunication. On commençait déja à se servir de ces armes. Mais elles furent méprisées. L'empereur d'Italie n'était pas assez puissant pour les rendre terribles.

871.

Cet empereur d'Italie pouvait à peine prévaloir contre un Duc de Benevent qui étant à la fois vassal des empires d'orient & d'occident, ne l'était en effet ni de l'un ni de l'autre, & tenait entre eux la balance égale.

L'empereur Louis se hazarde d'aller à Benevent & le duc le fait mettre en prison. C'est précisément l'avanture de Louis XI. avec le duc de Bourgogne.

872. 873.

Le pape Jean VIII. successeur d'Adrien II. voiant la santé de l'empereur Louis II. chancelante, promet en secret la couronne imperiale à Charles le chauve roi de France, & lui vend cette promesse. C'est ce même Jean VIII. qui ménagea tant le patirarche Photius, & qui souffrit qu'on nommât Photius avant lui, dans un concile à Constantinople.

Les moraves, les huns, les danois continuent d'inquiéter la Germanie, & ce vaste état ne peut encor avoir de bonnes loix.

874.

La France n'était pas plus heureuse. Charles le chauve avait un fils nommé Carloman qu'il avait fait tonsurer dans son enfance, & qu'on avait ordonné diacre malgré lui. Il se refugia enfin à Metz dans les états de Louis de Germanie son oncle. Il léve des troupes, mais aïant été pris, son pere lui fit crêver les yeux, suivant la nouvelle coutume.

875.

LOUIS SECOND.

875.

L'empereur Louis II. meurt à Milan. Le roi de France Charles le chauve fon frere paffe les Alpes, ferme les paffages à fon frere Louis de Germanie, court à Rome, répand de l'argent, fe fait proclamer par le peuple roi des romains, & couronner par le pape.

Si la loi falique avait été en vigueur dans la maifon de Charlemagne, c'était à l'ainé de la maifon Louis le germanique qu'apartenait l'empire; mais quelques troupes, de la celerité de la condefcendance & de l'argent, firent les droits de Charles le chauve. Il avilit fa dignité pour en jouir. Le pape Jean VIII. donna la couronne en fouverain, le chauve la reçut en vaffal, confeffant qu'il tenait tout du pape, laiffant aux fucceffeurs de ce pontife le pouvoir de conferer l'empire & promettant d'avoir toujours près de lui un vicaire du st. fiége pour juger toutes les grandes affaires eccléfiaftiques. L'archevêque de Sens fut en cette qualité primat de Gaule & de Germanie: titre devenu inutile.

Certes les papes eurent raifon de fe croire en droit de donner l'empire & même de le vendre puis qu'on le leur demandait & qu'on l'achetait: & puifque Charlemagne lui-même avait reçu le titre

titre d'empereur du pape Léon III. mais auſſi on avait raiſon de dire que Léon III. en déclarant Charlemagne empereur l'avait déclaré ſon maitre, que ce prince avait pris les droits attachez à ſa dignité & que c'etait à ces ſucceſſeurs à confirmer les papes non à être choiſi par eux. Le tems, l'occaſion, l'uſage, la preſcription, la force font tous les droits.

CHARLES LE CHAUVE.
Cinquieme Empereur.

Charles ſe fait couronner à Pavie roi de Lombardie par les évêques, les comtes, & les abbés de ce païs. *Nous vous éliſons*, eſt-il dit dans cet acte, *d'un commun conſentement, puiſque vous avez été élevé au trone imperial par l'interceſſion des apôtres St. Pierre, & St. Paul, & par leur vicaire Jean ſouverain pontiſe.* &c.

876.

Louis de Germanie ſe jette ſur la France pour ſe vanger d'avoir été prévenu par ſon frere, dans l'achât de l'empire. La mort le ſurprend dans ſa vangeance.

La coutume qui gouverne les hommes, était alors

alors d'affaiblir ses états en les partageant entre ses enfans. Trois fils de Louis le germanique partagent ses états. Carloman a la Baviére, la Carintie, la Pannonie. Louis la Frise, la Saxe, la Turinge, la Franconie. Charles *le gros* depuis empereur, la moitié de la Lorraine, avec la Suabe, & les païs circonvoisins, qu'on appellait alors l'Allemagne.

877.

Ce partage rend l'empereur Charles le chauve plus puissant. Il veut saisir la moitié de la Lorraine qui lui manque. Voici un grand exemple de l'extréme superstition qu'on joignait alors à la rapacité & à la fourberie. Louis de Germanie & de Lorraine envoie trente hommes au camp de Charles le chauve, pour lui prouver au nom de Dieu que sa partie de la Lorraine lui appartient. Dix de ces trente confesseurs ramassent dix bagues & dix caillous dans une chaudiére d'eau bouillante sans s'échauder: Dix autres portent chacun un fer rouge l'espace de neuf pieds sans se bruler; dix autres liés avec des cordes, sont jettés dans de le'au froide & tombent au fonds, ce qui marquait la bonne cause, car l'eau repoussait en haut les parjures.

L'histoire est si pleine de ces épreuves, qu'on
ne

ne peut guéres les nier toutes. L'ufage qui les rendait communes, rendait auffi communs les fecrets qui font la peau infenfible pour quelque tems à l'action du feu, comme l'huile de vitriol & d'autres corrofifs. A l'égard du miracle d'aller au fond de l'eau, quand on y eft jetté, ce ferait un plus grand miracle de furnager.

Louis ne s'en tint pas à cette ceremonie. Il battit auprès de Cologne l'empereur fon oncle. L'empereur battu repaffe en Italie pourfuivi par les vainqueurs.

Rome alors était ménacée par les mufulmans toûjours cantonnés dans la Calabre. Carloman ce roi de Baviére ligué avec fon frere le Lorrain pourfuit en Italie fon oncle le chauve, qui fe trouve preffé à la fois par fon neveu, par les mahometans, par les intrigues du pape, & qui meurt au mois d'octobre dans une village prés du mont Cenis.

Les hiftoriens difent qu'il fut empoifonné par fon médecin un juif nommé Sédécias. Il eft feulement conftant que l'Europe chrétienne était alors fi ignorante, que les rois étaient obligés de prendre pour leurs médecins des juifs ou des arabes.

C'eft à l'empire de Charles le chauve que commence le grand gouvernement féodal, & la décadence de toutes chofes. C'eft fous lui que plufieurs poffeffeurs des grands offices militaires, des duchés, des marquifats, des comtés veulent les rendre hereditaires.

LOUIS III. ou LE BEGUE
Sixieme Empereur.
878.

Le pape Jean VIII. qui fe croit en droit de nommer un empereur, fe foutient à peine dans Rome. Il promet l'empire à Louis le begue roi de France fils du Chauve. Il le promet à Carloman de Baviére. Il s'engage avec un Lambert duc de Spolete vaffal de l'empire.

Ce Lambert de Spolete joué par le pape fe joint à un marquis de Tofcane; entre dans Rome, & fe faifit du pape; mais il eft enfuite obligé de le relâcher. Un Bofon duc d'Arles prétend auffi à l'empire.

Les mahométans étaient plus prés de fubjuguer Rome que tous ces competiteurs. Le pape fe foumet à leur païer un tribut annuel de vingt cinq mille marcs d'argent. L'anarchie eft au
comble

comble dans la Germanie, dans la France & dans l'Italie.

Louis le begue meurt à Compiegne le 10. avril. On ne l'a mis au rang des empereurs, que parce qu'il était fils d'un prince qui l'était.

CHARLES III. ou LE GROS
Septieme Empereur.

879.

Il s'agit alors de faire un empereur & un roi de France. Louis le begue laiſſait deux enfans de quatorze à quinze ans. Il n'était pas alors décidé ſi un enfant pouvait être roi. Pluſieurs nouveaux ſeigneurs de France offrent la couronne à Louis de Germanie. Il ne prit que la partie occidentale de la Lorraine qu'avait eu Charles le chauve en partage. Les deux enfans du Begue, Louis & Carloman ſont reconnus rois de France quoiqu'ils ne ſoient pas reconnus unanimement pour enfans légitimes ; mais Boſon ſe fait ſacrer roi d'Arles, augmente ſon territoire, & demande l'empire. Charles le gros roi du païs qu'on nommait encor Allemagne, preſſe le pape de le couronner empereur. Le pape répond

qu'il

qu'il donnera la couronne impériale à celui qui viendra le fecourir le premier contre les chrétiens & contre les mahometans.

880.

Charles le gros roi d'Allemagne, Louis roi de Baviére & de Lorraine, s'uniffent avec le roi de France contre ce Boson nouveau roi d'Arles, & lui font la guerre. Ils affiégent Vienne en Dauphiné, mais Charles le gros va de Vienne à Rome.

881.

Charles eft couronné & facré empereur par le pape Jean VIII. dans l'églife de St. Pierre le jour de Noël.

Le pape lui envoie une palme felon l'ufage; mais ce fut la feule que Charles remporta.

882.

Son frere Louis roi de Baviére, de la Pannonie, de ce qu'on nommait la France orientale & de deux Lorrains, meurt le 20. janvier de la même année. Il ne laiffait point d'enfans. L'empereur Charles le gros était l'héritier naturel de fes états; mais les normands fe préfentaient pour les partager. Ces fréquents troubles du nord achevaient de rendre la puiffance impériale très problématique dans Rome où l'ancienne liberté repouffait toujours des racines; on ne favait qui dominerait dans cette ancienne capitale de l'Europe, fi ce ferait ou un évêque, ou le peuple, ou un empereur étranger.

Les normands pénétrent jufqu'à Metz, ils vont

vont bruler Aix-la-Chapelle & détruire tous les ouvrages de Charlemagne, Charles le gros ne fe délivre d'eux qu'en prenant toute l'argenterie des églifes, & en leur donnant quatre mille cent foixante marcs d'argent, avec lesquels ils allerent préparer des armements nouveaux.

883.

L'empire était devenu fi faible, que le pape Marin fecond, fucceffeur de Jean VIII. commence par faire un décrét folemnel, par lequel on n'attendra plus les ordres de l'empereur pour l'élection des papes. L'empereur fe plaint en vain de ce décrét. Il avait ailleurs affez d'affaires.

Un duc Zuentibold à la tête des païens moraves, dévaftait la Germanie. L'empereur s'accommoda avec lui comme avec les normands. On ne fait pas s'il avait de l'argent à lui donner, mais il le reconnut prince & vaffal de l'empire.

884.

Une grande partie de l'Italie eft toujours dévaftée par le duc de Spolete & par les farrafins. Ceux-ci pillent la riche abbaïe de Mont-Caffin & enlévent tous fes tréfors, mais un duc de Benevent les avait déja prévenus.

Charles le gros marche en Italie pour arrêter tous ces défordres. A peine était-il arrivé, que les deux jeunes rois de France fes neveux étant morts: il repaffe les Alpes pour leur fuccéder.

885.

Voilà donc Charles le gros qui réunit fur fa tête toutes les couronnes de Charlemagne; mais elle ne fut pas affez forte pour les porter.

Un bâtard de Lothaire nommé Hugues abbé de St. Denis s'était depuis longtems mis en tête d'avoir la Lorraine pour fon partage. Il fe ligue avec un normand auquel on avait cédé la Frife, & qui époufa fa fœur. Il appelle d'autres normands.

L'empereur étouffa cette confpiration. Un comte de Saxe nommé Henri & un archevêque de Cologne, fe chargerent d'affaffiner ce normand duc de Frife dans une conférence. On fe faifit de l'abbé Hugues, fous le même prétexte en Lorraine, & l'ufage de créver les yeux fe renouvella pour lui.

Il eut mieux valu combattre les normands avec de bonnes armées. Ceux-ci voiant qu'on ne les attaquait que par des trahifons, pénétrent de la Hollande en Flandre, ils paffent la Somme & l'Oife, l'Oife, fans réfiftance, prennent & brulent Pontoife, & arrivent par eau & par terre à Paris. Cette ville aujourd'hui immenfe, n'était ni forte, ni grande, ni peuplée. La tour du grand Chatelet n'était pas encor entiérement élévée quand les normands parurent. Il fallut fe hater de l'achever avec du bois, de forte que le bas de la tour était de pierre & le haut de charpente.

Les parifiens qui s'attendaient alors à l'irruption des barbares, n'abandonnerent point la ville, comme autrefois. Le comte de Paris Odon, ou Eudes que fa valeur éléva depuis fur le trone de France, mit dans la ville un ordre qui anima les courages, & qui leur tint lieu de tours & de remparts. Sigefroi chef des normands preffa le fiége avec une fureur opiniatre mais non deftituée d'art. Les normands fe fervirent du belier pour battre les murs. Ils firent brêche & donnerent trois affauts. Les parifiens les foutinrent avec un courage inébranlable. Ils avaient à leur tête non feulement le comte Eudes, mais leur évêque Goslin, qui chaque jour après avoir donné la bénédiction, fe mettait fur la brêche le cafque en tête, un carquois fur le dos, une hache à la ceinture, & aïant planté la croix fur le rempart, combattait à fa vuë. Il parait que cet

évêque

évêque avait dans la ville autant d'autorité pour le moins que le comte Eudes, puis que ce fut à lui que Sigefroi le chef des normans s'était d'abord adreſſé pour entrer par ſa permiſſion dans Paris. Ce prélat mourut de ſes fatigues au milieu du ſiége laiſſant une mémoire reſpectable & chere ; car s'il arma des mains, que ſa relligion reſervait ſeulement au miniſtére de l'autel, il les arma pour cet autel même, & pour ſes citoiens, dans la cauſe la plus juſte & pour la défenſe la plus néceſſaire, qui eſt toujours au deſſus des loix.

Ses confreres ne s'étaient armés que dans des guerres civiles, & contre des chrétiens. Peut-être ſi l'apothéoſe eſt dû à quelques hommes, eût-il mieux valu mettre dans le ciel ce prélat, qui combattit & mourut pour ſon païs, que beaucoup d'hommes obſcurs, dont la vertu, s'ils en ont eu, a été inutile au monde.

886.

Les normands tinrent Paris aſſiégé une année & demie. Les pariſiens éprouverent toutes les horreurs qu'entrainent dans un long ſiége la famine & la contagion ; & ne furent point ébranlés. Au bout de ce tems l'empereur Charles le *gros* roi de France parut enfin à leur ſecours ſur le le mont de Mars, qu'on appelle aujourd'hui Mont-Martre ; mais il n'ofa pas attaquer les normands, il ne vint que pour achêter encor une trêve honteufe. Ces barbares quittérent Paris, pour aller affiéger Sens, & piller la Bourgogne, tandis que Charles allait en Allemagne affembler des diéttes qui lui otérent un trône dont il était fi indigne.

Les normands continuérent leurs dévaftations, mais quoi qu'ennemis du nom chrétien, il ne leur vint jamais en penfée de forcer perfonne à renoncer au chriftianifme. Ils étaient à peu près tels que les francs, les gots, les alains, les huns, les herules, qui en cherchant au quatriéme fiécle de nouvelles terres, loin d'impofer une relligion aux romains vaincus, s'accommodérent aifément de la leur ; ainfi les turcs en pillant l'empire des califes, fe font foumis à la relligion mahometane.

887.

Il ne manquait à Charles le gros que d'être malheureux dans fa maifon : méprifé dans l'empire, il paffa pour l'être de fa femme l'imperatrice Richarde. Elle fut accufée d'infidélité. Il la repudia quoiqu'elle offrit de fe juftifier par le

juge-

jugement de Dieu. Il l'envoia dans l'abbaïe d'Andelau qu'elle avait fondée en Alsace.

On fit enfuite adopter à Charles pour fon fils (ce qui était alors abfolument hors d'ufage) le fils de Bofon ce roi d'Arles fon ennemi. On dit qu'alors fon cerveau était affaibli. Il l'était fans doute puis que poffédant autant d'états que Charlemagne, il fe mit au point de tout perdre fans réfiftance. Il eft détroné dans une diètte auprès de Mayence.

888.

La dépofition de Charles *le gros* eft un fpectacle qui mérite une grande attention. Fut-il dépofé par ceux qui l'avaient élu? quelques feigneurs turingiens, faxons, bavarois, pouvaient-ils dans un village appellé Tribur difpofer de l'empire romain & du roiaume de France? non, mais ils pouvaient renoncer à reconnaître un chef indigne de l'être. Ils abandonnent donc le petit-fils de Charlemagne pour un bâtard de Carloman fils de Louis le germanique: ils déclarent ce bâtard nommé Arnoud roi de Germanie. Charles le gros meurt fans fecours auprès de Conftance le 8. janvier 888.

Le fort de l'Italie, de la France & de tant d'états était alors incertain.

Charles III. ou Le Gros.

Le droit de la succession était par tout très peu reconnu. Charles le gros lui-même avait été couronné roi de France au préjudice d'un fils posthume de Louis le begue. Et au mépris des droits de ce même enfant les seigneurs français élisent pour roi Eude comte de Paris.

Un Rodolphe fils d'un autre comte de Paris se fait roi de la Bourgogne transjuranne.

Ce fils de Boson roi d'Arles adopté par Charles le gros, devient roi d'Arles par les intrigues de sa mere.

L'empire n'était plus qu'un fantôme, mais on ne voulait pas moins saisir ce fantôme, que le nom de Charlemagne rendait encor venérable. Ce prétendu empire qui s'appellait romain devait être donné à Rome. Un Gui duc de Spolete, un Berenger duc de Frioul se disputaient le nom & le rang des Césars. Gui de Spolete se fait couronner à Rome. Berenger prend le vain titre de roi d'Italie, & par une singularité digne de la confusion de ces tems-là, il vient à Langres se faire couronner roi d'Italie en Champagne.

C'est dans ces troubles que tous les seigneurs se cantonnent, que chacun se fortifie dans son château, que la plupart des villes sont sans police, que des troupes de brigands courent d'un bout de l'Europe à l'autre, & que la chevalerie s'étas'établit, pour réprimer ces brigands & pour défendre les dames ou pour les enlever.

889.

Plusieurs évêques de France & sur tout l'archevêque de Rheims offrent le roiaume de France au bâtard Arnoud parce qu'il descendait de Charlemagne, & qu'ils haïssaient Eude, qui n'était du sang de Charlemagne que par les femmes.

Le roi de France Eude va trouver Arnoud à Worms; lui céde une partie de la Lorraine dont Arnoud était déja en possession, lui promet de le reconnaître empereur, & lui remet dans les mains le sceptre & la couronne de France, qu'il avait aportés avec lui. Arnoud les lui rend & le reconnait roi de France. Cette soumission prouve que les rois se regardaient encor comme vassaux de l'empire romain. Elle prouve encor plus combien Eudes craignait le parti qu'Arnoud avait en France.

890. 891.

Le régne d'Arnoud en Germanie est marqué par des évenements sinistres. Des restes de saxons mêlés aux slaves nommés abodrites cantonnés vers la mer baltique entre l'Elbe & l'Oder, ravagent le nord de la Germanie; les bohémes les moraves, d'autres slaves désolent le midi &

battent

battent les troupes d'Arnoud : les huns font des incurfions : les normands recommencent leurs ravages ; tant d'invafions n'établiffent pourtant aucune conquête. Ce font des dévaftations paffagéres, mais qui laiffent la Germanie dans un état trés pauvre & trés malheureux.

A la fin il défait en perfonne les normands auprès de Louvain ; & l'Allemagne refpire.

892.

La décadence de l'empire de Charlemagne enhardit le faible empire d'orient. Un patrice de Conftantinople réprend le duché de Benevent avec quelques troupes, & menace Rome. Mais comme les grecs ont à fe déffendre des farrafins, le vainqueur de Benevent ne peut aller jufqu'à l'ancienne capitale de l'empire.

On voit combien Eudes roi de France avait eu raifon de mettre fa couronne aux pieds d'Arnoud. Il avait befoin de ménager tout le monde. Les feigneurs & les évêques de France rendent la couronne à Charles le fimple ce fils pofthume de Louis le begue, qu'on fit alors revenir d'Angleterre où il était refugié.

893.

Comme dans ces divifions le roi Eudes avait imploré la protection d'Arnoud, Charles le fimple vient l'implorer à fon tour à la diètte de Worms.

Arnoud ne fait rien pour lui; il le laiſſe diſputer le roiaume de France, & marche en Italie, pour y diſputer le nom d'empereur à Gui de Spolete, la Lonbardie à Berenger, & Rome au pape.

894.

Il aſſiége Pavie où était cet empereur de Spolete, qui fuit. Il s'aſſure de la Lonbardie. Berenger ſe cache; mais on voit dès lors combien il eſt difficile aux empereurs de ſe rendre maîtres de Rome. Arnoud au lieu de marcher vers Rome, va tenir un concile auprès de Mayence.

895.

Arnoud après ſon concile tenu pour s'attacher les évêques, tient une diétte à Worms pour avoir de nouvelles trouppes & de l'argent, & pour faire couronner ſon fils Zuentibold roi de Lorraine.

896.

Alors il retourne vers Rome. Les romains ne voulaient plus d'empereur: mais ils ne ſavaient pas ſe déffendre. Arnoud attaque la partie de la ville appellée Léonine, du nom du célébre pontife Léon IV. qui l'avait faite entourer de murailles. Il la force. Le reſte de la ville au delà du Tibre ſe rend; & le pape Formoſe ſacre Arnoud em-

empereur dans l'eglife de St. Pierre. Les fénateurs (car il y avait encor un fénat) lui font le lendemain ferment de fidelité dans l'eglife de St. Paul. C'eft l'ancien ferment équivoque, *je jure que je ferai fidéle à l'empereur, fauf ma fidélité pour le pape.*

ARNOUD
Huitieme Empereur.
896.

Une femme d'un grand courage nommée Agiltrude, mere de ce prétendu empereur Gui de Spolette, laquelle avait envain armé Rome contre Arnoud, fe déffend encor contre lui. Arnoud l'afliége dans la ville de Fermo. Les auteurs prétendent que cette héroïne lui envoia un breuvage empoifonné, pour adoucir fon efprit, & difent que l'empereur fut affez imbecille pour le prendre. Ce qui eft inconteftable, c'eft qu'il léva le fiége, qu'il était malade, qu'il repaffa les Alpes avec une armée délabrée, qu'il laiffa l'Italie dans une plus grande confufion que jamais, & qu'il rerourna dans la Germanie où il avait perdu toute fon autorité pendant fon abfence.

897. *898. 899.

La Germanie eft alors dans la méme anarchie

que la France. Les feigneurs s'étaient cantonnés dans la Lorraine, dans l'Alface, dans le païs appellé aujourd'hui la Saxe, dans la Bavière dans la Franconie. Les évêques & les abbés s'emparent des droits régaliens : ils ont des avoués, c'eft à dire des capitaines qui leur prêtent ferment, auxquels ils donnent des terres, & qui tantôt combattent pour eux, & tantôt les pillent. Ces avoués étaient auparavant les avocats des monaftéres, & les couvents étant devenus des principautés, les avoués devinrent des feigneurs.

Les évêques & les abbés d'Italie ne furent jamais fur le même pied. Prémierement parce que les feigneurs italiens étaient plus habiles ; les villes plus puiffantes & plus riches que les bourgades de Germanie & de France ; & enfin parce que l'églife de Rome, quoique trés mal conduite, ne fouffrait pas que les autres églifes d'Italie fuffent puiffantes.

La chevalerie & l'efprit de chevalerie s'étendent dans tout l'occident. On ne décide prefque plus de procez que par des champions. Les prêtres béniffent leurs armes, & on leur fait toûjours jurer avant le combat que leurs armes ne font point enchantées, & qu'ils n'ont fait point de pacte avec le diable.

Arnoud empereur fans pouvoir, meurt en Baviére en 899. Des autheurs le font mourir de
poifon

poifon, d'autres d'une maladie pédiculaire ; mais la maladie pédiculaire eft une chimere : & le poifon en eft fouvent une autre.

900.

La confufion augmente. Berenger regne en Lonbardie, mais au milieu des factions. Ce fils de Bofon roi d'Arles par les intrigues de fa mere, eft par les mêmes intrigues reconnu empereur à Rome. Les femmes alors difpofaient de tout, elles faifaient des empereurs & des papes, mais qui n'en avaient que le nom.

Louis IV. eft reconnu roi de Germanie. Il y joint la Lorraine après la mort de Zuentibold fon frere, & n'en eft guères plus puiffant.

Depuis 901. jufqu'à 907.

Les huns & les hongrois réunis viennent ravager la Baviére la Suabe & la Franconie, où il femblait qu'il n'y eut plus rien à prendre.

Un *Moimir* qui s'était fait duc de Moravie & chetien, va à Rome demander des évêques.

Un marquis de Tofcane Adelbert, célèbre par fa femme Théodora, eft défpotique dans Rome. Berenger s'affermit dans la Lonbardie, fait alliance avec les huns, afin d'empêcher le nouveau roi germain de venir en Italie, fait la guerre au prétendu empereur d'Arles, le prend prifonnier, &

lui fait crêver les yeux, entre dans Rome & force le pape Jean IX. à le couronner empereur. Le pape après l'avoir facré, s'enfuit à Ravennes, & facre un autre empereur nommé Lambert, fils du duc de Spolete errant & pauvre qui prend le titre *d'invincible & toûjours augufte.*

908. 909. 910. 911.

Cependant Louis IV. roi de Germanie fils d'Arnoud & d'une concubine s'intitule auffi empereur, parceque de bâtard en bâtard il était defcendant de Charlemagne ; & il faut bien le compter, puis que tant d'autheurs le comptent.

LOUIS IV.
NEUVIEME EMPEREUR.

Sous cet étrange empereur, l'Allemagne eft dans la derniére défolation. Les huns paiés par Berenger, pour venir ravager la Germanie, font enfuite paiés par Louis IV. pour s'en retourner. Deux factions celle d'un duc de Saxe & d'un duc de Franconie, s'élevent, & font plus de mal que les huns. On pille toutes les églifes; les hongrois reviennent pour y avoir part. L'empereur Louis IV. s'enfuit à Ratisbonne où il meurt à l'age de 20. ans. C'eft ainfi que finit la race de Charlemagne en Germanie.

CONRAD PREMIER
DIXIEME EMPEREUR.

912.

Les seigneurs germains s'assemblent à Worms pour élire un roi. Ces seigneurs étaient tous ceux, qui aïant le plus d'interêt à choisir un prince selon leur goût, avaient assez de pouvoir & assez de crédit pour se mettre au rang des électeurs. On ne reconnaissait guères dans ce siécle le droit d'hérédité en Europe. Les élections ou libres ou forcées prévalaient presque par tout, témoins celles d'Arnoud en Germanie, de Gui de Spolete, & de Berenger en Italie, de Don Sanche en Arragon, d'Eudes, de Robert, de Raoul, de Hugues Capet en France & des empereurs de Constantinople; car tant de vassaux, tant de princes voulaient avoir le droit de choisir un chef, & l'espérance de pouvoir l'être.

On prétend qu'Oton duc de la nouvelle Saxe fut choisi par la diétte, mais que se voiant trop vieux, il proposa lui-même Conrad duc de Franconie son ennemi, parce qu'il le croiait digne du trône. Cette action n'est guères dans l'esprit de ces tems presque sauvages. On y voit de l'ambition, de la fourberie, du courage comme dans tous les autres siécles: mais à commencer par Clovis on ne voit pas une action de magnanimité.

Conrad ne fut jamais reconnu empereur ni en Italie ni en France. Les germains feuls accoutumés à voir des empereurs dans leurs rois depuis Charlemagne, lui donnérent dit-on ce titre.

Depuis 913. jufqu'à 919.

Le régne de Conrad ne change rien à l'état où il a trouvé l'Allemagne. Il a des guerres contre fes vaffaux, & particuliérement contre le fils de ce duc de Saxe, auquel on a dit qu'il devait la couronne.

Les hongrois font toûjours la guerre à l'Allemagne, & on n'eft occupé qu'à les repouffer. Les français pendant ce tems s'emparent de la Lorraine. Si Charles le *fimple* avait fait cette conquête, il ne méritait pas le nom de *fimple*; mais il avait des miniftres & des généraux qui ne l'étaient pas. Il crée un duc de Lorraine.

Les évêques d'Allemagne s'affermiffent dans la poffeffion de leurs fiefs. Il meurt en 919. dans la petite ville de Veilbourg On prétend qu'avant fa mort il défigna Henri duc de Saxe pour fon fucceffeur, au préjudice de fon propre frere. Il n'eft guères vraifemblable qu'il eût cru être en droit de fe choifir un fucceffeur, ni qu'il eût choifi fon ennemi.

Le

Le nom de ce prétendu empereur fut ignoré en Italie pendant son regne. La Lonbardie était en proïe aux divisions, Rome aux plus horribles scandales, & Naples & Sicile aux dévastations des sarrasins.

C'est dans ce tems que la prostituée Théodora plaçait à Rome sur le trône de l'église Jean X. non moins prostitué qu'elle.

HENRI L'OISELEUR
ONZIEME EMPEREUR.

920.

Il est important d'observer que dans ces tems d'anarchie, plusieurs bourgades d'Allemagne commencérent à jouir des droits de la liberté naturelle, à l'exemple des villes d'Italie. Les unes achetérent ces droits de leurs seigneurs, les autres les avaient soutenus les armes à la main. Les députés de ces villes concourent avec les évêques, & les seigneurs, pour choisir un empereur, & sont au rang des électeurs. Ainsi Henri I. dit l'Oiseleur duc de Saxe, est élu par les trois états. Rien n'est plus conforme à la nature, que tous ceux qui ont intérêt d'être bien gouvernés, concourent à établir le gouvernement.

Depuis 921. jufqu'à 930.

Un des droits des rois de Germanie comme des rois de France, fut toujours de nommer à tous les évêchés vacants.

L'empereur Henri a une courte guerre avec le duc de Baviére, & la termine en lui cédant ce droit de nommer les évêques dans la Baviére.

Il y a dans ces années peu d'évenemens qui intéreffent le fort de la Germanie. Le plus important eft l'affaire de la Lorraine. Il était toujours indécis fi elle refterait à l'Allemagne ou à la France.

Henri l'Oifeleur foumet toute la haute & baffe Lorraine en 925. & l'enléve au duc Gifelbert, à qui les rois de France l'avaient donnée. Il la rend enfuite à ce duc, pour le mettre dans la dépendance de la Germanie. Cette Lorraine n'était plus qu'un démembrement du roiaume de Lotharinge. C'était le Brabant, c'était une partie du païs de Liège difputée enfuite par l'évêque de Liège, c'était les terres entre Metz & la Franche-Comté, difputées auffi par l'évêque de Metz. Ce païs revint après à la France, il en fut enfuite féparé.

Henri fait des Loix plus intéreffantes, que les
évene-

évenements & les révolutions dont se surcharge l'histoire. Il tire de l'anarchie féodale ce qu'on peut en tirer. Les vassaux, les arriere-vassaux se soumettent à fournir des milices, & des grains pour les faire subsister. Il change en villes les bourgs dépeuplés que les huns, les bohémes, les moraves, les normands avaient dévastés. Il bâtit Brandebourg, Misnie, Slesvvich. Il y établit des marquis pour garder les marches de l'Allemagne. Il rétablit les abbayes d'Herfort & de Corbie ruinées. Il construit quelques villes, comme Gotha, Herfort, Goslar.

Les anciens saxons, les slaves, abodrites, les vandales leurs voisins sont repoussés. Son prédécesseur Conrad s'était soumis à payer un tribut aux hongrois, & Henri l'Oiseleur le payait encor. Il affranchit l'Allemagne de cette honte.

Depuis 930 jusqu'à 936.

On dit que des députés des hongrois étant venus demander leur tribut, Henri leur donna un chien galeux. C'était une punition des chevaliers allemands quand ils avaient commis des crimes, de porter un chien l'espace d'une lieuë. Cette grossiereté digne de ces tems-là, n'ôte rien à la grandeur du courage. Il est vrai que les hongrois viennent faire plus de dégât que le tribut n'eût coûté: mais enfin ils font répoussés & vaincus.

Alors il fait fortifier des villes pour tenir en bride les barbares. Il léve le neuviéme homme dans quelques provinces, & les met en garnifon dans ces villes. Il éxerce la nobleffe par des joûtes & des efpeces de tournois : il en fait un, à ce qu'on dit, où près de mille gentilshommes entrent en lice.

Ces tournois avaient été inventés en Italie par les rois lonbards, & s'appellaient *batagliolé*.

Aïant pourvû à la défenfe de l'Allemagne, il veut enfin paffer en Italie à l'éxemple de fes prédéceffeurs, pour avoir la couronne impériale.

Les troubles & les fcandales de Rome étaient augmentés. Marofie fille de Théodora avait placé fur la chaire de St. Pierre le jeune Jean onze né de fon adultére avec le pape Sergius III. & gouvernait l'églife fous le nom de fon fils. Quelques tirans qui accablaffent l'Italie, les allemands étaient ce que Rome haiffait le plus.

Henri l'Oifeleur comptant fur fes forces crut profiter de ces troubles; mais il mourut en chemin dans la Turinge en 936 On ne l'a appellé empereur que parce qu'il avait eu envie de l'être; & l'ufage de le nommer ainfi a prévalu.

OTON

OTON I. *surnommé* LE GRAND
Douzieme Empereur.

936.

Voici enfin un empereur véritable. Les ducs & les comtes, les évêques, les abbés & tous les seigneurs puissants qui se trouvent à Aix-la-Chapelle, élisent Oton, fils de Henri l'Oiseleur. Il n'est pas dit que les députés des bourgs aient donné leur voix. Il se peut faire que les grands seigneurs devenus plus puissants sous Henri l'Oiseleur, leur eussent ravi ce droit.

L'archevêque de Mayence annonce au peuple cette élection, le sacre, & lui met la couronne sur la tête. Ce qu'on peut remarquer, c'est que les prélats dînent à la table de l'empereur, & que les ducs de Franconie, de Suabe, de Baviére, & de Lorraine servirent à table : le duc de Franconie par éxemple en qualité de maître d'hôtel, & le duc de Suabe en qualité d'échanson. Cette cérémonie se fit dans une gallerie de bois, au milieu des ruines d'Aix-la-Chapelle, brulée par les huns, & non encor rétablie.

Les huns & les hongrois viennent encor troubler la fête. Ils s'avancent jusqu'en Westphalie, mais on les répousse.

737.

937.

La Bohéme était alors entierement barbare, & à moitié chrêtienne. Heureusement pour Oton elle est troublée par des guerres civiles. Il en profite aussitôt. Il rend la Bohéme tributaire de la Germanie, & y établit le chriftianisme.

938. 939. 940.

Oton tâche de se rendre despotique, & les seigneurs des grands fiefs, de se rendre indépendans. Cette grande querelle, tantôt ouverte, tantôt cachée subsiste dans les esprits depuis plus de huit cent années ainsi que la querelle de Rome & de l'empire.

Cette lutte du pouvoir roial qui veut toujours croitre, & de la liberté qui ne veut point céder, a longtems agité toute l'Europe chrêtienne. Elle subsista en Espagne tant que les chrêtiens y eurent les maures à combattre, après quoi l'autorité souveraine prit le dessus. C'est ce qui troubla la France jusqu'au milieu du régne de Louis XI. ce qui a enfin établi en Angleterre le gouvernement mixte auquel elle doit sa grandeur; ce qui a cimenté en Pologne la liberté du noble & l'esclavage du peuple. Ce même esprit a troublé la Suéde & le Dannemark, a fondé les républiques de Suisse & de Hollande. La même cause a produit par tout différents effets.

Le

Le duc de Baviére refufe de faire homage. Oton entre en Baviére avec une armée. Il réduit le duc à quelques terres allodiales. Il crée un des freres du duc, comte palatin en Baviére, & un autre, comte palatin vers le Rhin. Cette dignité de *comte palatin* eft renouvellée des comtes du palais des empereurs romains, & des comtes du palais des francs.

Il donne la même dignité à un duc de Franconie. Ces palatins font d'abord des juges fuprêmes. Ils jugent en dernier reffort au nom de l'empereur. Ce reffort fupréme de juftice eft, après une armée, le plus grand appui de la fouveraineté.

Oton difpofe à fon gré des dignités & des terres. Le premier marquis de Brandebourg étant mort fans enfans, il donne le marquifat à un comte Gerard, qui n'était point parent du mort.

Plus Oton affecte le pouvoir abfolu, plus les feigneurs des grands fiefs, s'y oppofent: & dès lors s'établit la coutume d'avoir recours à la France pour foutenir le gouvernement féodal en Germanie, contre l'autorité des rois allemands.

Les ducs de Franconie, de Lorraine, le prince de Brunsvvick s'adreffent à Louis d'Outremer roi de France. Louis d'Outremer entre dans la Lorraine & dans l'Alface, & fe joint aux alliés.

Oton

Oton prévient le roi de France : il défait vers le Rhin auprès de Brifach les ducs de Franconie & de Lorraine qui font tués.

Il ôte le titre de *palatin* à la maifon de Franconie. Il en pourvoit la maifon de Baviére : il attache à ce titre des terres & des châteaux. C'eft de là que fe forme le Palatinat du Rhin d'aujourd'hui.

941.

Comme les feigneurs des grands fiefs germains, avaient appellé le roi de France à leur fecours, les feigneurs de France appellent pareillement Oton. Il pourfuit Louis d'Outremer dans toute la Champagne. Mais des confpirations le rappellent en Allemagne.

942. 943. 944.

Le defpotifme d'Oton aliénait tellement les efprits, que fon propre frere Henri, duc dans une partie de la Lorraine, s'était uni avec plufieurs feigneurs, pour lui ôter le trône & la vie. Il repaffe donc en Allemagne, étouffe la confpiration, & pardonne à fon frere, qui apparemment était affez puiffant pour fe faire pardonner.

Il augmente les priviléges des évêques & des abbés, pour les oppofer aux feigneurs. Il donne à l'évêque de Tréves, le titre de prince, & tous les droits régaliens. Il donne le duché de Baviére

viére à son frere Henri qui avait conspiré contre lui, & l'ôte aux héritiers naturels. C'est la plus grande preuve de son autorité absoluë.

945. 946.

En ce tems la race de Charlemagne, qui régnait encor en France, était dans le dernier aviliſſement. On avait cédé en 912. la Neuſtrie proprement dite aux normands, & même la Bretagne, devenuë alors arriere-fief de la France.

Hugues duc de l'île de France, du sang de Charlemagne par les femmes, pere de Hugues Capet, gendre en premieres nôces d'Edouard I. roi d'Angleterre, beau-frere d'Oton par un second mariage, était un des plus puiſſants seigneurs de l'Europe, & le roi de France alors un des plus petits. Ce Hugues avait rappellé Louis d'Outremer pour le couronner & pour l'aſſervir, & on l'appellait Hugues le grand, parce qu'il s'était rendu puiſſant aux dépens de son maître.

Il s'était lié avec les normans, qui avaient fait le malheureux Louis d'Outremer prisonnier. Ce roi délivré de prison, restait presque sans villes & sans domaine. Il était auſſi beau-frere d'Oton, dont il avait épousé la sœur. Il lui demande sa protection, en cédant tous ses droits sur la Lorraine.

Oton marche juſqu'auprès de Paris, Il aſſiége Rouen,

Rouen, mais étant abandonné par le comte de Flandre, il s'en retourne dans fes états, après une expedition inutile.

947. 948.

Oton n'aïant pû battre Hugues le grand, le fait excommunier. Il convoque un concile à Tréves, où un legat du pape prononce la fentence, à la requifition de l'aumonier d'Oton, Hugues n'en eft pas moins le maître en France.

Il y avait, comme on a vû, un margrave à Sléeswick dans la Cherfonefe-Cimbrique, pour arrêter les courfes des danois. Ils tuent le margrave. Oton y court en perfonne, reprend la ville, affure les frontiéres. Il fait la paix avec le Dannemark, à condition qu'on y prêchera le chriftianifme.

949.

De là Oton va tenir un concile auprès de Mayence à Ingelheim. Louis d'Outremer qui n'avait point d'armée, avait demandé au pape Agapet ce concile ; faible reffource contre Hugues le grand.

Des évêques germains, & Marin le legat du pape, y parurent comme juges, Oton comme protecteur, & Louis roi de France en fuppliant. Le roi Louis y demanda juftice, & dit; " J'ai
" été

„ été reconnu roi par les suffrages de tous les
„ seigneurs. Si on prétend que j'aïe commis
„ quelque crime qui mérite les traitemens que
„ je souffre, je suis prêt de m'en purger au ju-
„ gement du concile, suivant l'ordre d'Oton, ou
„ par un combat singulier.

Ce triste discours, prouve l'usage des duels, l'état déplorable du roi de France, la puissance d'Oton, & les élections des rois. Le droit du sang semblait n'être alors qu'une recommandation pour obtenir des suffrages. Hugues le grand est cité à ce vain concile : on se doute bien qu'il n'y comparut point

950.

Oton donne l'investiture de la Suabe, d'Augsbourg, de Constance, du Wirtemberg à son fils Ludolfe, *sauf les droits des évêques.*

951.

Oton retourne en Bohéme. Bat le duc Bol qu'on appelle Boleslas. Le mot de *slas* chez ces peuples, designait un chef. C'est de là qu'on leur donna d'abord le nom de slaves, & qu'ensuite on apelle esclaves ceux qui furent conquis par eux. L'empereur confirme le vasselage de la Bohéme, & y établit la réligion chrétienne. Tout ce qui était au delà, était encor païen, excepté quelques marches de la Germanie. Il pensait dès
lors

lors à renouveller l'empire de Charlemagne. Une femme lui en fraïa les chemins.

Adelaïde sœur d'un petit roi de la Bourgogne trans-juranne, veuve d'un roi, ou d'un usurpateur du roïaume d'Italie, opprimée par un autre usurpateur, Berenger second, assiégée dans Canosse, appelle Oton à son secours. Il y marche, la délivre, & étant veuf alors, il l'épouse. Il entre dans Pavie en triomphe avec Adelaïde. Mais il fallait du tems, & des soins pour assujetir le reste du roïaume, & sur tout Rome qui ne voulait point de lui.

952.

Il laisse son armée à un prince nommé Conrad, qu'il a fait duc de Lorraine, & son gendre : & ce qui est assez commun dans ces tems-là, il va tenir un concile à Augsbourg, au lieu de poursuivre ses conquêtes. Il y avait des évêques italiens à ce concile : il est vraisemblable qu'il ne le tint que pour disposer les esprits à le recevoir en Italie.

953.

Son mariage avec Adelaïde qui semblait devoir lui assurer l'Italie, semble bientôt la lui faire perdre.

Son fils Ludolphe auquel il avait donné tant d'états, mais qui craignait qu'Adelaïde sa belle-
mere

mere ne lui donnât un maître, son gendre Conrad à qui il avait donné la Lorraine, mais à qui il ôte le commandement d'Italie, conspirent contre lui ; un archevêque de Mayence, un évêque d'Augsbourg se joignent à son fils & à son gendre ; il marche contre son fils, & au lieu de se faire empereur à Rome, il soutient une guerre civile en Allemagne.

945.

Son fils dénaturé appelle les hongrois à son secours, & on a bien de la peine à les repousser des bords du Rhin & des environs de Cologne, où ils s'avancent.

Oton avait un frere ecclésiastique nommé Brunon, il le fait élire archevêque de Cologne, & lui donne la Lorraine.

955.

Les armes d'Oton prévalent. Ses enfans & les conjurés viennent demander pardon ; l'archevêque de Mayence rentre dans le devoir. Le fils du roi en sort encor. Il vient enfin pieds nuds se jetter aux pieds de son pere. Les hongrois appellés par lui ne demandent point grace comme lui ; ils désolent l'Allemagne. Oton leur livre bataille dans Augsbourg. Et les défait. Il parait qu'il était assez fort pour le battre, non pas asfez pour les pourfuivre & les détruire; quoique fon armée fut compofée de legions à peu prés felon le modéle des anciennes legions romaines.

Ce que craignait le fils d'Oton arrive. Adelaïde acouche d'un prince, c'eft Oton fécond.

Depuis 956. jufqu'à 960.

Les deffeins fur Rome fe meuriffent, mais les affaires d'Allemagne les empêchent encor d'éclore. Les flaves & d'autres barbares, inondent le nord de l'Allemagne, encor trés mal affurée, malgré tous les foins d'Oton. Des petites guerres vers le Luxembourg & le Hainaut, qui étaient de la baffe Lorraine, ne laiffent pas de l'occuper encor.

Ludolphe ce fils d'Oton envoié en Italie contre Berenger, y meurt ou de maladie, ou de débauche, ou de poifon.

Berenger alors eft maitre abfolu de l'ancien roïaume de Lonbardie, & non de Rome. Mais il avait néceffairement mille differends avec elle comme les anciens rois lonbards.

Un fils de Marozie, nommé Octavien Sporco fut élu pape à l'age de dix-huit ans par le crédit de fa famille. Il prit le nom de Jean XII. en mémoire de Jean XI. fon oncle. C'eft le prémier pape qui ait changé fon nom à fon
éve-

évenement au pontificat. Il n'était point dans les ordres quand fa famille le fit pontife. C'était un jeune homme, qui vivait en prince aimant les armes & les plaifirs.

On s'étonne que fous tant de papes fcandaleux, l'églife romaine ne perdit ni fes prérogatives, ni fes prétenfions; mais alors prefque toutes les autres églifes étaient ainfi gouvernées; les évêques aïant toujours à demander à Rome ou des ordres, ou des graces, n'abandonnaient pas leurs interêts pour quelques fcandales de plus; & leur interêt était d'être toujours unis à l'églife romaine, parce que cette union les rendait plus refpectables aux peuples, & plus confidérables aux yeux des fouverains. Le clergé d'Italie pouvait alors méprifer les papes, mais il réverait la papauté, d'autant plus qu'il y afpirait; enfin dans l'opinion des hommes, la place était facrée, quand la perfonne était condamnable.

Les Italiens appellent enfin Oton à leur fecours. Ils voulaient, comme dit Luitprand contemporain, avoir deux maitres pour n'en avoir réellement aucun. Ceft là une des principales caufes des longs malheurs de l'Italie.

960.

Oton avant de partir pour l'Italie a foin de faire

élire fon fils Oton agé de fept ans né d'Adelaïde, roi de Germanie: nouvelle preuve que le droit de fucceffion n'éxiftait pas. Il prend la précaution de le faire couronner à Aix-la-Chapelle par les archevêques de Cologne, de Mayence & de Tréves à la fois. L'archevêque de Cologne fait la premiére fonction. C'était Brunon frere d'Oton.

961.

Il paffe les Alpes du Tirol. Entre encor dans Pavie, qui eft toûjours aux premier occupant. Il reçoit à Monfa la couronne de Lonbardie.

962.

Pendant que Berenger fuit avec fa famille, Oton marche à Rome; on lui ouvre les portes. Jean XII. le couronne empereur. Il confirme les donations de Pepin, de Charlemagne, de Louis le *faible*. Il fe fait prêter ferment de fidélité par le pape fur le corps de St. Pierre Il ordonne qu'il y aura toûjours des commiffaires de l'empereur à Rome.

Cet inftrument écrit en lettres d'or foufcrit par fept évêques d'Allemagne, cinq comtes, deux abbés, & plufieurs prélats italiens, eft gardé encor au château St. Ange. La date eft du 13. fevrier 962. on dit, que Lothaire roi de France

&

& Hugues Capet depuis roi, affiftérent à ce couronnement. Les rois de France étaient en éffet fi faibles qu'ils pouvaient fervir d'ornement au facre d'un empereur : Mais les noms de Lothaire, & de Hugues Capet ne fe trouvent pas dans les fignatures de cet acte.

Tout ce qu'on fait alors à Rome concernant les églifes d'Allemagne, c'eft d'ériger Magdebourg en archevêché, Mersbourg en évêché, pour convertir, dit-on, les slaves, c'eft-à-dire ces peuples qui habitaient la Moravie, une partie du Brandebourg, de la Siléfie &c.

A peine le pape s'était donné un maitre, qu'il s'en repentit. Il fe ligue avec ce même Berenger, refugié chez des mahometans cantonnés fur les côtes de Provence. Il follicite les hongrois d'entrer en Allemagne ; c'eft ce qu'il fallait faire auparavant.

963.

L'empereur Oton qui a achevé de foumettre la Lonbardie, retourne à Rome. Il affemble un concile. Le pape Jean XII. fe câche. On l'accufe en plein concile dans l'églife de St. Pierre d'avoir joui de plufieurs femmes, & fur tout d'une nommée *Etiennette* concubine de fon pere; d'avoir fait évêque de Lodi un enfant de dix ans.

ans, d'avoir vendu les ordinations & les bénéfices, d'avoir crêvé les yeux à son parrain, d'avoir châtré un cardinal, & ensuite de l'avoir fait mourir ; enfin de ne pas croire en Jésus-Christ, & d'avoir invoqué le diable : deux choses qui semblent se contredire.

Ce jeune pontife qui avait alors vingt sept ans, parut-être déposé pour ses incestes, & pour ses scandales, & le fut en effet pour avoir voulu, ainsi que tous les romains, détruire la puissance allemande dans Rome.

On élit à sa place un nouveau pape nommé Léon VIII. Oton ne peut se rendre maître de la personne de Jean XII. ou s'il le put, il fit une grande faute.

964.

Le nouveau pape Léon VIII. si l'on en croit le discours d'Arnoud évêque d'Orléans, n'était ni ecclésiastique, ni même chrétien.

Jean XII. pape debauché, mais prince entreprenant, souléve les romains du fond de sa retraite, & tandis qu'Oton va faire le siége de Camerino, le pontife aidé de sa maîtresse rentre dans Rome. Il dépose son competiteur, fait couper la main droite au cardinal Jean qui avait
écrit

écrit la dépofition contre lui, oppofe concile à concile, & fait ftatuer *que jamais l'inferieur ne poura ôter le rang au fuperieur* ; cela veut dire que jamais empereur ne poura dépofer un pape. Il fe promet de chaffer les allemands d'Italie; mais au milieu de ce grand deffein, il eft affaffiné dans les bras d'une de fes maîtreffes.

Il avait tellement animé les romains & relevé leur courage qu'ils oferent même après fa mort foutenir un fiége, & ne fe rendirent à Oton qu'à l'extremité.

Oton deux fois vainqueur de Rome, fait déclarer dans un concile *qu'à l'exemple du bienheureux Adrien, qui donna à Charlemagne le droit d'élire les papes & d'inveftir tous les évêques, on donne les mêmes droits à l'empereur Oton.* Ce titre qui exifte dans le recueil de Gratien eft fufpect; mais ce qui ne l'eft pas, c'eft le foin qu'eut l'empereur victorieux de fe faire affurer tous fes droits.

Après tant de ferments, il fallait que les empereurs réfidaffent à Rome pour les faire garder.

965.

Il retourne en Allemagne. Il trouve toute la Lorraine foulevée contre fon frere Brunon archevêque

vêque de Cologne qui gouvernait la Lorraine alors. Il eſt obligé d'abandonner Trêve, Metz, Toul, Verdun à leurs évêques. La haute Lorraine paſſe dans la main d'un comte de Bar, & c'eſt ce ſeul païs qu'on appelle aujourd'hui toûjours *Lorraine*. Brunon ne ſe reſerve que les provinces du Rhin, de la Meuſe, & de l'Eſcaut. Ce Brunon était un ſavant auſſi détaché de la grandeur, que l'empereur Oton ſon frere était ambitieux.

La maiſon de Luxembourg prend ce nom du chateau de Luxembourg, dont un abbé de St. Maximin de Tréves fait un échange avec elle.

Les polonais commencent à dévenir chrêtiens.

966.

A peine l'empereur Oton était-il en Allemagne, que les romains voulurent être libres. Ils chaſſent le pape Jean XIII. attaché à l'empereur. Le préfet de Rome, les tribuns, le ſenat penſent faire revivre l'ancienne république. Mais ce qui dans un tems eſt une entrepriſe de héros, dévient dans d'autres une révolte de ſéditieux. Oton revole en Italie, fait pendre une partie du ſénat. Le préfet de Rome qui avait voulu être un Brutus, fut fouetté dans les carrefours, promené nud ſur un âne, & jetté dans un cachot où il mourut

rut de misére. Ces executions ne rendent pas la domination allemande chere aux italiens.

967.

L'empereur fait venir son jeune fils Oton à Rome, & l'associe à l'empire.

968.

Il négocie avec Nicephore Phocas empereur des grecs le mariage de son fils avec la fille de cet empereur. Le grec le trompe. Oton lui prend la Poüille & la Calabre pour dot de la jeune princesse Théophanie qu'il n'a point.

969.

C'est à cette année que presque tous les cronologistes placent l'avanture d'Oton archevêque de Mayence assiégé dans une tour au milieu du Rhin par une armée de souris qui passent le Rhin à la nage, & viennent le dévorer. Aparemment que ceux qui chargent encor l'ihstoire de ces inepties, veulent seulement laisser subsister ces anciens monumens d'une superstition imbecille, pour montrer de quelles ténebres l'Europe est à peine sortie.

970.

Jean Zimisses qui détrone l'empereur Nicephore, envoie enfin la princesse Théophanie à Oton pour son fils; tous les auteurs ont écrit qu'Oton avec cette princesse eut la Poüille & la Calabre. Le savant & éxact Giannoné a prouvé que cette riche dot ne fut point donnée.

971. 972. 973.

Oton retourne victorieux dans la Saxe sa patrie.

Le duc de Bohéme vassal de l'empire envahit la Moravie, qui devient un annexe de la Bohéme.

On établit un évêque de Prague. C'est le duc de Bohéme qui le nomme, & l'archevêque de Mayence qui le sacre.

En ce tems les archevêques de Magdebourg fondaient leur puissance. Le titre de metropolitains du nord avec de grandes terres en devaient faire un jour de grands princes.

Oton meurt à Minleben le 7. may 973. avec la gloire d'avoir retabli l'empire de Charlemagne en Italie. Mais Charles fut le vangeur de Rome; Oton en fut le vainqueur & l'oppresseur & son empire n'eut pas des fondements aussi vastes & aussi fermes que celui de Charlemagne.

OTON

OTON SECOND

Treizieme Empereur.

974.

Il eſt clair que les empereurs & les rois l'étaient alors par élection. Oton ſecond aiant été déja élu empereur & roi de Germanie, ſe contente de ſe faire proclamer à Magdebourg par le clergé & la nobleſſe du païs; ce qui compoſait une médiocre aſſemblée.

Le deſpotiſme du pere, la crainte du pouvoir abſolu perpétué dans une famille, mais ſur tout l'ambition du duc de Baviére Henri, couſin d'Oton, ſoulévent le tiers de l'Allemagne.

Henri de Baviére ſe fait couronner empereur par l'évéque de Friſingue. La Pologne, le Dannemark entrent dans ſon parti, non comme membres de l'Allemagne & de l'empire, mais comme voiſins, qui ont interêt à le troubler.

975.

Le parti d'Oton II. arme le premier, & c'eſt ce qui lui conſerve l'empire. Ses troupes franchiſſent ces retranchements qui ſéparaient le Dannemark de l'Allemagne, & qui ne ſervaient qu'à montrer que le Dannemark était devenu faible.

On entre dans la Bohéme qui s'était déclarée pour Henri de Baviére. On marche au duc de

Pologne. On prétend qu'il fit ferment de fidélité à Oton comme vaffal.

Il eft à remarquer que tous ces ferments fe faifaient à genoux, les mains jointes, & que c'eft ainfi que les évêques prétaient ferment aux rois.

976.

Henri de Baviére abandonné, eft mis en prifon à Quedlimbourg : de là envoié en éxil à Elrick avec un évêque d'Augsbourg fon partifan.

977.

Les limites de l'Allemagne & de la France étaient alors fort incertaines. Il n'était plus queftion de France orientale, & occidentale. Les rois d'Allemagne étendaient leur fupériorité territoriale jufqu'aux confins de la Champagne & de la Picardie. On doit entendre par fupériorité territoriale non le domaine direct, non la poffeffion des terres, mais la fupériorité des terres, droit de paramont, droit de fuzeraineté, droit de relief. On a enfuite uniquement par ignorance des termes appliqué cette expreffion de fupériorité territoriale à la poffeffion des domaines mêmes qui relévent de l'empire, ce qui eft au contraire une inferiorité territoriale.

Les ducs de Lorraine, de Brabant, de Hainaut avaient fat hommage de leurs terres aux derniers rois

rois d'Allemagne. Lothaire roi de France fait revivre fes prétenfions fur ces païs. L'autorité roiale prenait alors un peu de vigueur en France; & Lothaire profitait de ces moments pour attaquer à la fois la haute & la baffe Lorraine.

978.

Oton affemble près de foixante mille hommes; défole toute la Champagne, & va jufqu'à Paris. On ne favoit alors ni fortifier les frontiéres, ni faire la guerre dans le plat païs. Les expéditions militaires n'étaient que des ravages.

Oton eft battu à fon retour au paffage de la riviére d'Aine. Geoffroi comte d'Anjou, furnommé *Grifegonnelle*, le pourfuit fans relâche dans la forêt des Ardennes, & lui propofe, felon les régles de la chevalerie, de vuider la querelle par un duel. L'empereur réfufa le défi, foit qu'il crut fa dignité au deffus d'un combat avec Grifegonnelle, foit qu'étant cruel, il ne fût point courageux.

979.

L'empereur & le roi de France font la paix, & par cette paix Charles frere de Lothaire reçoit la baffe Lorraine de l'empereur avec quelque partie de la haute. Il lui fait hommage à genoux,

& c'eft, dit-on, ce qui a couté le roiaume de France à fa race ; dumoins Hugues Capet fe fervit de ce prétexte, pour le rendre odieux.

980.

Pendant qu'Oton II. s'affermiffait en Allemagne, les romains avaient voulu fouftraire l'Italie au joug Allemand. Un nommé *Cencius* s'était fait déclarer conful. Lui & fon parti avaient fait un pape qui s'appellait Boniface VII. Un comte de Tofcanelle ennemi de fa faction, avait fait un autre pape ; & Boniface VII. était allé à Conftantinople inviter les empereurs grecs, Bafile & Conftantin, à venir reprendre Rome. Les empereurs grecs n'étaient pas affez puiffants. Le pape leur joignit les arabes d'Afrique, aimant mieux rendre Rome mahometane, qu'allemande. Les chrêtiens grecs & les mufulmans afriquains, uniffent leurs flottes, & s'emparent enfemble du païs de Naples.

Oton fécond paffe en Italie & marche à Rome.

981.

Comme Rome était divifée, il y fut reçu. Il fe loge dans le palais du pape, il invite à diner plufieurs fénateurs & des partifans de Cencius, Des foldats entrent pendant le repas, & maffa-
crent

crent les convives. C'était renouveller les tems de Marius, & c'était tout ce qui restait de l'ancienne Rome. Mais le fait est il bien vrai? Geofroi de Viterbe le raporte deux cent ans après,

982.

Au sortir de ce repas sanglant, il faut aller combattre dans la Pouille les grecs & les sarrazins, qui venaient vanger Rome, & l'asservir. Il avait beaucoup de troupes italiennes dans son armée; elles ne savaient alors que trahir.

Les allemands sont entiérement défaits. L'évêque d'Augsbourg l'abbé de Fuld sont tués les armes à la main. L'empereur s'enfuit déguisé; il se fait recevoir comme un passager dans un vaisseau grec. Ce vaisseau passe près de Capouë. L'empereur se jette à la nage, gagne le bord, & se refugie dans Capouë.

983.

On touchait au moment d'une grande revolution. Les allemands étaient prêts de perdre l'Italie. Les grecs & les musulmans allaient se disputer Rome : mais Capouë est toujours fatale aux vainqueurs des romains. Les grecs & les arabes ne pouvaient être unis, leur armée était peu nombreuse, ils donnent le tems à Oton de rassembler les débris de la sienne, de faire déclarer empereur à Verone son fils Oton qui n'avait pas dix ans.

Un Oton duc de Baviére avait été tué dans la bataille. On donne la Baviére à son fils. L'empereur repasse par Rome avec sa nouvelle armée.

Après avoir saccagé Benevent infidéle, il fait élire pape son chancelier d'Italie. On croirait qu'il va marcher contre les arabes & contre les grecs. Mais point. Il tient un concile. Tout cela fait voir évidemment que son armée était faible, que les vainqueurs l'étaient aussi, & les romains davantage. Au lieu donc d'aller combattre, il fait confirmer l'érection de Hambourg & de Brême en archeveché. Il fait des reglemens pour la Saxe; & il meurt dans Rome, le 7. decembre, sans gloire, mais il laisse son fils empereur. Les grecs & les sarrazins s'en retournent après avoir ruiné la Pouille & la Calabre, aiant aussi mal fait la guerre qu'Oton, & aiant soulevé contre eux tout le païs.

OTON III.
Quatorzieme Empereur.
983.

Comment reconnaitre en Allemagne un empereur & un roi de Germanie âgé de dix ans, qui

n'an'avait été reconnu qu'à Veronne, & dont le pere venait d'être vaincu par les farrazins ? Ce même Henri de Baviére qui avait difputé la couronne au pere, fort de la prifon de Maftricht où il était renfermé, & fous prétexte de fervir de tuteur au jeune empereur Oton trois fon petit neveu, qu'on avait ramené en Allemagne, il fe faifit de fa perfonne, & il le conduit à Magdebourg.

984.

L'Allemagne fe divife en deux factions. Henri de Baviére a dans fon parti la Bohéme & la Pologne. Mais la plupart des feigneurs de grands fiefs & des évêques, efpérant être plus maîtres fous un prince de dix ans, obligent Henri à mettre le jeune Oton en liberté & à le reconnaître, moienant quoi on lui rend enfin la Baviére.

Oton trois eft donc folemnellement proclamé à Weiffemftadt.

Il eft fervi à diner par les grands officiers de l'empire. Henri de Baviére fait les fonctions de maître d'hotel, le comte palatin de grand échanfon, le duc de Saxe de grand écuïer, le duc de Franconie de grand chambellan. Les ducs de Bohéme & de Pologne y affiftent, comme grands vaffaux.

L'éducation de l'empereur eft confiée à l'arche-vêque de Mayence & à l'évêque d'Ildesheim.

Pendant ces troubles, le roi de France Lo-thaire éffaïe de reprendre la haute Lorraine. Il fe rendit maître de Verdun.

986.

Après la mort de Lothaire, Verdun eft rendu à l'Allemagne.

987.

Louis V. dernier roi en France de la race de Charlemagne, étant mort après un an de régne, Charles duc de Lorraine fon oncle & fon heritier naturel, prétend en vain à la couronne de France. Hugues Capet prouve par l'adreffe, & par la force, que le droit d'élire était alors en vigueur.

988.

L'abbé de Verdun obtient à Cologne la per-miffion de ne point porter l'épée, & de ne point commander en perfonne les foldats qu'il doit, quand l'empereur léve des troupes.

Oton III. confirme tous les privileges des évê-ques & des abbés. Leur privilege & leur devoir était donc de porter l'épée puifqu'il fallut une difpenfe particuliére à cet abbé de Verdun.

989.

989.

Les danois prennent ce tems pour entrer par l'Elbe & par le Vefer. On commence alors à fentir en Allemagne qu'il faut négocier avec la Suéde contre le Dannemark; & l'évêque de Sléeswich eft chargé de cette négociation.

Les fuédois battent les danois fur mer. Le nord de l'Allemagne refpire.

990.

Le refte de l'Allemagne ainfi que la France, eft en proie aux guerres particulieres des feigneurs; & ces guerres que les fouverains ne peuvent apaifer, montrent qu'ils avaient plus de droits que de puiffance. C'était bien pis en Italie.

Le pape Jean XV. fils d'un prêtre, tenait alors le St. Siége, & était favorable à l'empereur. Crefcence nouveau conful fils du conful Crefcence dont Jean dix fut le pere voulait maintenir l'ombre de l'ancienne république; il avait chaffé le pape de Rome. L'imperatrice Theophanie mere d'Oton III. était venue avec des troupes commandée par le marquis de Brandebourg, foutenir dans l'Italie l'autorité impériale.

Pendant que le marquis de Brandebourg eft à Rome, les flaves s'emparent de fon marquifat.

De-

Depuis 991. jusqu'à 996.

Les flaves avec un ramas d'autres barbares affiégent Magdebourg. On les repouffe avec peine. Ils fe retirent dans la Pomeranie, & cédent quelques villages du Brandebourg qui arrondiffent le marquifat.

L'Autriche était alors un marquifat auffi, & non moins malheureux que le Brandebourg, étant frontiére des hongrois.

La mere de l'empereur était revenuë d'Italie fans avoir beaucoup remedié aux troubles de ce païs, & était morte à Nimegue. Les villes de Lonbardie ne reconnaiffaient point l'empereur.

Oton III. leve des troupes, fait le fiége de Milan, s'y fait couronner, fait élire pape Gregoire V. fon parent, comme il aurait fait un évêque de Spire, & eft facré dans Rome par fon parent avec fa femme l'imperatrice Marie fille de Don Garcie roi d'Arragon & de Navarre.

997.

Il eft étrange que des auteurs de nos jours & Maimbourg & tant d'autres raportent encor la fable des amours de cette imperatrice avec un comte de Modène, & du fuplice de l'amant & de la maitreffe. On prétend que l'empereur plus irrité contre la maitreffe que contre l'amant fit bru-

bruler fa femme toute vive, & condamna feulement fon rival à perdre la tête, que la veuve du comte aiant prouvé l'innocence de fon mari eut quatre beaux châteaux en dédomagement. Cette fable avait déja été imaginée fur une Andaberte femme de l'empereur Louis II. ce font des romans dont le fage & favant Muratori prouve la fauffeté.

L'empereur reconnu à Rome retourne en Allemagne, il trouve les flaves maîtres de Bernbourg; & on ôte à l'archevêque de Magdebourg le gouvernement de ce païs pour s'être laiffé battre par les flaves.

998.

Tandis qu'Oton III. eft occupé contre les barbares du nord, le conful Crefcence chaffe de Rome Gregoire V. qui va l'excommunier à Pavie. Et Oton repaffe en Italie pour le punir.

Crefcence foutient un fiége dans Rome, il rend la ville au bout de quelques jours, & fe retire dans le mole d'Adrien appellé alors le mole de Crefcence, & depuis le chateau St. Ange. Il y meurt en combattant, fans qu'on fache le genre de fa mort; mais il femblait meriter le nom de conful qu'il portait. L'empereur prend fa veuve pour maitreffe & fait couper la langue, & arracher les yeux au pape de la nomination de Crefcence.

cence. Mais aussi on dit qu'Oton & sa maitresse firent pénitence, qu'ils allerent en pelerinage à un monaftére, qu'ils coucherent même sur une natte de jonc.

999.

Il fait un décrêt par lequel les allemands seuls auront le droit d'élire l'empereur romain & les papes seront obligés de le couronner. Grégoire V. son parent ne manqua pas de signer le décrêt, & les papes suivants de le reprouver.

1000.

Oton retourne en Saxe, & passe en Pologne. Il donne au duc le titre de roi, mais non à ses dscendants. On verra dans la suite que les empereurs créaient des ducs & des rois à brevet. Boleslas reçoit de lui la couronne, fait hommage à l'empire, & s'oblige à une legére redevence annuelle.

Le pape Silveftre II. quelques années après, lui conféra aussi le titre de roi, prétendant qu'il n'apartenait qu'au pape de le donner. Il est étrange que des souverains demandent des titres à d'autres souverains, mais l'usage est le maître de tout. Les historiens disent qu'Oton allant ensuite à Aix-la-Chapelle fit ouvrir le tombeau de Charlemagne, & qu'on trouva cet empereur encor tout

tout frais, affis fur un trône d'or, une couronne de pierreries fur la tête, & un grand fceptre d'or à la main. Si on avait enterré ainfi Charlemagne, les normands qui détruifirent Aix-la-Chapelle ne l'auraient pas laiffé fur fon trône d'or.

1001.

Les grecs alors abandonnaient le païs de Naples, mais les farrazins y revenaient fouvent. L'empereur repaffe les Alpes pour arrêter leurs progrés, & ceux des déffenfeurs de la liberté italique, plus dangereux que les farrazins.

1002.

Les romains affiégent fon palais dans Rome, & tout ce qu'il peut faire, c'eft de s'enfuir avec le pape, & avec fa maîtreffe la veuve de Crefcence. Il meurt à Paterno petite ville de la campagne de Rome à l'age de près de 30. ans. Plufieurs auteurs difent que fa maitreffe l'empoifonna, parce qu'il n'avait pas voulu la faire imperatrice: D'autres qu'il fut empoifonné par les romains, qui ne voulaient point d'empereur. Ce fait eft peut-être vraifemblable, mais il n'eft nullement prouvé. Sa mort laiffa plus indécis que jamais ce long combat de la papauté contre l'empire, des romains contre l'un & l'autre, & de la liberté italienne
con-

contre la puiſſance allemande Ceſt ce qui tient l'Europe toujours attentive; ceſt là le fil qui conduit dans le labirinthe de l'hiſtoire de l'Allemagne.

Ces trois Otons qui ont rétabli l'empire, ont tous trois aſſiégé Rome & y ont fait couler le ſang, & Arnoud avant eux l'avait ſaccagée.

1003.

Oton III. ne laiſſait point d'enfans. Vingt ſeigneurs prétendirent à l'empire; un des plus puiſſants était Henri duc de Baviére : le plus opiniatre de ſes rivaux était Ekard marquis de Turinge. On aſſaſſine le marquis pour faciliter l'élection du Bavarois, qui à la tête d'une armée ſe fait ſacrer à Mayence le 19. juillet.

HENRI SECOND
Quinzieme Empereur.

1003.

A peine Henri de Baviére eſt il couronné, qu'il fait déclarer Ermand duc de Suabe & d'Alſace ſon compétiteur, ennemi de l'empire. Il met Strasbourg dans ſes intérêts : c'était déja une ville puiſſante. Il ravage la Suabe. Il marche

che en Saxe; il se fait prêter serment par le duc de Saxe, par les archevêques de Magdebourg, & de Brême, par les comtes palatins, & même par Boleslas roi de Pologne. Les slaves habitans de la Pomeranie le reconnurent.

Il épouse Cunegonde fille du premier comte de Luxembourg. Il parcourt des provinces : il reçoit les hommages des évêques de Liège & de Cambrai, qui lui font serment à genoux. Enfin le duc de Saxe le reconnait, & lui prête serment comme les autres.

Les efforts de la faiblesse italienne contre la domination allemande se renouvellent sans cesse. Un marquis d'Ivrée, nommé Ardouin, entreprend de se faire roi d'Italie. Il se fait élire par les Seigneurs, & prend le titre de *César*. Alors les archevêques de Milan commençaient à prétendre, qu'on ne pourait faire un roi de Lonbardie sans leur consentement, comme les papes prétendaient qu'on ne pouvait faire un empereur sans eux. Arnolphe archevêque de Milan s'adresse au roi Henri ; car ce sont toujours les italiens qui appellent les allemands dont ils ne peuvent se passer, & qu'ils ne peuvent soufrir.

Henri envoie des troupes en Italie sous un Oton duc de Carinthie. Le roi Ardouin bat ces
trou-

troupes vers le Tirol. L'empereur Henri ne pouvait quitter l'Allemagne, où d'autres troubles l'arrêtaient.

1004.

Le nouveau roi de Pologne chêtien, profite de la faibleffe d'un Boleflas duc de Bohéme : fe rend maître de fes états, & lui fait créver les yeux, en fe conformant à la méthode des empereurs chrétiens d'orient & d'◼︎ident. Il prend toute la Bohéme, la Mifnie, & la Luface. Henri II. fe contente de le prier, de lui faire hommage des états qu'il a envahis. Le roi de Pologne rit de la demande, & fe ligue contre Henri avec plufieurs princes de l'Allemagne. Henri II. fonge donc à conferver l'Allemagne, avant d'aller s'oppofer au nouveau Céfar d'Italie.

1005.

Il regagne des évêques ; il négocie avec des feigneurs, il leve des milices, il déconcerte la ligue.

Les hongrois commencent à embraffer le chriftianifme par les foins des miffionaires, qui ne cherchent qu'à étendre leur rélligion, pendant que les princes ne veulent étendre que leurs états.

Etienne chef des hongrois, qui avait époufé
la

la sœur de l'empereur Henri, se fait chrétien en ce tems-là ; & heureusement pour l'Allemagne il fait la guerre avec ses hongrois chrétiens contre les hongrois idolatres.

L'église de Rome qui s'était laissé prevenir par les empereurs dans la nomination d'un roi de Pologne, prend les devants pour la Hongrie. Le pape Jean XIX. donne à Etienne de Hongrie le titre de roi & d'apôtre, avec le droit de faire porter la croix devant lui, comme les archevêques : & la Hongrie est divisée en dix évechès, beaucoup plus remplis alors d'idolatres que de chrétiens.

L'archevêque de Milan presse Henri II. de venir en Italie contre son roi Ardouin. Henri part pour l'Italie, il passe par la Baviére. Les états ou le parlement de Baviére y élisent un duc : Henri de Luxembourg beau-frere de l'empereur a tous les suffrages. Fait important qui montre que les droits des peuples étaient comptez pour quelque chose.

Henri avant de passer les Alpes ; laisse Cunégonde son épouse entre les mains de l'archeveque de Magdebourg. On prétend qu'il avait fait vœu de chasteté avec elle : Vœu d'imbecillité dans un empereur.

A peine eft-il vers Verone, que le *Céfar* Ardouin s'enfuit. On voit toûjours des rois d'Italie, quand les allemands n'y font pas; & dès qu'ils y mettent les pieds, on n'en voit plus.

Henri eft couronné à Pavie. On y confpire contre fa vie. Il étouffe la confpiration, & après beaucoup de fang répandu, il pardonne.

Il ne va point à Rome & felon l'ufage de fes prédeceffeurs, il quitte l'Italie le plûtôt qu'il peut.

1006.

C'eft toujours le fort des princes allemans, que des troubles les rappellent chez eux, quand ils pouraient affermir en Italie leur domination. Il va déffendre les bohémiens contre les polonais. Reçu dans Prague, il donne l'inveftiture du duché de Bohéme à Jaromire. Il paffe l'Oder, pourfuit les polonais jufques dans leur païs, & fait la paix avec eux.

Il bâtit Bamberg, & y fonde un éveché; mais il donne au pape la feigneurie féodale; on dit qu'il fe referva feulement le droit d'habiter dans le château.

Il affemble un concile à Francfort fur le Mein, uniquement à l'occafion de ce nouvel éveché de Bamberg, auquel s'oppofait l'évêque de Vurtzbourg,

comme

comme à un démembrement de son évêché. L'empereur se prosterne devant les évêques. On discute les droits de Bamberg & de Vurtzbourg sans s'accorder.

1007.

On commence à entendre parler des prussiens, ou des borussiens. C'étaient des barbares, qui se nourissaient de sang de cheval. Ils habitaient depuis peu des deserts entre la Pologne, & la mer baltique. On dit qu'ils adoraient des serpents. Ils pillaient souvent les terres de la Pologne. Il faut bien qu'il y eût enfin quelque chose à gagner chez eux, puisque les polonais y allaient aussi faire des incursions.

1008. 1009.

Oton duc de la basse Lorraine, le dernier qu'on connaisse de la race de Charlemagne, étant mort, Henri second donne ce duché à Godefroi comte des Ardennes. Cette donation cause des troubles. Le duc de Baviére en profite pour inquiéter Henri, mais il est chassé de la Baviére.

1010.

Herman fils d'Ekard, de Turinge reçoit de Henri II. le marquisat de Misnie.

1011.

Encor des guerres contre la Pologne. Ce n'ét que

que depuis qu'elle eſt feudataire de l'Allemagne, que l'Allemagne a des guerres avec elle.

Glogau exiſtait deja en Siléſie. On l'aſſiége. Les ſiléſiens étaient joints aux polonais.

1012.

Henri fatigué de tous ces troubles, veut ſe faire chanoine de Strasbourg. Il en fait vœu, & pour accomplir ce vœu, il fonde un canonicat, dont le poſſeſſeur eſt appellé *le roi du Chœur*. Aïant renoncé à être chanoine, il va combattre les polonais, & calmer des troubles en Bohéme.

On place dans ce tems-là l'avanture de Cunegonde, qui accuſée d'adultére, après avoir fait vœu de chaſteté, montre ſon innocence en maniant un fer ardent. Il faut mettre ce conte avec le bucher de l'imperatrice Marie d'Arragon.

1013.

Depuis que l'empereur avait quitté l'Italie, Ardouin s'en était reſaiſi, & l'archevêque de Milan ne ceſſait de prier Henri II. de venir regner.

Henri repaſſe les Alpes du Tirol une ſeconde fois; & les ſlaves prennent juſtement ce tems-là pour renoncer au peu de chriſtianiſme qu'ils connaiſſaient, & pour ravager tout le territoire de Hambourg.

1014.

1014.

Dès que l'empereur est dans le Veronnais, Ardouin prend la fuite. Les romains sont prêts à recevoir Henri. Il vient à Rome se faire couronner avec Cunegonde. Le pape Benoît VIII. change la formule. Il lui demande d'abord sur les degrés de St. Pierre ; *voulez-vous garder à moi & à mes successeurs la fidélité en toute chose ?* c'était une espéce d'hommage que l'adresse du pape extorquait de la simplicité de l'empereur.

L'empereur va soumettre la Lonbardie. Il passe par la Bourgogne, va voir l'abbaïe de Cluri, & se fait associer à la communauté. Il passe ensuite à Verdun, & veut se faire moine dans l'abbaïe de St. Vall. On prétend que l'abbé plus sage que Henri, lui dit ; *les moines doivent obéissance à leur abbé : je vous ordonne de rester empereur.*

1015. 1016. 1017. 1018.

Ces années ne sont remplies que de petites guerres en Bohéme & sur les frontiéres de la Pologne. Toute cette partie de l'Allemagne depuis l'elbe, est plus barbare & plus malheureuse que jamais. Tout seigneur qui pouvait armer quelques païsans *serfs*, faisait la guerre à son voisin : & quand les possesseurs des grands fiefs avaient

avaient eux-mêmes des guerres à foutenir, ils obligeaient leurs vaffaux de laiffer-là leur querelle, pour revenir les fervir ; cela s'appellait le *droit de trève.*

Comment les empereurs reftaient-ils au milieu de cette barbarie, au lieu d'aller refider à Rome ? c'eft qu'ils avaient befoin d'être puiffants chez les allemans, pour être reconnus des romains.

1019. 1020. 1021.

L'autorité de l'empereur était affermie dans la Lonbardie par fes lieutenants. Mais les farrazins venaient toûjours dans la Sicile, dans la Poüille, dans la Calabre, & fe jettérent cette année fur la Tofcane. Mais leurs incurfions en Italie étaient femblables à celles des flaves & des hongrois en Allemagne. Ils ne pouvaient plus faire de grandes conquêtes, parce qu'en Efpagne ils étaient divifés, & affaiblis. Les grecs poffedaient toûjours une grande partie de la Poüille & de la Calabre gouvernées par un Catapan. Un Mello prince de Bari, & un prince de Salerne s'éleverent contre ce Catapan.

C'eft alors que parurent pour la prémiére fois, ces avanturiers de Normandie, qui fondérent depuis le roiaume de Naples. Ils fervirent Mello contre les grecs. Le pape Benoît VIII, & Mello

crai-

craignant également les grecs & les farrazins, vont à Bamberg demander du fecours à l'empereur.

Henri fecond confirme les donations de fes prédeceffeurs au fiége de Rome, fe refervant le pouvoir fouverain. Il confirme un décret fait à Pavie, par lequel les clercs ne doivent avoir ni femmes, ni concubines.

1022.

Il fallait en Italie s'oppofer aux grecs, & aux mahometans ; il y va au printemps. Son armée eft principalement compofée d'évêques, qui font à la tête de leurs troupes. Ce faint empereur qui ne permettait pas qu'un fous-diacre eût une femme, permettait que les évêques verfaffent le fang humain. Contradictions trop ordinaires chez les hommes.

Il envoie des troupes vers Capouë & vers la Poüille, mais il ne fe rend point maître du païs ; & c'eft une médiocre conquête que de fe faifir d'un abbé du Mont-Caffin déclaré contre lui, & d'en faire élire un autre.

1023.

Il repaffe bien vite les Alpes, felon la maxime de fes prédeceffeurs, de ne fe pas éloigner long-tems de l'Allemagne. Il convient avec Robert roi de France d'avoir une entrevuë avec lui dans un bâteau fur la Meufe entre Sédan & Moufon.

L'an-

L'empereur prévient le roi de France, & va le trouver dans son camp avec franchise. C'était plûtôt une visite d'amis qu'une conférence de rois; exemple peu imité.

1024.

L'empereur fait ensuite le tour d'une grande partie de l'Allemagne dans une profonde paix, laissant par tout des marques de generosité & de justice.

Il sentait que sa fin aprochait, quoiqu'il n'eût que 52. ans. On a ecrit qu'avant sa mort il dit aux parents de sa femme: *vous me l'avez donnée vierge, je vous la rends vierge;* discours étrange dans un mari, encor plus dans un mari couronné. Il meurt le 14. juillet; son corps est porté à Bamberg, sa ville favorite. Les chanoines de Bamberg le firent canoniser cent ans après.

CONRAD II. DIT LE SALIQUE.
Seizieme Empereur.

1024.

On ne peut assez s'étonner du nombre prodigieux de dissertations sur les prétendus sept électeurs

cteurs qu'on a crû inftitués dans ce tems-là. Jamais pourtant il n'y eut de plus grande affemblée que celle où Conrad fecond fut élu. On fut obligé de la tenir en plein champ entre Worms & Mayence. Les ducs de Saxe, de Bohéme, de Baviére, de Carintie, de la Suabe, de la Franconie, de la Haute, de la baffe Lorraine; un nombre prodigieux de comtes, d'évêques, d'abbés; tous donnérent leurs voix. Il faut remarquer que les magiftrats des villes y affiftérent, mais qu'ils ne donnérent point leurs fuffrages. On fut campé fix femaines dans le champ d'élection avant de fe déterminer.

Enfin le choix tomba fur Conrad furnommé le *falique*, parcequ'il était né fur la riviére de la fàl. C'était un feigneur de Franconie qu'on fait defcendre d'Oton le grand par les femmes. Il y a grande apparence qu'il fut choifi comme le moins dangereux de tous les prétendans. En effet on ne voit point de grandes villes qui lui apartiennent; & il n'eft que le chef de puiffants vaffaux, dont chacun eft auffi fort que lui.

1025. 1026.

L'allemagne fe regardait toûjours comme le centre de l'empire; & le nom d'empereur paraiffait confondu avec celui de roi de Germanie.

Les italiens faififfaient toutes les occafions de féparer ces deux titres.

Les députés des grands fiefs d'Italie vont offrir l'empire à Robert roi de France ; c'était offrir alors un titre fort vain, & des guerres réelles. Robert le réfufe fagement. On s'adreffe à un duc de Guienne Pair de France. Il l'accepte ayant moins à rifquer. Mais le pape Jean XX. & l'archevêque de Milan font venir Conrad le *falique* en Italie. Il fait auparavant élire, & couronner fon fils Henri roi de Germanie. C'était la coutume alors en France, & par tout ailleurs.

Il eft obligé d'affiéger Pavie. Il effuïe des féditions à Ravenne. Tout empereur allemand appellé en Italie y eft toûjours mal reçu.

1027.

A peine Conrad eft couronné à Rome, qu'il n'y eft plus en fureté. Il repaffe en Allemagne, & il y trouve un parti contre lui. Ce font-là les caufes de ces frequents voiages des empereurs.

1028. 1029. 1030.

Henri duc de Baviére, étant mort le roi de Hongrie Etienne parent par fa mere, demande la Baviere, au prejudice du fils du dernier duc ; preuve que les droits du fang n'étaient pas encor bien établis. Et en effet rien ne l'était. L'empereur

pereur donne la Baviére au fils. Le hongrois veut l'avoir les armes à la main. On fe bat, & on l'appaife. Et après la mort de cet Etienne, l'empereur a le crédit de faire placer fur le trône de Hongrie un parent d'Etienne nommé Pierre. il a de plus le pouvoir de fe faire rendre hommage & de fe faire payer un tribut par ce roi Pierre que les hongrois irritez appellerent Pierre *l'allemand*, les papes qui croiaient toujours avoir érigé la Hongrie en roiaume auraient voulu qu'on l'appelât pas Pierre le romain.

Erneft duc de Suabe, qui avait armé contre l'empereur, eft mis au ban de l'empire. *Ban* fignifiait d'abord banniére; enfuite édit, publication; il fignifia auffi depuis *baniffement*. C'eft un des premiers éxemples de cette profcription. La formule était : *nous déclarons ta femme veuve, tes enfans orphelins, & nous t'envoyons au nom du diable au quatre coins du monde.*

1031. 1032.

On commence alors à connaître des fouverains de Siléfie, qui ne font fous le joug ni de la Bohéme, ni de la Pologne; la Pologne fe détache infenfiblement de l'empire, & ne veut plus le reconnaître.

1032. 1033. 1034.

Si l'empire perd un vaffal dans la Pologne, il en acquiert cent dans le roiaume de Bourgogne.

Le dernier roi Rodolphe qui n'avait point d'enfans, laiffe en mourant fes états à Conrad le *falique*. C'était très peu de domaine avec la fupériorité territoriale, ou du moins des prétentions de fupériorité c'eft-a-dire de fuzeraineté, de domaine fupreme, fur les fuiffes, les grifons, la Provence, la Franche-Comté, la Savoye, Genêve, le Dauphiné. C'eft de-là que les terres au delà du Rhône font encor appellées terres d'empire. Tous les feigneurs de ces cantons qui relevaient auparavant de Rodolphe, relevent de l'empereur.

Quelques évêques s'étaient érigés auffi en princes feudataires. Conrad leur donna à tous les mêmes droits. Les empereurs élevérent toujours les évêques pour les oppofer aux feigneurs, ils s'en trouvérent bien quand ces deux corps étaient divifez, & mal quand ils s'uniffaient.

Les fiéges de Lyon, de Befançon, d'Ambrun, de Vienne, de Laufanne, de Genêve, de Bâle, de Grenoble, de Valence, de Gap, de Die furent des fiefs imperiaux.

De tous les feudataires de la Bourgogne, un feul jette les fondements d'une puiffance durable.

C'eft

C'eſt Humbert *aux blanches mains*, tige des ducs de Savoye. Il n'avait que la Morienne, l'empereur lui donne le Chablais, le Valais, & St. Maurice; ainſi de la Pologne juſqu'à l'Eſcaut, & de la Saone au Garillan les empereurs faiſaient par tout des princes & ſe regardaient comme les ſeigneurs ſuzerains de preſque toute l'Europe.

Depuis 1035. juſqu'à 1039.

L'Italie encor troublée rappelle encor Conrad. Ce même archevêque de Milan qui avait couronné l'empereur, était par cette raiſon-là même contre lui. Ses droits & ſes prétentions en avaient augmenté. Conrad le fait arrêter avec trois autres évêques. Il eſt enſuite obligé d'aſſiéger Milan, & il ne peut le prendre. Il y perd une partie de ſon armée, & il perd par conſequent tout ſon crédit dans Rome.

Il va faire des loix à Benevent & à Capoue, mais pendant ce tems les avanturiers normans y font des conquêtes.

Enfin il rentre dans Milan par des négociations, & il s'en retourne ſelon l'uſage ordinaire.

Une maladie le fait mourir à Utrecht le 4. juin 1039.
HENRI

HENRI III.
DIXSEPTIEME EMPEREUR.
Depuis 1039. jusqu'à 1042.

Henri III. surnommé *le noir* fils de Conrad, deja couronné du vivant de son pere, est reconnu sans difficulté. Il est couronné & sacré une seconde fois par l'archevêque de Cologne. Les premiéres années de son regne sont signalées par des guerres contre la Bohéme, la Pologne, la Hongrie, mais qui n'opérent aucun grand évenement.

Il donne l'archevêché de Lion, & investit l'archevêque par la crosse & par l'anneau sans aucune contradiction; deux choses très remarquables. Elles prouvent que Lion était ville imperiale, & que les rois étaient en possession d'investir les évêques.

Depuis 1042 jusqu'à 1046.

La confusion ordinaire bouleversait Rome & l'Italie.

La maison de Toscanelle avait toujours dans Rome la principale autorité. Elle avait acheté le pontificat pour un enfant de douze ans de

cette

cette maison. Deux autres l'ayant acheté auſſi, ces trois pontifes partagérent en trois les revenus, & s'acordérent à vivre paiſiblement abandonnant les affaires politiques au chef de la maiſon de Toſcanelle.

Ce triumvirat ſingulier dura tant qu'ils eurent de l'argent pour fournir à leurs plaiſirs; & quand ils n'en eurent plus, chacun vendit ſa part de la papauté au diacre Gratien, que le père Maimbourg appelle *un ſaint prêtre*, homme de qualité, fort riche. Mais comme le jeune Benoît IX. avait été élu longtems avant les deux autres, on lui laiſſa par un accord ſolemnel la jouiſſance du tribut que l'Angleterre païait alors à Rome, & qu'on appellait le *denier de St. Pierre*, à quoi les rois d'Angleterre s'étaient ſoumis depuis longtems.

Ce Gratien qui prit le nom de Gregoire VI. & qui paſſe pour s'être conduit ſagement, jouiſ-ſait paiſiblement du pontificat, lorſque l'empe-reur Henri III. vint à Rome.

Jamais empereur n'y éxerça plus d'autorité. Il dépoſa Gregoire VI. comme ſimoniaque, & nomma pape Suidger ſon chancelier évêque de Bamberg, ſans qu'on oſât murmurer.

Le chancelier devenu pape, ſacre l'empereur & ſa femme, & promet tout ce que les papes
ont

ont promis aux empereurs, quand ceux-ci ont été les plus forts.

1047.

Henri III. donne l'inveſtiture de la Pouille, de la Calabre, & de preſque tout le Beneventin, excepté la ville de Benevent & ſon territoire, aux princes normans qui avaient conquis ces païs ſur les grecs & ſur les ſarraſins. Les papes ne prétendaient pas alors donner ces états. La ville de Benevent appartenait encor aux Pandolfes de Toſcanelle.

L'empereur repaſſe en Allemagne, & confére tous les évêchés vacants.

1048.

Le duché de la Lorraine moſellanique eſt donné à Gerard d'Alſace, & la baſſe Lorraine à la maiſon de Luxembourg. La maiſon d'Alſace depuis ce tems n'eſt connuë que ſous le titre de marquis & ducs de Lorraine.

Le pape étant mort, on voit encor l'empereur donner un pape à Rome, comme on donnait un autre benefice. Henri III. envoie un bavarois nommé Popon, qui ſur le champ eſt reconnu pape ſous le nom de Damaſe ſecond.

1049.

1049.

Damase mort, l'empereur dans l'assemblée de Worms, nomme l'évéque de Toul Brunon, pape; & l'envoie prendre possession. C'est le pape Léon IX. il est le premier pape qui ait gardé son éveché avec celui de Rome. Il n'est pas surprenant que les empereurs disposent ainsi du St. Siége. Theodora & Marosie y avaient acoutumé les romains, & sans Nicolas II. & Gregoire VII. le pontificat eut toujours été dépendant. On leur eut baisé les pieds & ils eussent été esclaves.

1050. 1051. 1052.

Les hongrois tuent leur roi Pierre; renoncent à la rellgion chrétienne & à l'hommage qu'ils avaient fait à l'empire. Henri III. leur fait une guerre malheureuse: il ne peut la finir qu'en donnant sa fille au nouveau roi de Hongrie André qui était chrétien, quoique ses peuples ne le fussent pas.

1053.

Le pape Léon IX. vient dans Worms se plaindre à l'empereur que les princes normans deviennent trop puissants.

Henri III. reprend les droits féodaux de Bamberg, & donne au pape la ville de Benevent en échange. On ne pouvait donner au pape que la ville, les princes normans aiant fait hommage à l'empire pour le refte du duché : mais l'empereur donna au pape une armée avec laquelle il pourrait chaffer ces nouveaux conquérants devenus trop voifins de Rome.

Léon IX. méne contre eux cette armée, dont la moitié eft commandée par des ecclefiaftiques.

Humfroid, Richard, & Robert Guifcard ou Guichard, ces normans fi fameux dans l'hiftoire taillent en piéces l'armée du pape, trois fois plus forte que la leur. Ils prennent le pape prifonnier, fe jettent à fes pieds, & le ménent prifonnier dans la ville de Benevent.

1054.

L'empereur affecte la puiffance abfoluë. Le duc de Baviére aïant la guerre avec l'évéque de Ratisbonne, Henri III. prend le parti de l'évéque, cite le duc de Baviére devant fon confeil privé, dépouille le duc, & donne la Baviére à fon propre fils Henri âgé de trois ans. C'eft le célébre empereur Henri IV.

Le duc de Baviére fe réfugie chez les hongrois, & veut en vain les intereffer à fa vengeance.

L'empereur propofe aux feigneurs qui lui font le plus attachés, d'affurer l'empire à fon fils prefque au berceau. Il le fait déclarer roi des romains

mains dans le château de Tribur près de Mayence. Ce titre n'était pas nouveau. Il avait été pris par Ludolphe fils d'Oton I.

1055.

Il fait un traité d'alliance avec Contarini duc de Venife. Cette république était déja puiffante & riche, quoiqu'elle ne battit monnoie que depuis l'an 950. & qu'elle ne fût affranchie que depuis 998. d'une redevance d'un manteau de drap d'or, feul tribut qu'elle avait payé aux empereurs.

Gênes était la rivale de fa puiffance & de fon commerce. Elle avait deja la Corfe qu'elle avait prife fur les arabes, mais fon négoce valait plus que la Corfe, que les pifans lui difputérent.

Il n'y avait point de telles villes en Allemagne; & tout ce qui était au de-là du Rhin, était pauvre & groffier. Les peuples du nord & de l'eft plus pauvres encor ravageaient toujours ces païs.

1056.

Les flaves font encor une irruption & défolent le duché de Saxe.

Henri III. meurt auprès de Paderborn entre les bras du pape Victor fecond, qui avant fa mort facre empereur fon fils Henri IV. âgé de près de fix ans.

HENRI

HENRI IV.
Dixhuitieme Empereur.
1056.

Une femme gouverne l'empire. C'était une françaife, fille d'un duc de Guienne pair de France, nommée Agnès, mere du jeune Henri IV. & Agnès qui avait de droit la tutelle des biens patrimoniaux de fon fils, n'eut celle de l'empire que parce qu'elle fut habile & courageufe.

Depuis 1057. jufqu'à 1069.

Les premieres années du regne de Henri IV. font des tems de trouble obfcurs.

Des feigneurs particuliers fe font la guerre en Allemagne. Le duc de Bohéme toujours vaffal de l'empire, eft attaqué par la Pologne. qui n'en veut plus en être membre.

Les hongrois fi longtems redoutables à l'Allemagne font obligés de demander enfin du fecours aux allemans contre les polonais devenus dangereux, & malgré ce fecours ils font battus. Le roi André & fa femme fe refugient à Ratisbonne.

Il parait qu'aucune politique, aucun grand deffein n'entrent dans ces guerres. Les fuje s les plus legers les produifent : quelquefois elles ont leur fource dans l'efprit de chevalerie introduit

alors

alors en Allemagne. Un comte de Hollande par exemple fait la guerre contre les évêques de Cologne, & de Liège pour une querelle dans un tournoy.

Le reſte de l'Europe ne prend nulle part aux affaires de l'Allemagne. Point de guerre avec la France, nulle influence en Angleterre ni dans le nord, & alors même très-peu en Italie, quoique Henri IV. en fut roi & empereur.

L'imperatrice Agnès maintient ſa régence avec beaucoup de peine.

Enfin en 1061. les ducs de Saxe & de Baviére oncles de Henri IV. un archevêque de Cologne, & d'autres princes enlevent l'empereur à ſa mere, qu'on accuſait de tout ſacrifier à l'évêque d'Augſbourg ſon miniſtre & ſon amant. Elle fuit à Rome, & y prend le voile. Les ſeigneurs reſtent maîtres de l'empereur, & de l'Allemagne juſqu'à ſa majorité.

Cependant en Italie après bien des troubles toujours excités au ſujet du pontificat, le pape Nicolas ſecond en 1059. avait ſtatué dans un concile de cent-treize évêques, que deſormais les cardinaux ſeuls éliraient le pape, qu'il ſerait enſuite preſenté au peuple pour faire confirmer l'élection, *ſauf,* ajoute-t-il, *l'honneur & le reſpect dû à notre cher fils Henri, maintenant roi; qui,*

s'il

s'il plait à Dieu, fera emperreur, felon le droit que nous lui en avons deja donné.

On fe prévalait ainfi de la minorité de Henri IV. pour accréditer des droits & des prétenfions que les pontifes de Rome foutinrent toujours quand ils le purent.

Il s'établiffait alors une coutume, que la crainte des rapacités de mille petits tirans d'Italie avait introduite. On donnait fes biens à l'églife fous le titre d'*oblata*; & on en reftait poffeffeur feudataire avec une legére redevance. Voilà l'origine de la fuzeraineté de Rome fur le roiaume de Naples.

Ce même pape Nicolas II. après avoir inutilement excommunié les conquerants normands, s'en fait des protecteurs, & des vaffaux, & ceux-ci qui étaient feudataires de l'empire, & qui craignaient bien moins les papes que les empereurs, font hommage de leurs terres au pape Nicolas dans le concile de Melphi en 1059. Les papes dans ces commencemens de leur puiffance étaient comme les califes dans la décadence de la leur, ils donnaient l'inveftiture au plus fort qui la demandait.

Robert reçoit du pape la couronne ducale de la Poüille & de la Calabre, & eft invefti par l'étendart

tendart. Richard est confirmé prince de Capoue, & le pape leur donne encor la Sicile, *en cas qu'ils en chaſſent les ſarraſins.*

En effet Robert & ſes freres s'emparérent de la Sicile 1061. & par-là rendirent le plus grand ſervice à l'Italie.

Les papes n'eurent que longtems après Benevent laiſſé par les princes normands aux Pandolfes de la maiſon de Toſcanelle.

1069.

Henri IV. devenu majeur, ſort de la captivité où le retenaient les ducs de ſaxe & de Baviére.

Tout était alors dans la plus horrible confuſion. Qu'on en juge par le droit de rançonner les voïageurs; droit que tous les ſeigneurs depuis le Mein & le Weſer juſqu'au païs des ſlaves, comptaient parmi les prérogatives féodales.

Le droit de dépouiller l'empereur paraiſſait auſſi fort naturel aux ducs de Baviére, de Saxe, au marquis de Turinge. Ils forment une ligue contre lui.

1070.

Henri IV. aidé du reſte de l'Empire diſſipe la ligue.

Oton de Baviére eſt mis au ban de l'Empire.

C'eſt

C'eſt le ſecond ſouverain de ce duché, qui eſſuïe cette diſgrace. L'empereur donne la Baviére à Guelfe fils d'Azon marquis d'Italie.

1071. 1072.

L'empereur quoique jeune & livré aux plaiſirs, parcourt l'Allemagne pour y mettre quelque ordre.

L'année 1072. eſt la premiére époque des fameuſes querelles pour les inveſtitures.

Alexandre II. avait été élu pape ſans conſulter la cour impériale, & était reſté pape malgré elle. Hildebrand né à Soanne en Toſcane de parents inconnus, moine de Cluni ſous l'abbé Odilon, & depuis cardinal gouvernait le pontificat. Il eſt aſſez connu ſous le nom de Gregoire VII. eſprit vaſte, inquiet, ardent, mais artificieux juſques dans l'impétuoſité : le plus fier des hommes, le plus zélé des prêtres. Il avait déja par ſes conſeils raffermi l'autorité du ſacerdoce.

Il engage le pape Alexandre à citer l'empereur à ſon tribunal. Cette témérité parait ridicule ; mais ſi on ſonge à l'état où ſe trouvait alors l'empereur, elle ne l'eſt point. La Saxe, la Turinge, une partie de l'Allemagne étaient alors déclarées contre Henri IV.

1073.

1073.

Alexandre II. étant mort, Hildebrand a le crédit de fe faire élire par le peuple fans demander les voix des cardinaux, & fans attendre le confentement de l'empereur. Il écrit à ce prince qu'il a été élu malgré-lui, & qu'il eft prêt à fe démettre. Henri IV. envoie fon chancelier confirmer l'élection du pape, qui alors n'aïant plus rien à craindre, léve le mafque.

1074.

Henri continue à faire la guerre aux faxons, & à la ligue établie contre lui. Henri IV. eft vainqueur.

1075.

Les ruffes commençaient alors à être chrêtiens, & connus dans l'occident.

Un Démétrius (car les noms grecs étaient parvenus jufques dans cette partie du monde) chaffé de fes états par fon frere vient à Mayence implorer l'affiftance de l'empereur ; & ce qui eft plus remarquable, il envoie fon fils à Rome aux pieds de Gregoire VII. comme au juge des chrêtiens. L'empereur paffait pour le chef temporel & le pape pour le chef fpirituel de l'Europe.

Henri acheve de diffiper la ligue, & rend la paix à l'Empire.

Il parait qu'il redoutait de nouvelles revolutions ; car il écrivit une lettre très-foumife au pape, dans laquelle il s'accufe de débauche & de fimonie ; il faut l'en croire fur fa parole. Son aveu donnait à Gregoire VII. le droit de le reprendre. C'eft le plus beau des droits. Mais il ne donne pas celui de difpofer des couronnes.

Gregoire VII. écrit aux évêques de Brême, de Conftance, à l'archevêque de Mayence, & à d'autres, & leur ordonne de venir à Rome. *Vous avez permis aux clercs*, dit-il, *de garder leurs concubines, & même d'en prendre de nouvelles, nous vous ordonnons de venir à Rome au premier concile.*

Il s'agiffait auffi de dîmes ecclefiaftiques que les évêques & les abbés d'Allemagne fe difputaient.

Gregoire VII. propofe le premier une croifade ; il en écrit à Henri IV. Il prétend qu'il ira délivrer le faint fepulcre à la tête de cinquante-mille hommes, & veut que l'empereur vienne fervir fous lui. L'efprit qui regnait alors, ôte à cette idée du pape l'air de la démence & n'y laiffe que celui de la grandeur.

Le deffein de commander à l'empereur & à tous les rois ne paraiffait pas moins chimerique ; c'eft cependant ce qu'il entreprit, & non fans quelques fuccès.

Salo-

Salomon roi de Hongrie chaffé d'une partie de fes états, & n'étant plus maître que de Presbourg jufqu'à l'Autriche, vient à Worms renouveller l'hommage de la Hongrie à l'empire.

Gregoire VII. lui écrit : *vous devez favoir que le roiaume de Hongrie apartient à l'églife romaine. Aprenez que vous éprouverez l'indignation du St. Siége, fi vous ne reconnaiffez que vous tenez vos états de lui & non du roi de Germanie.*

Le pape éxige du duc de Bohéme cent marcs d'argent en tribut annuel, & lui donne en récompenfe le droit de porter la mitre.

1076.

Henri IV. jouiffait toujours du droit de nommer les évêques & les abbés & de donner l'inveftiture par la croffe & par l'anneau ; ce droit lui était commun avec prefque tous les princes. Il apartient naturellement aux peuples de choifir fes pontifes & fes magiftrats. Il eft jufte que l'autorité roïale y concoure. Mais cette autorité avait tout envahi. Les empereurs nommaient aux évêchés, & Henri IV. les vendait. Gregoire en s'oppofant à l'abus foutenait la liberté naturelle des hommes ; mais en s'oppofant au concours de l'autorité impériale, il introduifait un abus plus grand encore. C'eft alors qu'éclatérent les divifions entre l'empire & le facerdoce.

Les prédecesseurs de Gregoire VII. n'avaient envoié des legats aux empereurs que pour les prier de venir les secourir & de se faire couronner dans Rome. Gregoire envoie deux legats à Henri pour le citer à venir comparaître devant lui comme un accusé.

Les legats arrivés à Goslar sont abandonnés aux insultes des valets. On assemble pour réponse une diéte dans Worms, où se trouvent presque tous les seigneurs, les évêques & les abbés d'Allemagne.

Un cardinal nommé Hugues, y demande justice de tous les crimes qu'il impute au pape. Gregoire y est déposé à la pluralité des voix, mais il fallait avoir une armée pour aller à Rome soutenir ce jugement.

Le pape de son côté dépose l'empereur par une bulle : *je lui défends*, dit-il, *de gouverner le roiaume Teutonique & l'Italie, & je délivre ses sujets du serment de fidélité.*

Gregoire plus habile que l'empereur savait bien que ces excommunications feraient secondées par des guerres civiles. Il met des évêques allemands dans son parti. Ces évêques gagnent des seigneurs. Les Saxons anciens ennemis de Henri se joignent à eux. L'excommunication de Henri IV. leur sert de prétexte. Ce

Ce même Guelfe à qui l'empereur avait donné la Baviére, s'arme contre lui de fes bienfaits, & foutient les mécontents.

Enfin la plûpart des mêmes évêques & des mêmes princes qui avaient dépofé Gregoire VII. foumettent leur empereur au jugement de ce pape. Ils décretent que le pape viendra juger definitivement l'empereur dans Augsbourg.

1077.

L'empereur veut prévenir ce jugement fatal d'Augsbourg, & par une réfolution inouïe il va, fuivi de peu de domeftiques, demander au pape l'abfolution.

Le pape était alors dans la forterefle de Canoffe fur l'Apennin avec la comteffe Mathilde propre coufine de l'empereur.

Cette comteffe Mathilde eft la véritable caufe de toutes les guerres entre les empereurs & les papes, qui ont fi longtems défolé l'Italie. Elle poffedait de fon chef une grande partie de la Tofcane, Mantoue, Parme, Reggio, Plaifance, Ferrare, Modéne, Verone, prefque tout ce qu'on appelle aujourd'hui le patrimoine de St. Pierre de Viterbe jufqu'à Orviette, une partie de l'Ombrie, de Spolete, de la Marche d'Ancone. On l'appellait la grande comteffe, quelquefois ducheffe; il n'y avait alors aucune ne formule de titres, ufitée en Europe; on difait aux rois votre excellence, votre férénité, votre grandeur, votre graces, indifféremment. Le titre de majefté était rarement donné aux empereurs, & c'était plûtôt une épitéte, qu'un nom d'honneur affecté à la dignité impériale. Il y a encor un diplome d'une donation de Mathilde à l'évêque de Modéne qui commence ainfi : *En préfence de Mathilde par la grace de Dieu duchesse & comtesse.* Sa mere sœur de Henri III. & trés-maltraitée par fon frere, avait nourri cette puiffante princesse dans une haine implacable contre la maifon de Henri. Elle était foumife au pape, qui était fon directeur, & que fes ennemis accufaient d'être fon amant. Son attachement à Gregoire & fa haine contre les allemands allérent au point qu'elle fit une donation de toutes fes terres au pape.

C'eft en préfence de cette comtesse Mathilde, qu'au mois de janvier 1077. l'empereur, piéds nuds & couvert d'un cilice, fe profterne au piéds du pape, en lui jurant, qu'il lui fera en tout parfaitement foumis, & qu'il ira attendre fon arrêt à Augsbourg.

Tous les feigneurs Lombards commençaient alors à être beaucoup plus mécontents du pape que de l'empereur. La donation de Mathilde leur donnait des allarmes. Ils promettent à Henri IV. de le fecourir,

courir, s'il caffe le traité honteux qu'il vient de faire. Alors on voit ce qu'on n'avait point vû encore ; un empereur allemand fecouru par l'Italie, & abandonné par l'Allemagne.

Les feigneurs & les évêques affemblés à Forcheim en Franconie, animés par les legats du pape, dépofent l'empereur, & réuniffent leurs fuffrages en faveur de Rodolphe de Reinfeld duc de Suabe.

1078.

Gregoire fe conduit alors en juge, fuprême des rois. Il a dépofé Henri quatre, mais il peut lui pardonner. Il trouve mauvais qu'on n'ait pas attendu fon ordre précis pour facrer le nouvel élû à Mayence. Il déclare de la fortereffe de Canoffe où les feigneurs lombards le tiennent bloqué, qu'il réconnaitra pour empereur & pour roi d'Allemagne celui des concurrents qui lui obéïra le mieux.

Henri quatre repaffe en Allemagne, ranime fon parti, leve un armée. Prefque toute l'Allemagne eft mife par les deux partis à feu & à fang.

1079.

On voit tous les évêques en armes dans cette guerre. Un évêque de Strasbourg partifan de Henri va piller tous les couvents déclarés pour le pape.

1080.

Pendant qu'on fe bat en Allemagne, Gregoire VII. écha-

échapé aux lonbards, excommunie de nouveau Henri, & par fa bulle du 7. mars, *nous donnons*, dit-il, *le roïaume teutonique à Rodolphe, & nous condamnons Henri à être vaincu.*

Il envoïe à Rodolphe une couronne d'or avec ce mauvais vers fi connu.

Petra dedit Petro, Petrus diadema Rodolpho.

Henri IV. de fon côté affemble trente évêques, & quelques feigneurs allemands & lonbards à Brixen, & dépofe le pape pour la feconde fois auffi inutilement que la prémiére.

Bertrand comte de Provence fe fouftrait à l'obéïffance des deux empereurs, & fait hommage au pape. La ville d'Arles refte fidéle à Henri.

Gregoire VII. fe fortifie de la protection des princes normans, & leur donne une nouvelle inveftiture, à condition qu'ils déffendront toujours les papes.

Gregoire encourage Rodolphe & fon parti, & leur promet que Henri mourra cet année. Mais dans la fameufe bataille de Mersbourg Henri IV. affifté de Godefroi de Bouillon fait retomber la prédiction du pape fur Rodolphe fon compétiteur bleffé à mort par Godefroi même.

1081.

Henri fe vange fur la Saxe qui devient alors le païs le plus malheureux.

Avant

Avant de partir pour l'Italie, il donne fa fille Agnés au baron Fréderic de Stauffen, qui l'avait aidé ainfi que Godefroi de Bouillon à gagner la bataille décifive de Mersbourg. Le duché de Suabe eft fa dot. C'eft l'origine de l'illuftre & malheureufe maifon de Suabe.

Henri vainqueur paffe en Italie. Les places de la comteffe Mathilde lui réfiftent. Il amenait avec lui un pape de fa façon, nommé Guibert: mais cela même l'empêche d'abord d'être reçu à Rome.

1082.

Les faxons fe font un fantôme d'empereur : c'eft un comte Herman à peine connu.

1083.

Henri affiége Rome. Gregoire lui propofe de venir encor lui demander l'abfolution, & lui promet de le couronner à ce prix. Henri pour réponfe prend la ville, le pape s'enferme dans le château faint-Ange.

Robert Guifchard vient à fon fecours, quoiqu'il eut eu aufli quelques années auparavant fa part des excommunications que Gregoire avoit prodiguées. On negocie ; on fait promettre au pape de couronner Henri.

Gregoire pour tenir fa promeffe, propofe de defcendre

scendre la couronne du haut du château saint-Ange avec une corde, & de couronner ainsi l'empereur.

1084.

Henri ne s'accommode point de cette plaisante cérémonie. Il fait introniser son antipape Guibert, & est couronné solemnellement par lui.

Cependant Robert Guischard aïant reçu de nouvelles troupes, cet avanturier normand force l'empereur à s'éloigner, tire le pape du château St. Ange, devient à la fois son protecteur & son maitre & l'émméne à Salerne où Gregoire demeura jusqu'à sa mort, prisonnier de ses liberateurs, mais toujours parlant en maître des rois, & en martire de l'église.

1085.

L'empereur retourne à Rome ; s'y fait reconnaitre lui & son pape, & se hâte de retourner en Allemagne, comme tous ses prédecesseurs, qui paraissaient n'être venus prendre Rome que par ceremonie. Les divisions de l'Allemagne le rappellaient : il fallait écraser l'anti-empereur, & dompter les saxons. Mais il ne peut jamais avoir de grandes armées, ni par conséquent de succès entiers.

1086.

Il soumet la Turinge ; mais la Baviére soulevée par l'ingratitude de Guelfe ; la moitié de la Suabe,

qui

qui ne veut point reconnaitre fon gendre, fe déclarent contre lui ; & la guerre civile eft dans toute l'Allemagne,

1087.

Gregoire VII. étant mort, Didier abbé du Mont-Caffin, eft pape fous le nom de Victor III. La comteffe Mathilde fidéle a fa haine contre Henri IV. fournit des troupes à ce Victor, pour chaffer de Rome la garnifon de l'empereur, & fon pape Guibert. Victor meurt, & Rome n'eft pas moins fouftraite à l'autorité impériale.

1088.

L'anti-empereur Herman n'aiant plus ni argent ni troupes; vient fe jetter aux genoux de Henri IV. & meurt enfuite ignoré.

1089.

Henri IV. époufe une princeffe Ruffe veuve d'un marquis de Brandebourg de la maifon de Stade. Ce n'était pas un mariage de politique.

Il donne le marquifat de Mifnie au comte de Lanzberg, l'un des plus anciens feigneurs faxons. C'eft de ce marquis de Mifnie que defcend toute la maifon de Saxe.

Aïant pacifié l'Allemagne, il repaffe en Italie. Le plus grand obftacle qu'il y trouve, eft toujours cette comteffe Mathilde, remariée depuis peu avec le jeune Guelfe, fils de cet ingrat Guelfe, à qui Henri IV. avait donné la Baviére.

La comteffe foutient la guerre dans fes états contre l'empereur, qui retourne en Allemagne fans avoir prefque rien fait.

Ce Guelfe mari de la comteffe Mathilde eft dit-on la premiere origine de la faction des *Guelfes*, par laquelle on défigna depuis en Italie le parti des papes. Le mot de *Gibelin* fut longtems depuis appliqué à la faction des empereurs, parce que Henri fils de Conrad III. naquit à Ghibeling. Cette origine de ces deux mots de guerre eft auffi probable & auffi incertaine que les autres.

1090.

Le nouveau pape Urbain II. auteur des croifades, pourfuit Henri IV. avec non moins de vivacité que Gregoire VII.

Les évêques de Conftance & de Paffau foulevent le peuple. Sa nouvelle femme Adelaïde de Ruffie, & fon fils Conrad né de Berthe, fe révoltent contre lui. Jamais empereur, ni mari, ni pere, ne fut plus malheureux que Henri IV.

1091.

L'imperatrice Adelaïde, & Conrad fon beau-fils paffent en Italie. La comteffe Mathilde leur donne

ne des troupes & de l'argent. Roger duc de Calabre marie fa fille à Conrad.

Le pape Urbain aiant fait cette puiffante ligue contre l'empereur, ne manque pas de l'excommunier.

1092.

L'empereur en partant d'Italie, avait laiffé une
garnifon dans Rome. Il était encor maître du
palais de Latran, qui était affez fort, & où fon
pape Guibert était revenu.

Le commandant de la garnifon vend au pape
la garnifon & le palais. Jeoffroi abbé de Vendôme,
qui était alors à Rome, prête à Urbain fecond l'argent qu'il faut pour ce marché, & Urbain fecond le
rembourfe par le titre de Cardinal qu'il lui donne,
à lui & à fes fucceffeurs. Le pape Guibert s'enfuit.

1093. 1094. 1095.

Les efprits s'occupent pendant ces années en
Europe, de l'idée des croifades, que le fameux
hermite Pierre prêchait par tout, avec une en-
toufiafme qu'il communiquait de ville en ville.

Grand concile ou plûtôt affemblée prodigieufe
à Plaifance en 1095. Il y avait plus de quarante
mille hommes ; & le concile fe tenait en plein
champ. Le pape y propofe la croifade.

L'imperatrice Adelaïde & la comteffe Mathilde
y demande folemnellement juftice de l'empereur
Henri IV. Con-

Conrad vient baiser les pieds d'Urbain second, lui prête serment de fidélité, & conduit son cheval par la bride. Urbain lui promet de le couronner empereur, à condition qu'il renoncera aux investitures. Ensuite il le baise à la bouche, & mange avec lui dans Crémone.

1096.

La croisade aiant été préchée en France avec plus de succès qu'à Plaisance, Gautier *sans avoir*, l'hermite Pierre, & un moine allemand nommé Godescald, prennent leur chemin par l'Allemagne, suivis d'une armée de Vagabonds.

1097.

Comme ces vagabonds portaient la croix, & n'avaient point d'argent, & que les juifs qui faisaient tout le commerce d'Allemagne, en avaient beaucoup, les croisés commencèrent leurs expéditions par eux à Worms, à Cologne, à Mayence, à Tréves, & dans plusieurs autres villes. On les égorge, on les brule. Presque toute la ville de Mayence, est reduite en cendres par ces desordres.

L'empereur Henri reprime ces excès autant qu'il le peut, & laisse les croisés prendre leur chemin par la Hongrie, où ils sont presque tous massacrés.

Le jeune Guelfe se brouille avec sa femme Mathilde. Il se sépare d'elle, & cette brouillerie rétablit un peu les affaires de l'empereur.

1098.

1098.

Henri tient une diette à Aix-la-chapelle, où il fait déclarer son fils Conrad, indigne de jamais regner.

1099.

Il fait élire & couronner son second fils Henri, ne se doutant pas qu'il aurait plus à se plaindre du cadet que de l'ainé.

1100.

L'autorité de l'empereur est absolument détruite en Italie, mais rétablie en Allemagne.

1101.

Conrad le rebelle meurt subitement à Florence. Le pape Pascal second, auquel les faibles lieutenants de l'empereur en Italie, opposaient en vain des antipapes, excommunie Henri IV. à l'exemple de ses prédecesseurs.

1102.

La comtesse Mathilde brouillée avec son mari, renouvelle sa donation à l'église romaine.

Brunon archevêque de Tréves, Primat des gaules de Germanie, investi par l'empereur, va à Rome, où il est obligé de demander pardon, d'avoir reçu l'investiture.

1104.

Henri IV. promet d'aller à la terre sainte. C'était le seul moïen alors de gagner tous les esprits.

1105.

Mais dans ce même tems, l'archevêque de Mayence & l'évêque de Constance, legats du pape, voiant que la croisade de l'empereur n'est qu'une feinte, excitent son fils Henri contre lui. Ils le relevent de l'excommunication, qu'il a, disent-ils, encourue *pour avoir été fidèle à son pere*. Le pape l'encourage; on gagne plusieurs seigneurs saxons & bavarois.

Les partisans du jeune Henri assemblent un concile & une armée. On ne laisse pas de faire dans ce concile des loix sages. On y confirme ce qu'on appelle la *tréve de Dieu*; monument de l'horrible Barbarie de ces tems-là. Cette tréve était une déffense aux seigneurs & aux barons, tous en guerre les uns contre les autres, de se tuer les dimanches & les fêtes.

Le jeune Henri proteste dans le concile, qu'il est prêt de se soumettre à son pere, si son pere se soumet au pape. Tout le concile cria *Kirie-eleyson*. C'était la priére des armées & des conciles.

Cependant ce fils révolté, met dans son parti le marquis d'Autriche, & le duc de Bohéme. Les ducs de Bohéme prenaient alors quelque fois le titre de roi, depuis que le pape leur avait donné la mitre.

Son parti se fortifie. L'empereur écrit en vain au pape Pascal, qui ne l'écoute pas. On indique une diette à Mayence pour apaiser tant de troubles.

Le

Le jeune Henri feint de fe reconcilier avec fon pere. Il lui demande pardon les larmes aux yeux, & l'aiant attiré près de Mayence dans le château de Bingenheim, il l'y fait arrêter, & le retient en prifon.

1106.

La diette de Mayence fe déclare pour le fils perfide contre le pere malheureux. On fignifie à l'empereur qu'il faut qu'il envoie les ornements impériaux au jeune Henri. On les lui prend de force, on les porte à Mayence. L'ufurpateur dénaturé y eft couronné. Mais il affure en foupirant que c'eft malgré lui, & qu'il rendra la couronne à fon père dès que Henri IV. fera obeïffant au pape.

On trouve dans les conftitutions de Goldaft une lettre de l'empereur à fon fils par laquelle il le conjure de foufrir au moins que l'évêque de Liége lui donne un azile. *Laiffez-moi*, dit-il, *refter à Liège fi non en empereur du moins en refugié. Qu'il ne foit pas dit à ma honte ou plûtôt à la vôtre que je fois forcé de mandier de nouvaux aziles dans le tems de Pâques. Si vous m'accordez ce que je vous demande, je vous en aurai une grande obligation: fi vous me refufez, j'irai plûtôt vivre en villageois dans les païs étrangens.*

gers que de marcher ainsi d'opprobre en opprobre dans un empire qui autrefois fut le mien.

Quelle lettre d'un empereur à son fils ! l'hippocrite & inflexible dureté de ce jeune prince rendit quelques partisans à Henri IV. Le nouvel élu voulant violer à Liège l'azile de son pére fut repoussé. Il alla demander en Alzace le serment de fidélité, & les alzatiens pour tout hommage battirent les troupes qui l'accompagnaient, & le contraignirent de prendre la fuite. Mais ce leger echec ne fit que l'irriter, & qu'aggraver les malheurs du pére.

L'évêque de Liège, le duc de Limbourg, le duc de la basse Lorraine protegeaient l'empereur. Le comte de Hainaut était contre lui. Le pape Pascal écrit au comte de Hainaut : *pourfuivez par tout Henri chef des heretiques, & ses fauteurs ; vous ne pouvez offrir à Dieu de sacrifices plus agréables.*

Henri IV. enfin presque sans secours prêt d'être forcé dans Liège, écrit à l'abbé de Cluni. Il semble qu'il meditât une retraite dans ce couvent. Il meurt à Liège le 7. Août accablé de douleur, & en s'écriant : *Dieu des vangeances vous vangerez ce parricide.* C'était une opinion aussi ancienne que vaine, que Dieu éxauçait les malediétions des mourants, & surtout des péres : erreur

reur utile ſi elle eût pû effraïer ceux qui méritent ces maledictions.

Le fils dénaturé de Henri IV. vient à Liège, fait déterrer de l'égliſe le corps de ſon pére, comme celui d'un excommunié, & le fait porter à Spire dans une cave.

HENRI V.
Dixneuvieme Empereur.

Les ſeigneurs des grands fiefs commençaient alors à s'affermir dans le droit de ſouveraineté. Ils s'appellaient *coimperantes*, ſe regardant comme des ſouverains dans leurs fiefs, & vaſſaux de l'empire, non de l'empereur. Ils recevaient à la vérité de lui les fiefs vacants ; mais la même autorité qui les leur donnait, ne pouvait les leur ôter. C'eſt ainſi qu'en Pologne le roi confère les palatinats, & la république ſeule a le droit de deſtitution. En effet on peut recevoir par grace, mais on ne doit être dépoſſedé que par juſtice. Pluſieurs vaſſaux de l'empire s'intitulaient deja ducs & comtes *par la grace de Dieu*.

Cette indépendance que les ſeigneurs s'aſſuraient, & que les empereurs voulaient reduire, contribua pour le moins autant que les papes aux troubles de l'empire, & à la révolte des enfans contre leurs peres.

La

La force des grands s'accroiſſait de la faibleſſe du trône. Ce gouvernement féodal était à peu près le même en France & en Arragon. Il n'y avait plus de roïaume en Italie. Tous les ſeigneurs s'y cantonnaient. L'Europe était toute heriſſée de châteaux, & couverte de brigands. La barbarie & l'ignorance regnaient. Les habitans des campagnes étaient dans la ſervitude, les bourgeois des villes mépriſés & rançonnés; & à quelques villes commerçantes près en Italie, l'Europe n'était d'un bout à l'autre qu'un théatre de miſéres.

La premiere choſe que fait Henri V. dès qu'il s'eſt fait couronner, eſt de maintenir ce même droit des inveſtitures, contre lequel il s'était élevé pour détrôner ſon pere.

Le pape Paſcal étant venu en France, va juſqu'à Chaalons en Champagne pour conférer avec les princes & les évêques allemands, qui y viennent au nom de l'empereur.

Cette nombreuſe ambaſſade réfuſe d'abord de faire la premiére viſite au pape. Ils ſe rendent pourtant chez lui à la fin. Brunon archevêque de Tréves ſoutient le droit de l'empereur. Il était bien plus naturel qu'un archevêque reclamât contre ces inveſtitures & ces hommages, dont les évêques ſe plaignaient tant; mais l'intérêt particulier combat dans toutes les ocaſions l'intérêt general.

1107.

1107. 1108. 1109. 1110.

Ces quatre années ne font guères emploiées qu'à des guerres contre la Hongrie & contre une partie de la Pologne ; guerres fans fujet, fans grands fuccès de part ni d'autre, qui finiffent par la laffitude de tous les partis, & qui laiffent les chofes comme elles étaient.

1111.

L'empereur à la fin de cette guerre époufe la fille de Henri I. roi d'Angleterre, fils & fecond fucceffeur de Guillaume le conquérant. On prétend que fa femme eut pour dot une fomme qui revient à environ neuf-cent-mille livres fterling. Cela compoferait plus de cinq millions d'écus d'Allemagne d'aujourd'hui, & de vingt millions de France. Les hiftoriens manquent tous d'exactitude fur ces faits, & l'hiftoire de ces tems-là n'eft que trop fouvent un ramas d'éxagérations.

Enfin l'empereur penfe à l'Italie, & à la couronne impériale : & le pape Pafcal fecond pour l'inquieter, renouvelle la querelle des inveftitures.

Henri V. envoie à Rome des ambaffadeurs, fuivis d'une armée. Cependant il promet par un écrit confervé encor au Vatican, de renoncer aux inveftitures, de laiffer aux papes tout ce que les empereurs leur ont donné ; & ce qui eft affez étrange, après de telles foumiſſions, il promet de ne tuer, ni de mutiler le fouverain pontife.

Paſcal ſecond par le même acte promet d'ordonner aux évêques d'abandonner à l'empereur tous leurs fiefs relevants de l'empire : par cet acord, les évêques perdaient beaucoup : le pape & l'empereur gagnaient.

Tous les évêques d'Italie & d'Allemagne qui étaient à Rome, proteſtant contre cet acord. Henri V. pour les appaiſer, leur propoſe d'être fermiers des terres, dont ils étaient auparavant en poſſeſſion. Les évêques ne veulent point du tout être fermiers.

Henri V. laſſé de toutes ces conteſtations, dit qu'il veut être couronné & ſacré ſans aucune condition. Tout cela ſe paſſait dans l'égliſe de ſaint Pierre pendant la meſſe ; & à la fin de la meſſe l'empereur fait arrêter le pape par ſes gardes.

Il ſe fait un ſoulevement dans Rome en faveur du pape. L'empereur eſt obligé de ſe ſauver ; il revient ſur le champ avec des troupes ; donne dans Rome un ſanglant combat ; tuë beaucoup de romains, & ſurtout de prêtres, & emméne le pape priſonnier avec quelques cardinaux.

Paſcal fut plus doux en priſon qu'à l'autel. Il fit tout ce que l'empereur voulut. Henri V. au bout
de

de deux mois reconduit à Rome le st. pere à la tête de ſes troupes. Le pape le couronne empereur le 13. avril, & lui donne en même tems la bulle, par laquelle il lui confirme le droit des inveſtitures. Il eſt remarquable qu'il ne lui donne dans cette bulle que le titre de *dilection*. Il l'eſt encor plus, que l'empereur & le pape communiérent de la même hoſtie, & que le pape dit en donnant la moitié de l'hoſtie à l'empereur: *comme cette partie du ſacrement eſt diviſée de l'autre, que le premier de nous deux qui rompra la paix ſoit ſeparé du roiaume de Jeſus-Chriſt.*

Henri V. acheve cette comédie, en demandant au pape la permiſſion de faire enterrer ſon pere en terre ſainte, lui aſſurant qu'il eſt mort penitent, & il retourne en Allemagne faire les obſéques de Henri IV. ſans avoir affermi ſon pouvoir en Italie.

1112.

Paſcal ſecond ne trouva pas mauvais que les cardinaux & ſes legats dans tous les roiaumes déſavouaſſent ſa condeſcendence pour Henri V.

Il aſſemble un concile dans la Baſilique de St. Jean de Latran. Là en préſence de trois-cent prélats il demande pardon de ſa faibleſſe, offre de ſe démettre du pontificat, caſſe, annulle tout ce qu'il a fait, & s'avilit lui-même pour relever l'égliſe.

1113.

1113.

Il se peut que Pascal second, & son concile, n'eussent pas fait cette démarche, s'ils n'eussent compté sur quelqu'une de ces révolutions, qui ont toujours suivi le sacre des empereurs. En effet il y avait des troubles en Allemagne au sujet du fisc impérial ; autre source de guerres civiles.

1114.

Lothaire duc de Saxe, depuis empereur, est à la tête de la faction contre Henri V. Cet empereur ayant à combattre les saxons, comme son pere, est déffendu comme lui par la maison de Suabe. Frederic de Stauffen duc de Suabe pere de l'empereur Barberousse empeche Henri V. de succomber.

1115.

Les ennemis les plus dangereux de Henri V. sont trois prêtres ; le pape en Italie l'archevêque de Mayence qui bat quelquefois ses troupes, & l'évêque de Virtzbourg Erlang qui envoyé par lui aux ligueurs, le trahit, & se range de leur côté.

1116.

Henri V. vainqueur met l'évêque de Virtzbourg Erlang au ban de l'empire. Les évêques de Virtzbourg se prétendaient seigneurs directs de toute la Fran-

Franconie ; quoiqu'il y eut des ducs, & que ce duché même apartint à la maison impériale.

Le duché de Franconie eft donné à Conrad neveu de Henri V. Il n'y a plus aujourd'hui de ducs de cette grande province, non plus que de Suabe.

L'évêque Erlang fe déffend long-tems dans Virtzbourg, difpute les remparts l'épée à la main, & s'échape quand la ville eft prife.

La fameufe comteffe Mathilde meurt, après avoir renouvellé la donation de tous fes biens à l'églife romaine.

1117.

L'empereur Henri V. deshérité par fa coufine, & excommunié par le pape, va en Italie fe mettre en poffeffion des terres de Mathilde, & fe vanger du pape. Il entre dans Rome, & le pape s'enfuit chez les nouveaux vaffaux & les nouveaux protecteurs de l'églife, les princes normands.

Le prémier couronnement de l'empereur paraiffant équivoque, on en fait un fécond qui l'eft bien davantage. Un archevêque de Brague en Portugal, Limoufin de naiffance nommé Bourdin s'avife de facrer l'empereur.

1118.

Henri après cette cérémonie va s'affurer de la Tofcane. Pafcal fécond revient à Rome avec une petite

petite armée des princes normands. Il meurt, & l'armée s'en retourne après s'être fait payer.

Les cardinaux feuls élifent Caïetan, Gelafe II. Cincio conful de Rome marquis de Frangipani dévoué à l'empereur entre dans le conclave l'épée à la main, faifit le pape à la gorge l'accable de coups, le fait prifonnier. Cette férocité brutale met Rome en combuftion. Henri V. va à Rome ; Gelafe fe retire en France ; l'empereur donne le pontificat à fon Limoufin Bourdin.

1119.

Gelafe étant mort au concile de Vienne en Dauphiné, les cardinaux qui étaient à ce concile, élifent conjointement avec les évêques, & même avec des laïques romains qui s'y trouvaient, Gui de Bourgogne archevêque de Vienne, fils d'un duc de Bourgogne, & du fang roïal de France. Ce n'eft pas le prémier prince élu pape. Il prend le nom de Calixte II.

Louis le *gros* roi de France fe rend médiateur dans cette grande affaire des inveftitures entre l'empire & l'églife. On affemble un concile à Rheims. L'archevêque de Mayence y arrive avec cinq-cent gens d'armes à cheval, & le comte de Troyes va le recevoir à une demi-lieuë avec un pareil nombre.

L'empereur & le pape fe rendent à Mouzon. On eft prêt de s'accommoder, & fur une difpute
de

de mots tout eft plus brouillé que jamais. L'empereur quitte Mouzon, & le concile l'excommunie.

1120. 1121.

Comme il y avait dans ce concile plufieurs évêques allemands qui avaient excommunié l'empereur, les autres évêques d'Allemagne ne veulent plus que l'empereur donne les inveftitures.

1122.

Enfin dans une diétte de Worms la paix de l'empire & de l'églife eft faite. Il fe trouve que dans cette longue querelle on ne s'était jamais entendu. Il ne s'agiffait pas de favoir fi les empereurs conféraient l'épifcopat, mais s'ils pouvaient inveftir de leurs fiefs imperiaux des évêques canoniquement élus à leur recommandation. Il fut décidé que les inveftitures feraient dorésnavant données par le fceptre, & non par un bâton recourbé, & par un anneau. Mais ce qui fut bien plus important, l'empereur renonça en termes exprès à nommer aux benefices ceux qu'il devait inveftir. *Ego Henricus Dei gratia romanorum imperator concedo in omnibus ecclefiis fieri electionem & liberam confecrationem.* Ce fut une brêche irréparable à l'autorité imperiale.

1123.

1123.

Troubles civils en Bohéme, en Hongrie, en Alface, en Hollande. Il n'y a dans ce tems malheureux que de la difcorde dans l'églife, des guerres particuliéres entre tous les grands, & de la fervitude dans les peuples.

1124.

Voici la premiére fois que les affaires d'Angleterre fe trouvent mêlées avec celles de l'empire. Le roi d'Angleterre Henri premier frere du duc de Normandie, a déja des guerres avec la France au fujet de ce duchè.

L'empereur léve des troupes, & s'avance vers le Rhin. On voit auffi que dès ces tems-là même tous les feigneurs allemands ne fecondaient pas l'empereur dans de telles guerres. Plufieurs réfufent de l'affifter contre une puiffance, qui par fa pofition devait être naturellement la protectrice des feigneurs des grands fiefs allemands contre le dominateur fuzerain ; ainfi que les rois d'Angleterre s'unirent depuis avec les grands vaffaux de la France.

1125.

Les malheurs de l'Europe étaient au comble par une maladie contagieufe. Henri V. en eft attaqué, & meurt à Utrecht le 22. mai avec la ré-

putation

putation d'un fils dénaturé, d'un hippocrite fans réligion, d'un voisin inquiet, & d'un mauvais maître.

LOTHAIRE II.
Vingtieme Empereur.
1125. 1126. 1127.

Voici une époque singuliére. La France pour la prémiere fois dépuis la décadence de la maison de Charlemagne, se mêle en Allemagne de l'élection d'un empereur. Le célébre moine Suger abbé de St. Denis & ministre d'état sous Louis le gros, va à la diette de Mayence avec le cortége d'un souverain, pour s'oppofer au moins à l'élection de Fréderic duc de Suabe. Il y réuffit, foit par bonheur, foit par intrigues. La diette partagée choifit dix électeurs. On ne nomme point ces dix princes. Ils élifent le duc de Saxe Lothaire; & les seigneurs qui étaient préfents l'éleverent fur leurs épaules

Conrad duc de Franconie, de la maifon de Stauffen-Suabe & Fréderic duc de Suabe proteftent contre l'élection. L'abbé Suger fut parmi les miniftres de France, le premier qui excita des guerres civiles en Allemagne. Conrad fe fait proclamer roi à Spire; mais au lieu de foutenir fa faction, il va fe faire roi de Lonbardie à Milan. On lui prend fes villes en Allemagne, mais il en gagne en Lonbardie.

1128. 1129.

Sept ou huit guerres à la fois dans le Dannemark & dans le Holftein, dans l'Allemagne & dans la Flandre.

1130.

A Rome le peuple prétendait toujours élire les papes malgré les cardinaux qui s'étaient refervé ce droit, & perfiftait à ne reconnaître l'élu que comme fon évêque & non comme fon fouverain. Rome entiére fe partage en deux factions. L'une élit Innocent II. l'autre élit le fils ou petit-fils d'un juif nommé *Léon*, qui prend le nom d'Anaclet. Le fils du juif comme plus riche chaffe fon compétiteur de Rome. Innocent II. fe réfugie en France, dévenu l'azile des papes opprimés. Ce pape va à Liége, met Lothaire II. dans fes intérets, le couronne empereur avec fon époufe, & excommunie fes compétiteurs.

1131. 1132. 1133.

L'Anti-empereur Conrad de Franconie & l'antipape Anaclet ont un grand parti en Italie. L'empereur

pereur Lothaire & le pape Innocent vont à Rome. Les deux papes fe foumettent au jugement de Lothaire: il décide pour Innocent. L'anti-pape fe retire dans le château St. Ange, dont il était encor maître. Lothaire fe fait facrer par Innocent II. felon les ufages alors établis. L'un de ces ufages était, que l'empereur faifait d'abord ferment de conferver au pape la vie & les membres. Mais on en promettait autant à l'empereur.

Le pape cede l'ufufruit des terres de la comteffe Mathilde à Lothaire & à fon gendre le duc de Baviére, feulement leur vie durant, moïennant une rédevance annuelle au St. Siége. C'était une fémence de guerres pour leurs fucceffeurs.

Pour faciliter la donation de cet ufufruit, Lothaire II. baifa les pieds du pape, & conduifit fa mule quelques pas. On croit que Lothaire eft le premier empereur qui ait fait cette double cérémonie.

1134. 1135.

Les deux rivaux de Lothaire, Conrad de Franconie, & Frédéric de Suabe abandonnés de leurs partis, fe reconcilient avec l'empereur & le reconnaiffent.

On tient à Magdebourg une diéte celébre. L'empereur grec, les venitiens y envoient des ambassadeurs pour demander justice contre Roger roi de Sicile ; des ambassadeurs du duc de Pologne y prétent à l'empire serment de fidélité, pour conserver apparemment la Poméranie, dont ils s'étaient emparés.

1136.

Police établie en Allemagne. Hérédités & coutumes des fiefs & des arriere-fiefs confirmées. Magistratures des bourguemestres, des maires, des prevôts, soumises aux seigneurs féodaux. Priviléges des églises, des évêchés, & des abbayes confirmés.

1137.

Voiage de l'empereur en Italie. Roger duc de la Poüille, & nouveau roi de Sicile, tenait le parti de l'antipape Anaclet, & ménaçait Rome. On fait la guerre à Roger.

La ville de Pise avait alors une grande considération dans l'Europe, & l'emportait même sur Venise & sur Gênes. Ces trois villes commerçantes fournissaient à presque tout l'occident toutes les délicatesses de l'Asie. Elles s'étaient sourdement enrichies par le commerce & par la liberté, tandis que les désolations du gouvernement féodal répandaient presque par tout ailleurs la fervitude & la mifére. Les pifans feuls arment une flote de quarante galéres au fecours de l'empereur; & fans eux l'empereur n'aurait pû réfifter. On dit qu'alors on trouva dans la Pouille le prémier exemplaire du Digefte & que l'empereur en fit préfent à la ville de Pife.

Lothaire II. meurt en paffant les Alpes du Tirol vers Trente.

CONRAD III.
Vingt-unieme Empereur,
1138.

Henri duc de Baviére furnommé le fuperbe qui poffedait la Saxe, la Mifnie, la Turinge, en Italie Verone & Spolette, & prefque tous les biens de la comteffe Mathilde, fe faifit des ornemets impériaux; & crut que fa grande puiffance le ferait reconnaître empereur: mais ce fut précifément ce qui lui ôta la couronne.

Tous les feigneurs fe réuniffent en faveur de Conrad, le même qui avait difputé l'empire à Lothaire fecond. Henri de Baviére qui paraiffait fi puiffant, eft le troifieme de ce nom qui eft mis au ban de l'empire. Il faut qu'il ait été plus imprudent encor que fuperbe, puifqu'étant fi puiffant, il put à peine fe déffendre.

Comme le nom de la maifon de ce prince était Guelfe, ceux qui tinrent fon parti furent appellés les *Guelfes*, & on s'accoutuma à nommer ainfi les ennemis des empereurs.

1139.

On donne à Albert d'Anhalt furnommé l'Ours, marquis de Brandebourg, la Saxe qui apartenait aux Guelfes ; on donne la Baviére au marquis d'Autriche. Mais enfin Albert l'Ours ne pouvant fe mettre en poffeffion de la Saxe, on s'accomode. La Saxe refte à la maifon des Guelfes, la Baviére à celle d'Autriche ; tout a changé dépuis.

1140.

Henri le fuperbe meurt, & laiffe au berceau Henri *le Lion*. Son frere Guelfe foutient la guerre. Roger roi de Sicile lui donnait mille marcs d'argent pour la faire. On voit, qu'à peine les princes normands font puiffants en Italie qu'ils fongent à fermer le chemin de Rome aux empereurs par toutes fortes de moyens. Fréderic barberouffe neveu de Conrad & fi célébre dépuis, fe fignale déja dans cette guerre.

Depuis

Conrad III.

Depuis 1140. jusqu'à 1146.

Jamais temps ne parut plus favorable aux empereurs pour venir établir dans Rome cette puissance qu'ils ambitionerent toujours & qui fut toujours contestée.

Arnaud de Brescia disciple d'Abélard, homme d'enthousiasme prêchait dans toute l'Italie contre la puissance temporelle des papes & du clergé. Il persuadait tous ceux qui avaient interêt d'être persuadés, & sur tout les romains.

En 1144. sous le court pontificat de Lucius II. les romains veulent encor rétablir l'ancienne république; ils augmentent le sénat, ils élifent patrice un fils de l'antipape Pierre de Léon nommé Jourdain, & donnent au patrice le pouvoir tribunitial. Le pape Lucius marche contre eux, & est tué au pied du capitole.

Cependant Conrad III. ne va point en Italie, soit qu'une guerre des hongrois contre le marquis d'Autriche le retienne, soit que la passion épidémique des croisades ait déja passé jusqu'à lui.

1146.

St. Bernard abbé de Clervaux aïant prêché la croisade en France, la prêche en Allemagne.

Mais en quelle langue prêchait-il donc? il n'entendait point le tudefque, il ne pouvait parler latin au peuple. Il y fit beaucoup de miracles. Cela peut être. Mais il ne joignit pas à ces miracles le don de prophétie. Car il annonça de la part de Dieu les plus grands fuccès.

L'empereur fe croife à Spire avec beaucoup de feigneurs.

1147.

Conrad III. fait les préparatifs de fa croifade dans la diéte de Françfort. Il fait avant fon départ couronner fon fils Henri, roi des romains. On établit le confeil imperial de Rotvvell, pour juger les caufes en dernier reffort. Ce confeil était compofé de douze barons. La préfidence fut donnée comme un fief à la maifon de Schults, c'eft-à-dire à condition de foi & hommage, & d'une redevance. Ces efpéces de fiefs commençaient à s'introduire.

L'empereur s'embarque fur le Danube avec le célébre évêque de Frifingue, qui a écrit l'hiftoire de ce tems, avec ceux de Ratisbonne, de Paffau, de Bâle, de Metz, de Toul. Fréderic Barberouffe le marquis d'Autriche, Henri duc de Baviére, le marquis de Montferrat font les principaux princes qui l'accompagnent.

Les allemands étaient les derniers qui venaient à

à ces expéditions d'abord si brillantes, & bientôt après si malheureuses. Déja était érigé le petit roiaume de Jérusalem : les états d'Antioche, d'Edesse, de Tripoli de Sirie s'étaient formés. Il s'était élevé des comtes de Joppé, des marquis de Galilée & de Sidon ; mais la plupart de ces conquêtes étaient perdues.

1148.

L'intemperance fait périr une partie de l'armée allemande. De-là tous ces bruits que l'empereur grec a empoisonné les fontaines pour faire périr les croisés.

Conrad & Louis le jeune roi de France joignent leurs armées affaiblies vers Laodicée. Après quelques combats contre les musulmans, il va en pelerinage à Jérusalem, au lieu de se rendre maître de Damas, qu'il assiége ensuite inutilement. Il s'en retourne presque sans armée sur les vaisseaux de son beaufrere Mannuel Commene, il aborde dans le golfe de Venise, n'osant aller en Italie, encor moins se présenter à Rome pour y être couronné.

1148. 1149.

La perte de toutes ces prodigieuses armées de croisés dans les païs où Alexandre avait subjugué

avec

avec quarante mille hommes un empire beaucoup plus puissant que celui des arabes & des turcs, démontre que dans ces entreprises des chrétiens il y avait un vice radical qui devait nécessairement les détruire : c'était le gouvernement féodal, l'indépendance des chefs, & par conséquent la désunion, le désordre & l'imprudence.

La seule croisade raisonnable qu'on fit alors, fut celle de quelques seigneurs flamands & anglais, mais principalement de plusieurs allemands des bords du Rhin, du Mein, & du Vezer qui s'embarquèrent pour aller secourir l'Espagne toûjours envahie par les maures. C'était là un danger véritable qui démandait des sécours. Et il valait mieux assister l'Espagne contre les usurpateurs, que d'aller à Jerusalem sur laquelle on n'avait aucun droit à prétendre, & où il n'y avait rien à gagner. Les croisés prirent Lisbonne & la donnèrent au roi Alphonse.

On en faisait une autre contre les païens du nord ; car l'esprit du temps chez les chrétiens était d'aller combattre ceux qui n'étaient pas de leur réligion. Les évêques de Magdebourg, de Halberstad, de Munster, de Mersbourg, de Brandebourg, plusieurs abbés animent cette croisade. On marche avec une armée de soixante mille hommes pour aller convertir les slaves, les habitans de

la

la Poméranie de la Prusse & des bords de la mer baltique. Cette croisade se fait sans consulter l'empereur, & elle tourne même contre lui.

Henri le Lion duc de Saxe à qui Conrad avait ôté la Baviére était à la tête de la croisade contre les paiens; il les laissa bientôt en repos, pour attaquer les chrétiens & pour reprendre la Baviere.

1150. 1151.

L'empereur pour tout fruit de son voiage en Palestine ne retrouve donc en Allemagne qu'une guerre civile sous le nom de *guerre sainte*. Il à bien de la peine avec le secours des Bavarois & du reste de l'Allemagne, à contenir Henri le Lion & les Guelfes.

1152.

Conrad trois meurt à Bamberg le 15. fevrier, sans avoir pu être couronné en Italie, ni laisser le roiaume d'Allemagne à son fils.

FREDERIC I. DIT BARBEROUSSE
Vingt-deuxieme Empereur.

1152.

Fréderic I. est élu â Francfort par le consentement de tous les princes. Son secretaire Amandus

dus raporte dans fes annales, dont on a confervé des extraits, que plufieurs feigneurs de Lonbardie y donnérent leur fuffrage en ces termes, *ô vous officiez* officiati *fi vous y confentez Frédéric aura la force de fon empire.*

Ces *officiati* étaient alors au nombre de fix. Les archevêques de Mayence, de Tréves, de Cologne étaient trois chanceliers. Il y avait le grand écuier, le grand maître d'hotel, le grand chambellan, on y ajouta depuis le grand echanfon. Il parait indubitable que ces officiati étaient les premiers qui reconnaiffaient l'empereur élu, qui l'annoncaient au peuple, qui fe chargeaient de la cerémonie.

Les feigneurs italiens affifterent à cette élection de Fréderic. Rien n'eft plus naturel. On croiait à Francfort donner l'empire romain en donnant la couronne d'Allemagne ; quoique le roi ne fût nommé empereur qu'après avoir été couronné à Rome. Le prédeceffeur de Frédéric barberouffe n'avait eu aucune autorité ni à Rome ni dans l'Italie: & il était de l'intérêt de l'élu que les grands vaffaux de l'empire romain joigniffent leur fuffrage aux voix des allemands.

L'archevêque de Cologne le couronne à Aix-la-Chapelle: & tous les évêques l'avertiffent qu'il n'a point l'empire par droit d'heredité. L'avertiffement

tiffement était inutile ; le fils du dernier empereur abandonné en était une affez bonne preuve.

Son regne commence par l'action la plus impofante. Deux concurrents Svenon & Canut difputaient depuis longtems le Dannemarck : Fréderic fe fait arbitre ; il force Canut à ceder fes droits. Svenon foumet le Dannemark à l'empire dans la ville de Mersbourg. Il prête ferment de fidélité, il eft invefti par l'épée. Ainfi au milieu de tant de troubles on voit des rois de Pologne, de Hongrie de Dannemarck aux pieds du trône impérial.

1153

Le marquifat d'Autriche eft erigé en duché en faveur de Henri Jafamergott qu'on ne connait guere, & dont la pofterité s'éteignit environ un fiécle après.

Henri le Lion ce duc de Saxe de la maifon Guelfe obtient l'invefliture de la Baviere parce qu'il l'avait prefque toute reconquife, & il devient partifan de Fréderic barberouffe autant qu'il avait été ennemi de Conrad III.

Le pape Eugene III. envoie deux légats faire le procez à l'archevêque de Mayence accufé d'avoir diffipé les biens de fon églife & l'empereur le permet.

1154

1154.

En recompenfe Fréderic barberouffe répudie fa femme Marie de Vocbourg ou Vohenbourg fans que le pape Adrien IV. alors fiégeant à Rome le trouve mauvais.

1155.

Fréderic reprend fur l'Italie les deffeins de fes prédeceffeurs. Il reduit plufieurs villes de Lonbardie qui voulaient fe mettre en republique, mais Milan lui refifte.

Il fe faifit au nom de Henri fon pupille fils de Conrad III. des terres de la comteffe Mathilde, eft couronné à Pavie & depute vers Adrien IV. pour le prier de le couronner empereur à Rome.

Ce pape eft un des grands exemples de ce que peuvent le merite perfonel & la fortune. Né anglais, fils d'un mendiant, longtems mendiant lui même, errant de païs en païs avant de pouvoir être reçu valet chez des moines en Dauphiné, enfin porté au comble de la grandeur, il avait d'autant plus d'elevation dans l'efprit qu'il était parvenu d'un état plus abject. Il voulait couronner un vaffal, & craignait de fe donner un maître. Les troubles précederts avaient introduit la coutume que quand l'empereur venait fe faire facrer, le pape fe fortifiait, le peuple fe cantonnait

tonnait & l'empereur commençait par jurer que le pape ne ferait ni tué ni mutilé ni dépouillé.

Le st. fiége était protégé comme on l'a vû par le roi de Sicile & de Naples devenu voifin & vaffal dangereux.

L'empereur & le pape fe ménagent l'un l'autre. Adrian enfermé dans la fortereffe de Citta di caftello s'accorde pour le couronnement, comme on capitule avec fon ennemi. Un chevalier armé de touttes piéces vient lui jurer fur l'évangile que fes membres & fa vie feront en fureté; & l'empereur lui livre ce fameux Arnaud de Brefcia qui avait foulevé le peuple romain contre le pontificat & qui avait été fur le point de rétablir la république romaine. Arnaud eft brulé à Rome comme un heretique & comme un républicain que deux fouverains prétendants au defpotifme s'immolaient.

Le pape va au devant de l'empereur qui devait felon le nouveau cérémonial lui baifer pieds, lui tenir l'étrier & conduire fa haquenée blanche l'efpace de neuf pas romains. L'empereur ne faifait point de difficulté de baifer les pieds : mais il ne voulait point de la bride. Alors les cardinaux s'enfuient dans Citta di caftello, comme fi Fréderic barberouffe avait donné le fignal d'une guerre civile.

vile. On lui fit voir que Lothaire fecond avait accepté ce ceremonial d'humilité chrétienne; il s'y foumit enfin; & comme il fe trompait d'étrier, il dit qu'il n'avait pas appris le metier de palfrenier.

Les députés du peuple romain devenus auſſi plus hardis depuis que tant de villes d'Italie avaient fonné le tocfin de la liberté, viennent dire à Fréderic: *Nous vous avons fait nôtre citoien & nôtre prince d'étranger que vous étiez* &c. Fréderic leur impofe filence, & leur dit, *Charlemagne & Oton vous ont conquis, je fuis vôtre maître.* &c.

Fréderic eft facré empereur le 18. juin dans St. Pierre.

On favait fi peu ce que c'était que l'empire; toutes les pretentions étaient fi contradictoires, que d'un côté le peuple romain fe fouleva, & il y eut beaucoup de fang verfé, parce que le pape avait couronné l'empereur fans l'ordre du fenat & du peuple: & de l'autre côté le pape Adrien écrivait dans toutes fes lettres, qu'il avait conferé à Fréderic le benefice de l'empire romain. *Beneficium imperii romani.* Ce mot de *beneficium* fignifiait un fief alors.

Il fit de plus expofer en public un tableau qui réprefentait Lothaire fecond aux genoux du pape Alexandre fecond, tenant les mains jointes entre celles

celles du pontife, ce qui était la marque diftinctive de la vaffalité. L'infcription du tableau était :

Rex venit ante fores jurans prius urbis honores
Poſt homo fit papæ, ſumit quo dante coronam.

« Le roi jure à la porte le maintien des hon-
„ neurs de Rome, devient vaffal du pape, qui
„ lui donne la couronne.

1156.

On voit déja Fréderic fort puiffant en Alle-magne : car il fait condamner le comte Palatin du Rhin à fon retour dans une diéte pour des malverfations. La peine était felon l'ancienne loi de Suabe de porter un chien fur les épaules un mile d'allemagne. L'archevêque de Mayence eft condamné à la même peine ridicule. On la leur épargne. L'empereur fait détruire plufieurs petits chateaux de brigands. Il époufe à Virtz-bourg la fille d'un comte de Bourgogne c'eſt-à-dire de la Franche-Comté, & devient par-là fei-gneur direct de cette Comté relevant de l'Em-pire.

1157.

Les polonais refufent de payer leur tribut qui était alors fixé à cinq cent marcs d'argent. Fré-deric marche vers la Pologne. Le duc de Pologne

gne donne son frere en ôtage & se soumet au tribut dont il paye les arrérages.

Fréderic passe à Besançon devenu son domaine, il y reçoit des legats du pape avec les ambassadeurs de presque tous les princes. Il se plaint avec hauteur à ces legats du terme de *benefice* dont la cour de Rome usait en parlant de l'Empire, & du tableau où Lothaire II. était représenté comme vassal du st. siége. Sa gloire & sa puissance ainsi que son droit justifient cette hauteur. Un legat aïant dit : *si l'empereur ne tient pas l'empire du pape, de qui le tient-il donc?* Le comte palatin pour réponse veut tuer les legats. L'empereur les renvoie à Rome.

Les droits régaliens sont confirmés à l'archevéque de Lion, reconnu par l'empereur, pour primat des gaules. La jurisdiction de l'archevéque est par cet acte mémorable étendue sur tous les fiefs de la Savoye. L'original de ce diplome subsiste encor. Le sceau est dans une petite bulle ou boëte d'or. C'est de cette maniére de scéler que le nom de bulle a été donné aux constitutions.

1158.

L'empereur accorde le titre de roi au duc de Bohéme Uladislas sa vie durant. Les empereurs

reurs donnaient alors des titres à vie, même celui de monarque; & on était roi par la grace de l'empereur fans que la province dont on devenait roi fût un roiaume; de forte que l'on voit dans les commencemens tantôt des rois, tantôt des ducs de Hongrie, de Pologne, de Bohéme.

Il paffe en Italie; dabord le comte palatin, & le chancelier de l'empereur, qu'il ne faut pas confondre avec le chancelier de l'empire, vont recevoir les fermens de plufieurs villes; ces fermens étaient conçus en ces termes: *Je jure d'être toujours fidéle à monfeigneur l'empereur Frédéric contre tous fes ennemis* &c. Comme il était brouillé alors avec le pape à caufe de l'avanture des legats à Befançon, il femblait que ces fermens fuffent éxigés contre le st. fiége.

Il ne parait pas que les papes fuffent alors fouverains des terres données par Pepin, par Charlemagne, & par Oton I. Les commiffaires de l'empereur éxercent tous les droits de la fouveraineté dans la marche d'Ancone.

Adrien IV. envoie de nouveaux legats à l'empereur dans Augsbourg où il affemble fon armée. Fréderic marche à Milan. Cette ville était déja la plus puiffante de la Lonbardie: & Pavie & Ravenne étaient peu de chofe en comparaifon: elle
s'était

s'était rendue libre dès le temps de l'empereur Henri V. la fertilité de son territoire & sur tout sa liberté l'avaient enrichie.

A l'approche de l'empereur elle envoie offrir de l'argent pour garder sa liberté. Mais Fréderic veut l'argent & la sujetion. La ville est assiégée & se défend. Bientôt ses consuls capitulent, on leur ôte le droit de battre monnoie & tous les droits régaliens. On condamne les milanais à bâtir un palais pour l'empereur, à payer 9000. marcs d'argent. Tous les habitans font serment de fidélité. Milan sans duc & sans comte, fut gouvernée en ville sujette.

Fréderic fait commencer à bâtir le nouveau Lodi sur la riviére d'Adda. Il donne de nouvelles loix en Italie, & commence par ordonner que toute ville qui transgressera ces loix payera 100. marcs d'or., un marquis 50. un comte 40. & un seigneur chatelain 20. Il ordonne qu'aucun fief ne pourra se partager. Et comme les vassaux en prêtant hommage aux seigneurs des grands fiefs leur juraient de les servir indistinctement envers & contre tous, il ordonne que dans ces sermens on excepte toujours l'empereur; loi sagement contraire aux coutumes féodales de France par lesquelles un vassal était obligé de servir son seigneur en guerre contre le roi.

Les

Les génois & les pisans avaient depuis longtems enlevé la Corse & la Sardaigne aux sarrazins & s'en disputaient encor la possession. C'est une preuve qu'ils étaient très puissants. Mais Frédéric plus puissant qu'eux envoie des commissaires dans ces deux villes & parce que les génois le traversent, ils leur fait payer une amande de mille marcs d'argent ; & les empeche de continuer à fortifier Gênes.

Il remet l'ordre dans les fiefs de la comtesse Mathilde dont les papes ne possédaient rien. Il les donne à un Guelfe cousin du duc de Saxe & de Baviére. On oublie son neveu fils de l'empereur Conrad. En ce temps l'université de Boulogne la premiere de toutes les universités de l'Europe commençait à s'établir & l'empereur lui donne des priviieges.

1159.

Frédéric I. commençait à être plus maître en Italie que Charlemagne & Oton, il affaiblit le pape en soutenant les prérogatives des senateurs de Rome & encor plus en mettant des troupes en quartier d'hiver dans ses terres.

Adrien IV. pour mieux conserver le temporel attaque Fréderic barberousse sur le spirituel. Il ne s'agit plus des investitures par un baton courbé ou droit, mais du serment que les évêques prêtent à l'empereur. Il traite cette ceremonie de facrilege, & cependant fous main il excite les peuples.

Les milanais prennent cette occafion de recouvrer un peu de liberté. Frédéric les fait déclarer *deferteurs & ennemis de l'empire*; & par l'arrêt leurs biens font livrés au pillage & leurs perfonnes à l'efclavage; arrêt qui reffemble plûtôt à un ordre d'Attila qu'à une conftitution d'un empereur chrétien.

Adrien IV. faifit ce tems de trouble pour redemander tous les fiefs de la comteffe Mathilde, le duché de Spolette la Sardaigne & la Corfe. L'empereur ne lui donne rien. Il affiége Creme qui avait pris le parti de Milan : prend Creme & la pille. Milan refpira & jouit quelque tems du bonheur de devoir fa liberté à fon courage.

1160.

Après la mort du pape Adrien IV. les cardinaux fe partagent. La moitié élit le cardinal Roland qui prend le nom d'Alexandre III. ennemi déclaré de l'empereur : l'autre choifit Octavien fon partifan qui s'appelle Victor. Frédéric barberouffe ufant de fes droits d'empereur, indique un concile à Pavie pour juger entre les deux competiteurs. Alexandre refufe de reconnaître ce concile. Victor s'y préfente. Le concile juge en fa faveur. L'empereur

pereur lui baise les pieds & conduit son cheval comme celui d'Adrien.

Alexandre III. retiré dans Anagni excommunie l'empereur & absout ses sujets du serment de fidélité. On voit bien que le pape comptait sur le secours des rois de Naples & de Sicile.

1161.

Les milanais profitent de ces divisions. Ils osent attaquer l'armée imperiale à Carentia à quelques miles de Lodi ; & remportent une grande victoire. Si les autres villes d'Italie avaient secondé Milan, c'était le moment pour délivrer à jamais ce beau pais du joug étranger.

1162.

L'empereur rétablit son armée & ses affaires : les milanais bloqués manquent de vivres, ils capitulent. Les consuls & huit chevaliers, chacun l'épée nue à la main viennent mettre leurs épées aux pieds de l'empereur à Lodi. L'empereur revoque l'arrêt qui condannait les citoiens à la servitude & qui livrait leur ville au pillage. Mais à peine y est il entré le 27. de mars qu'il fait démolir les portes, les remparts, tous les édifices publics, & on seme du sel sur leurs ruines. Les huns, les gots, les lonbards, n'avaient pas ainsi traité l'Italie.

Les génois qui se prétendaient libres, viennent prêter serment de fidélité & en protestant qu'ils ne donneront point de tribut annuel, ils donnent 1200. marcs d'argent. Ils promettent d'équiper une flote pour aider l'empereur à conquerir la Sicile & la Pouille; & Frédéric leur donne en fief ce qu'on appelle la riviére de Genes, dépuis Monaco jusqu'à Porto-venere.

Il marche à Boulogne qui était confederée avec Milan, il y protége les colleges, & fait démanteler les murailles. Tout se soumet à sa puissance.

Pendant ce tems l'empire fait des conquêtes dans le nord. Le duc de Saxe s'empare du Meklenbourg païs de vandales & y transplante des colonies d'Allemands.

Pour rendre le triomphe de Frédéric barberousse complet, le pape Alexandre III. son ennemi fuit de l'Italie & se retire en France. Fréderic va à Besançon pour intimider le roi de France & le détacher du parti d'Alexandre.

C'est dans ce tems de sa puissance qu'il somme les rois de Dannemark de Bohéme & de Hongrie de venir à ses ordres, donner leur voix dans une diette contre un pape. Le roi de Dannemarck Valdemar I. obéit; il se rendit à Besançon. On dit qu'il n'y fit serment de fidélité que pour le reste
de

de la Vandalie qu'on abandonnait à ſes conquêtes. D'autres diſent qu'il renouvella l'hommage pour le Dannemark. S'il eſt ainſi, c'eſt le dernier roi de Dannemark qui ait fait hommage de ſon roiaume à l'empire. Et cette année 1162. devient par la une grande époque.

1163.

L'empereur va à Mayence, dont le peuple excité par des moines avait maſſacré l'archevêque. Il fait raſer les murailles de la ville elles ne furent rétablies que longtems après.

1164.

Erfort capitale de la Thuringe, ville dont les archevêques de Mayence ont prétendu la ſeigneurie depuis Oton premier, eſt ceinte de murailles, dans le tems qu'on détruit celles de Mayence.

Etabliſſement de la ſocieté des villes anſéatiques. Cette union avait commencé par Hambourg & Lubec qui faiſaient quelque négoce à l'exemple des villes maritimes de l'Italie. Elles ſe rendirent bientôt utiles & puiſſantes, en fourniſſant du moins le néceſſaire au nord de l'Allemagne. Et depuis lorsque Lubec qui apartenait au fameux Henri le Lion & qu'il fortifia, fut déclarée ville imperiale par Fréderic barberouſſe, & la premiere des villes maritimes, lorsquelle eut le droit de battre monnoie, cette monnoie fut la meilleure de toutes, dans ces païs où l'on n'en avait frappé

frappé jufqu'alors qu'à un très bas titre. Dè-là vient à ce qu'on a cru, l'argent *Efterling*. Dè-là vient que Londres compta par livres Efterling quand elle fe fut affociée aux villes anféatiques.

Il arrive à l'empereur ce qui était arrivé à tous fes prédeceffeurs : on fait contre lui des ligues en Italie tandis qu'il eft en Allemagne. Rome fe ligue avec Venife par les foins du pape Alexandre III. Venife imprenable par fa fituation était redoutable par fon opulence ; elle avait acquis de grandes richeffes dans les croifades auxquelles les venitiens n'avaient jufqu'alors pris part qu'en négociants habiles.

Fréderic retourne en Italie, & ravage le Véronois qui était de la ligue. Son pape Victor meurt. Il en fait facrer un autre au mépris de toutes les loix par un évêque de Liége. Cet ufurpateur prend le nom de Pafcal.

La Sardaigne était alors gouvernée par quatre baillifs. Un d'eux qui s'était enrichi vient demander à Fréderic le titre de roi, & l'empereur le lui donne. Il triple par tout les impots & retourne en Allemagne avec affez d'argent pour fe faire craindre.

1165.

Diette de Wirtzbourg contre le pape Alexandre

dre III. l'empereur éxige un ferment de tous les princes & de tous les évêques de ne point reconnaître Alexandre. Cette diette eft célèbre par les deputés d'Angleterre qui viennent rendre compte des droits du roi & du peuple contre les prétentions de l'églife de Rome.

Frédéric pour donner de la confideration à fon pape Pafcal, lui fait canonifer Charlemagne. Aix-la-Chapelle prend le titre de la capitale de l'empire, quoi qu'il n'y ait point en éffet de capitale. Elle obtient le droit de battre monnoie.

1166.

Henri le Lion duc de Saxe & de Baviére aiant augmenté prodigieufement fes domaines, l'empereur n'eft pas faché de voir une ligue en Allemagne contre ce prince. Un archevêque de Cologne hardi & entreprenant s'unit avec plufieurs autres évêques, avec le comte Palatin, le comte de Turinge & le marquis de Brandebourg. On fait à Henri le Lion une guerre fanglante. L'empereur les laiffe fe battre & paffe en Italie.

1167.

Les pifans & les génois plaident à Lodi devant l'empereur pour la poffeffion de la Sardaigne, & ne l'obtiennent ni les uns ni les autres.

Fréderic va mettre à contribution la Pentapole fi folemnellement cedée aux papes par tant d'empereurs, & patrimoine inconteftable de l'églife.

La ligue de venife & de Rome, & la haine que le pouvoir défpotique de Fréderic infpire, engagent Crémone, Bergame, Brefcia, Mantouë, Ferrare & d'autres villes à s'unir avec les milanais. Toutes ces villes & les romains prennent en même tems les armes.

Les romains attaquent vers Tufculum une partie de l'armée impériale. Elle était commandée par un archevêque de Mayence très célébre alors, nommé Chriftiern; & par un archévêque de Cologne. C'était un fpectacle rare de voir ces deux prêtres entonner une chanfon allemande pour animer leurs troupes au combat.

Mais ce qui marquait bien la décadence de Rome, c'eft que les allemands dix fois moins nombreux, défirent entièrement les romains. Fréderic marche alors d'Ancone à Rome; il l'attaque, il brule la ville Léonine; & l'églife de St. Pierre eft prefque confumée.

Le pape Alexandre s'enfuit à Benevent. L'empereur fe fait couronner avec l'imperatrice Béatrix par fon antipape Pafcal dans les ruines de St. Pierre.

De-là Fréderic revole contre les villes conféderées. La contagion qui défole son armée les met pour quelque tems en fureté. Les troupes allemandes victorieuses des romains étaient souvent vaincues, par l'intemperance & par la chaleur du climat.

1168.

Alexandre III. trouve le secrêt de mettre à la fois dans son parti Emanuel empereur des grecs, & Guillaume roi de Sicile, ennemi naturel des grecs; tant on croiait de l'intérêt commun de se réunir contre Barberousse.

En effet ces deux puissances envoient au pape de l'argent & quelques troupes. L'empereur à la tête d'une armée très diminuée, voit les milanais relever leurs murailles sous ses yeux, & presque toute la Lonbardie conjurée contre lui. Il se retire vers le comté de Morienne. Les milanais enhardis le poursuivent dans les montagnes. Il échappe à grand peine, & se retire en Alsace, tandis que le pape l'excommunie.

L'Italie respire par sa retraite. Les milanais se fortifient. Ils bâtissent aux pieds des Alpes la ville d'Alexandrie à l'honneur du pape.

En cette année Lunébourg commence à devenir une ville.

L'évêque de Wirtzbourg obtient la jurisdiction civile dans le duché de Franconie. C'est ce qui fait que ses successeurs ont eu la direction du cercle de ce nom.

Guelfe cousin germain du fameux Henri le Lion duc de Saxe & de Bavière légue en mourant à l'empereur le duché de Spolete, le marquisat de Toscane, avec ses droits sur la Sardaigne païs reclamé par tant de competiteurs abandonné à lui-même & à ses baillis dont l'un se disait roi.

1169.

Fréderic fait élire Henri son fils ainé roi des romains, tandis qu'il est prêt à perdre pour jamais Rome & l'Italie.

Quelques mois après il fait élire son second fils Fréderic duc d'Allemagne, & lui assure le duché de Suabe : les autheurs étrangers ont cru que Fréderic avait donné l'Allemagne entiere à son fils, mais ce n'était que l'ancienne Allemagne proprement dite. Il n'y avait d'autre roi de la Germanie nommée Allemagne que l'empereur.

1170.

Fréderic n'est plus reconnaissable. Il négocie avec le pape au lieu d'aller combattre. Ses armées & son tresor étaient donc diminuez

Les

Les danois prennent Stettin. Henri le Lion au lieu d'aider l'empereur à recouvrer l'Italie, se croise avec ses chevaliers saxons pour aller se battre dans la Palestine.

1171.

Henri le Lion trouvant une trève établie en Asie s'en retourne par l'Egipte. Le Soudan voulut étonner l'Europe par sa magnificence & sa generosité : il accabla de presents le duc de Saxe & de Bavière: & entre autres, il lui donna quinze cent chevaux arabes.

1172.

L'empereur assemble enfin une diette à Worms & demande du secours à l'Allemagne pour ranger l'Italie sous sa puissance.

Il commence par envoier une petite armée commandée par ce même archevêque de Mayence qui avait battu les romains.

Les villes de Lonbardie étaient confederées, mais jalouses les unes des autres. Lucques était ennemi mortelle de Pise; Gênes l'était de Pise & de Florence; & ce sont ces divisions qui ont perdu à la fin l'Italie.

1173.

L'archevêque de Mayence Christiern réussit habilement à détacher les venitiens de la ligue. Mais Milan, Pavie, Florence, Cremone, Parme, Boulogne sont inébranlables & Rome les soutient.

Pendant ce tems Fréderic est obligé d'aller appaiser des troubles dans la Bohéme. Il y dépossede le roi Ladiflas, & donne la régence au fils de ce roi. On ne peut être plus absolu, qu'il l'était en Allemagne, & plus faible alors au de-là des Alpes.

1174.

Il passe enfin le mont Cenis. Il assiége cette Alexandrie bâtie pendant son absence, & dont le nom lui était odieux ; & commence par faire dire aux habitans que s'ils osent se déffendre, on ne pardonnera ni au sexe ni à l'enfance.

1175.

Les alexandrins secourus par les villes confedérées sortent sur les impériaux, & les battent à l'exemple des milanais. L'empereur pour comble de disgrace est abandonné par Henri le Lion qui se retire avec ses saxons, très-indisposé contre Barberousse qui gardait pour lui les terres de Mathilde.

Il semblait que l'Italie allait être libre pour jamais.

1176.

Fréderic reçoit des renforts d'Allemagne. L'archechevêque de Mayence eſt à l'autre bout de l'Italie dans la marche d'Ancone avec ſes troupes.

La guerre eſt pouſſée vivément de deux côtés. L'infanterie milanaiſe tout armée de piques défait toute la gendarmerie impériale, Frédéric échape à peine pourſuivi par les vainqueurs. Il ſe cache & ſe ſauve enfin dans Pavie.

Cette victoire fut le ſignal de la liberté des italiens pendant pluſieurs années : eux ſeuls alors purent ſe nuire.

Le ſuperbe Frédéric previent enfin & ſollicite le pape Alexandre, retiré des long tems dans Anagnia, craignant également les romains qui ne voulaient point de maître, & l'empereur qui voulait l'être.

Frédéric lui offre de l'aider à dominer dans Rome, de lui reſtituer le patrimoine de st. Pierre, & de lui donner une partie des terres de la comteſſe Mathilde. On aſſemble un congrès à Boulogne.

1177.

Le pape fait transferer le congrès à Veniſe, où il ſe rend ſur les vaiſſeaux du roi de Sicile. Les ambaſſadeurs de Sicile, & les députés des villes lonbardes y arrivent les premiers. L'archevêque de Mayence Chriſtiern y vient conclure la paix.

Il est difficile de desmeler comment cette paix, qui devait assurer le repos des papes & la liberté des italiens, ne fut qu'une tréve de six ans avec les villes lonbardes, & de 15. ans avec la Sicile. Il n'y fut pas question des terres de la comtesse Mathilde, qui avaient été la baze du Traité.

Tout étant conclu, l'empereur se rend à Venise. Le duc le conduit dans sa gondole à St. Marc. Le pape l'attendait à la porte, la thiare sur la tête. L'empereur sans manteau le conduit au chœur une baguette de bedaud à la main. Le pape prêcha en latin que Fréderic n'entendait pas. Après le sermon, l'empereur vient baiser les pieds du pape, communie de sa main, conduit sa mule dans la place st. Marc au sortir de l'église; & Alexandre III. s'écriait: *Dieu a voulu qu'un vieillard & un prêtre triomphât d'un empereur puissant & terrible* Toute l'Italie regarda Innocent III. comme son liberateur & son pere.

La paix fut jurée sur les evangiles par douze princes de l'empire. On n'écrivait gueres alors ces traités. Il y avait peu de clauses; les sermens suffisaient. Peu de princes allemands savaient lire & signer. Et on ne se servait de la plume qu'à Rome.

Rome. Cela reſſemble aux tems ſauvages qu'on appelle heroiques.

Cependant on exigea de l'empereur un acte particulier ſcellé de ſon ſceau, par lequel il promit de n'inquieter de ſix ans les villes d'Italie.

1178.

Comment Fréderic barberouſſe oſait-il après cela paſſer par Milan, dont le peuple traité par lui en eſclave, l'avait vaincu? il y alla pourtant en retournant en Allemagne.

D'autres troubles agitaient ce vaſte païs, guerrier, puiſſant & malheureux, dans lequel il n'y avait pas encor une ſeule ville comparable aux mediocres de l'Italie.

Henri le Lion maître de la Saxe & de la Baviére faiſait toujours la guerre à pluſieurs évêques, comme l'empereur l'avait faite au pape. Il ſuccomba comme lui, & par l'empereur même.

L'archevêque de Cologne aidé de la moitié de la Weſtphalie, l'archevêque de Magdebourg, un évêque d'Halberſtadt, étaient opprimés par Henri le Lion, & lui faiſaient tout le mal qu'ils pouvaient. Preſque toute l'Allemagne embraſſe leur parti.

1179.

Henri le Lion eſt le quatriéme duc de Baviére

mis au ban de l'empire dans la diette de Goſlar. Il fallait une puiſſante armée pour mettre l'arrêt à execution. Ce prince était plus puiſſant que l'empereur. Il commandait alors depuis Lubec juſqu'aux milieu de la Weſtphalie. Il avait outre la Baviére, la Stirie, & la Carinthie. L'archevêque de Cologne ſon ennemi eſt chargé de l'execution du ban.

Parmi les vaſſaux de l'empire qui aménent des troupes à l'archevêque de Cologne, on voit un Philippe comte des Flandres, ainſi qu'un comte de Hainaut, & un duc de Brabant &c. Cela pourait faire croire, que la Flandre proprement dite ſe regardait toujours comme membre de l'empire, quoique pairie de la France, tant le droit féodal trainait aprés lui d'incertitudes.

Le duc Henri ſe défend dans la Saxe; il prend la Turinge, il prend la Heſſe, il bat l'armée de l'archevêque de Cologne.

La plus grande partie de l'Allemagne eſt ravagée par cette guerre civile, effet naturel du gouvernement féodal. Il eſt même étrange que cet effet n'arrivât pas plus ſouvent.

1180.

Après quelques ſuccès divers, l'empereur tient
une

une diette dans le château de Gelnhaufen vers le Rhin. On y renouvelle, on y confirme la profcription de Henri le Lion. Fréderic y donne la Saxe à Bernhard d'Anhalt fils d'Albert l'Ours marquis de Brandebourg. On lui donne auffi une partie de la Weftphalie. La maifon d'Anhalt parut alors devoir être la plus puiffante de l'Allemagne.

La Baviére eft acordée au comte Oton de Vitelsbach, chef de la cour de juftice de l'empereur. C'eft de cet Oton Vitelsbach que defcendent les deux maifons électorales de Baviére qui regnent de nos jours après tant de malheurs. Elles doivent leur grandeur à Fréderic barberouffe.

Dès que ces feigneurs furent inveftis, chacun tombe fur Henri le Lion ; & l'empereur fe met lui-même à la tête de l'armée.

1181.

On prend au duc Henri, Lunébourg dont il était maître ; on attaque Lubec dont il était le protecteur ; & le roi de Dannemarck Valdemar aide l'empereur dans ce fiége de Lubec.

Lubec deja riche, & qui craignait de tomber au pouvoir du Dannemarck fe donne à l'empereur, qui la declare ville impériale, capitale des villes de la mer baltique, avec la permiſſion de battre monoye.

Le duc Henri ne pouvant plus reſiſter, va ſe jetter aux pieds de l'empereur, qui lui promet de lui conſerver Brunſwick & Lunebourg. Reſte de tant d'états qu'on lui enleve.

Henri le Lion paſſe à Londres avec ſa femme, chez le roi Henri II. ſon beau-pere. Elle lui donne un fils nommé Oton ; ceſt le même qui fut depuis empereur ſous le nom d'Oton IV. & c'eſt d'un frere de cet Oton IV. que deſcendent les princes qui regnent aujourd'hui en Angleterre. De ſorte que les ducs de Brunſwick, les rois d'Angleterre, les ducs de Modene ont tous une origine commune, & cette origine eſt italienne.

1182.

L'Allemagne eſt alors tranquile. Fréderic y abolit pluſieurs coutumes barbares ; entre autres celle de piller le mobilier des morts ; droit horrible que tous les bourgeois des villes exerçaient au decès d'un bourgeois aux depens des heritiers, & qui cauſait toujours des querelles ſanglantes quoique le mobilier fût alors bien peu de choſe.

Toutes les ville de la Lonbardie jouiſſent d'une profonde paix & reprennent la vie.

Les romains perſiſtent toujours dans l'idée de ſe ſouſtraire au pouvoir des papes, comme à celui des empereurs. Ils chaſſent de Rome le pape Lucius III. ſucceſſeur d'Alexandre.

Ce même Chriſtiern archevêque de Mayence, toujours général de l'empereur, marche avec une armée au ſecours du pape, mais il meurt à Tuſculum.

Le ſenat eſt le maître dans Rome. Quelques clercs qu'on prend pour des eſpions du pape Lucius III. lui ſont renvoiés avec les yeux crévés ; inhumanité trop indigne du nom romain.

1183.

Fréderic I. déclare Ratisbonne ville impériale. Il detache le Tirol de la Baviére ; il en detache auſſi la Stirie, qu'il érige en duché.

Célébre congrès à Plaiſance le 30. avril, entre les commiſſaires de l'empereur & les députés de toutes les villes de Lonbardie. Ceux de Veniſe même s'y trouvent. Ils conviennent que l'empereur peut exiger de ſes vaſſaux d'Italie le ſerment de fidélité ; & qu'ils ſont obligés de marcher à ſon ſecours, en cas qu'on l'attaque dans ſon voiage à Rome qu'on appelle l'expedition romaine.

Ils ſtipulent que les vil'es, & les vaſſaux ne fourniront à l'empereur dans ſon paſſage, que le
four-

fourrage ordinaire, & les provisions de bouche pour tout subside.

L'empereur leur accorde le droit d'avoir des troupes, des fortifications, des tribunaux qui jugent en dernier ressort, jusqu'à concurence de cinquante marcs d'argent; & nulle cause ne doit être jamais évoquée en Allemagne.

Si dans ces villes l'évêque a le titre de comte, il y conservera le droit de créer les consuls de sa ville épiscopale; & si l'évêque n'est pas en possession de ce droit, il est reservé à l'empereur.

Ce traité qui rendait l'Italie libre sous un chef, a été regardé longtems par les italiens comme le fondement de leur droit public.

Les marquis de Malaspina, & les comtes de Créme y sont specialement nommés, & l'empereur transige avec eux comme avec les autres villes. Tous les seigneurs des fiefs y sont compris en général.

Apparemment que les députés de Venise ne signérent à ce traité que pour les fiefs qu'ils avaient dans le continent; car pour la ville de Venise, elle ne mettait pas sa liberté & son independance en compromis.

1184.

Grande diette à Mayence. L'empereur y fait encor

encor reconnaître fon fils Henri roi des romains.

Il arme chevaliers fes deux fils, Henri & Fréderic. C'eft le premier empereur qui ait fait ainfi fes fils chevaliers, avec les cérémonies alors en ufage. Le nouveau chevalier faifait la veille des armes, enfuite on le mettait au bain; il venait recevoir l'acolade & le baifer en tunique; des chevaliers lui attachaient fes eperons; il offrait fon épée à Dieu & aux faints; on le revêtait d'une epitoge; mais ce qu'il y avait de plus bizarre, c'eft qu'on lui fervait à diner, fans qu'il lui fut permis de manger & de boire.

L'empereur va à Verone, où le pape Lucius III. toujours chaffé de Rome était retiré. On y tenait un petit concile. Il ne fut pas queftion de rétablir Lucius à Rome. On y traitta la grande querelle des terres de la comteffe Mathilde, & on ne convient de rien : auffi le pape refufa-t-il de couronner empereur Henri fils de Fréderic.

L'empereur alla le faire couronner roi d'Italie à Milan, & on y apporta la couronne de fer de Monza.

1185.

Le pape brouillé avec les romains, eft affez imprudent pour fe brouiller avec l'empereur, au fujet de ce dangereux heritage de Mathilde.

Un

Un roi de Sardaigne, commande les troupes de Fréderic. Ce roi de Sardaigne eſt le fils de ce Bailli qui avait acheté le titre de roi. Il ſe ſaiſit de quelques villes, dont les papes étaient encor en poſſeſſion. Lucius III. preſque dépouillé de tout meurt à Vérone; & Fréderic vainqueur du pape ne peut pourtant être ſouverain dans Rome.

1186.

L'empereur marie à Milan le 6. fevrier ſon fils le roi Henri, avec Conſtance de Sicile, fille de Roger II. roi de Sicile & de Naples, & petite fille de Roger I. du nom. Elle était héritiére préſomptive de ce beau roiaume, ce mariage fut la ſource des plus grands, & des plus longs malheurs.

Fréderic barberouſſe laiſſe le roi Henri en Italie, & repaſſe en Allemagne.

Cette année doit être célébre en Allemagne par l'uſage qu'introduiſit un évêque de Metz, nommé Bertrand, d'avoir des archives dans les villes, & d'y conſerver les actes dont dépendent les fortunes des particuliers. Avant ce tems-là tout ſe faiſait par témoins ſeulement, & preſque toutes les conteſtations ſe décidaient par des combats.

1187.

La Poméranie qui aprés avoir apartenu aux polonais

lonais était vassale de l'empire, & qui lui païait un leger tribut, est subjuguée par Canut roi de Dannemarck, & devient vassale des danois. Sleeswick auparavant relevant de l'empire, devient un duché du Dannemarck. Ainsi ce roiaume, qui auparavant relevait lui-même de l'Allemagne, lui ôte tout d'un coup deux provinces.

Fréderic barberousse auparavant si grand & si puissant, n'avait plus qu'un ombre d'autorité en Italie, & voiait la puissance de l'Allemagne diminuée.

Il rétablit sa reputation, en conservant la couronne de Bohéme à un duc ou à un roi, que ses sujets venaient de déposer.

Les génois batissent un fort à Monaco, & font l'acquisition de Gavi.

Grands troubles dans la Savoye. L'empereur Fréderic se declare contre le comte de Savoye, & détache plusieurs fiefs de ce comté, & entre autres, les évechés de Turin & de Geneve. Les evêques de ces villes deviennent seigneurs de l'empire. De-là les querelles perpetuelles entre les évêques & les comtes de Geneve.

1188.

Saladin le plus grand homme de son tems, aiant

repris

repris Jerufalem fur les chrétiens, le pape Clement III. fait prêcher une nouvelle croifade dans toute l'Europe.

Le zéle des allemands s'alluma ; on a peine à concevoir les motifs qui determinérent l'empereur Fréderic à marcher vers la Paleftine, & à renouveller à l'age de foixante-huit ans des entreprifes dont un prince fage dévait être défabufé. Ce qui caracterife ces tems-là, c'eft qu'il envoye un comte de l'empire a Saladin, pour lui demander en cerémonie Jerufalem & la vraye croix.

On voit ici un fingulier exemple de l'efprit du tems. Il était à craindre que Henri le Lion, pendant l'abfence de l'empereur, ne tentât de rentrer dans les grands états dont il était dépouillé. On lui fit jurer qu'il ne ferait aucune tentative pendant la guerre fainte. Il jura, & on fe fia à fon ferment.

1189.

Fréderic barbeouffe avec fon fils Fréderic duc de Suabe paffe par l'Autriche, & par la Hongrie avec plus de cent-mille croifés. S'il eut pu conduire à Rome cette armée de volontaires, il était empereur en effet. Les premiers ennemis qu'il trouve, font les chrétiens grecs de l'empire de Conftantinnople. Les empereurs grecs & les croifés avaient eû à fe plaindre en tout tems les uns des autres. L'em-

L'empereur de Conftantinople était Ifac l'Ange. Il réfufe de donner le titre d'empereur à Fréderic, qu'il ne regarde que comme un roi d'Allemagne, il lui fait dire, que s'il veut obtenir le paffage, il faut qu'il donne des ôtages. On voit dans les conftitutions de Goldaft les lettres de ces empereurs. Ifac l'Ange n'y donne d'autre titre à Fréderic que celui d'avocat de l'églife romaine. Fréderic repond à l'Ange qu'il eft un chien. Et après cela on s'étonne des épitétes que fe donnent les heros d'Homére dans des tems encor plus heroiques !

1190.

Fréderic s'étant frayé le paffage à main armée bat le fultan d'Iconium, il prend fa ville, il paffe le mont Taurus, & meurt de maladie après fa victoire, laiffant une reputation célébre d'inégalité & de grandeur, & une mémoire chere à l'Allemagne plus qu'à l'Italie.

On dit qu'il fut enterré à Tir. On ignore où eft la cendre d'un empereur qui fit tant de bruit pendant fa vie. Il faut que fes fuccès dans l'Afie aient été beaucoup moins folides qu'éclatants : car il ne reftait à fon fils Fréderic de Suabe qu'une armée d'environ fept à huit-mille combatans, de

plus

plus de cent-mille qu'elle était en arrivant.

Le fils mourut bientôt de maladie comme le pere; & il ne demeura en Afie que Léopold duc d'Autriche avec quelques chevaliers. C'eſt ainſi que ſe terminait chaque croiſade.

HENRI VI.
VINGT-TROISIÉME EMPEREUR.
1190.

Henri VI. deja deux fois reconnu & couronné du vivant de ſon pere, ne renouvelle point cet apareil, & regne de plein droit.

Cet ancien duc de Saxe & de Baviére, ce poſſeſſeur de tant de villes, Henri le Lion avait peu reſpecté ſon ferment de ne pas chercher à reprendre ſon bien. Il était deja entré dans le Holſtein; il avait des évêques, & ſur tout celui de Brême dans ſon parti.

Henri VI. lui livre bataille auprès de Verden, & eſt vainqueur. Enfin on fait la paix avec ce prince toujours proſcrit, & toujours armé. On lui laiſſe Brunswick démantelé. Il partage avec le comte de Holſtein le titre de ſeigneur de Lubec
qui

qui demeure toujours ville libre fous fes feigneurs.

L'empereur Henri VI. par cette victoire, & par cette paix étant affermi en Allemagne, tourne fes penfées vers l'Italie. Il pouvait y être plus puiffant que Charlemagne & les Otons: poffeffeur direct des terres de Mathilde, roi de Naples & de Sicile par fa femme, & fuzerain de tout le refte.

1191.

Il fallait recueillir cet héritage de Naples & Sicile. Les feigneurs du païs ne voulaient pas que ce roiaume devenu floriffant en fi peu de tems, devînt une province foumife à l'Allemagne. Le fang de ces gentilshommes français devenus par leur courage leurs rois & leurs compatriotes, leur était cher. Ils élifent Tancrede fils du prince Roger, & petit-fils de leur bon roi Roger. Ce prince Tancrede n'était pas né d'un mariage reconnu pour légitime. Mais combien de bâtards avaient hérité avant lui de plus grands roiaumes! la volonté des peuples & l'élection paraiffaient d'ailleurs le premier de tous les droits.

L'empereur traite avec les génois pour avoir une flotte avec laquelle il aille difputer la Pouille & la Sicile. Des marchands pouvaient ce que l'eml'empereur ne pouvait pas par lui-même. Il confirme les priviléges des villes de Lonbardie pour les mettre dans son parti. Il ménage le pape Celestin III. c'était un vieillard de quatre-vingt-cinq ans, qui n'était pas prêtre. Il venait d'être élu.

Les cérémonies de l'intronization des papes étaient alors, de les revêtir d'une chappe rouge, dès qu'ils étaient nommés. On les conduisait dans une chaire de pierre qui était percée, & qu'on appellait *stercorarium* : Ensuite dans une chaire de porfire, sur laquelle on leur donnait deux clefs, celle de l'église de Latran, & celle du palais, origine des armes du pape : De là dans une troisiéme chaire, où on lui donnait une ceinture de soye, & une bourse dans laquelle il y avait douze pierres semblables à celles de l'éphod du grand prêtre des juifs. On ne sait pas quand tous ces usages ont commencé. Ce fut ainsi que Celestin fut intronizé avant d'être prêtre.

L'empereur étant venu à Rome, le pape se fait ordonner prêtre la veille de pâques, le lendemain se fait sacrer évêque, le surlendemain sacre l'empereur Henri VI. avec l'imperatrice Constance.

Roger

Roger Hoved anglais est le seul qui rapporte que le pape poussa d'un coup de pied la couronne dont on devait orner l'empereur, & que les cardinaux la relevèrent. Il prend cet accident pour une cérémonie. On a cru aussi que c'était une marque d'un orgueil aussi brutal que ridicule. Ou le pape était en enfance; ou l'avanture n'est pas vraie.

L'empereur pour se rendre le pape favorable dans son expédition de Naples & de Sicile, lui rend l'ancienne ville de Tusculum. Le pape la rend au peuple romain, dont le gouvernement municipal subsistait toujours. Les romains la détruisent de fond en comble. Il semble qu'en cela les romains eussent pris l'esprit destructeur des goths & des hérules habitués chez eux.

Cependant le vieux Celestin III. comme suzerain de Naples & de Sicile, craignant un vassal puissant qui ne voudrait pas être vassal, défend à l'empereur cette conquête; défense non moins ridicule que le coup de pied à la couronne, puisqu'il ne pouvait empêcher l'empereur de marcher à Naples.

Les maladies détruisent toujours les troupes allemandes dans les païs chauds & abondants. La moitié de l'armée impériale périt sur le chemin de Naples.

Conſtance femme de l'empereur eſt livrée dans Salerne au roi Tancrede, qui la renvoye genereuſement à ſon époux.

1192.

L'empereur différe ſon entrepriſe ſur Naples & Sicile, & va à Worms. Il fait un de ſes freres Conrad, duc de Suabe. Il donne à Philippe ſon autre frere depuis empereur, le duché de Spolette, qu'il ôte à la maiſon des Guelfes.

Etabliſſement des chevaliers de l'ordre teutonique, deſtinés auparavant à ſervir les malades dans la Paleſtine, devenus depuis conquerants. La premiere maiſon qu'ils ont en Allemagne eſt bâtie à Coblentz.

Henri le Lion renouvelle ſes prétenſions & ſes guerres. Il ne pourſuit rien ſur la Saxe, rien ſur la Baviére, il ſe jette encor ſur le Holſtein, & perd tout ce qui lui reſtait d'ailleurs.

1193.

En ce tems le grand Saladin chaſſait tous les chrétiens de la Sirie. Richard *cœur de lion* roi d'Angleterre après des exploits admirables & inutiles, s'en retourne comme les autres. Il était mal avec l'empereur, il était plus mal avec Léopold duc d'Autriche pour une vaine querelle

fus

fur un prétendu point d'honneur qu'il avait eu avec Léopold dans les malheureuses guerres d'orient. Il passe par les terres du duc d'Autriche. Ce prince le fait mettre aux fers, contre les serments de tous les croisés, contre les égards dus à un roi, contre les loix de l'honneur & des nations.

Le duc d'Autriche livre son prisonnier à l'empereur. La reine Eleonore femme de Richard *cœur de lion*, ne pouvant vanger son mari, offre sa rançon. On prétend que cette rançon fut de cent-cinquante-mille marcs d'argent. Cela ferait environ deux millions d'écus d'Allemagne ; & attendu la rareté de l'argent, & le prix des denrées cette somme equivaudrait à quarante millions d'écus de ce tems-ci. Les historiens peut-être ont pris cent-cinquante-mille marques, *marcas*, pour cent-cinquante-mille marcs, demi livres. Ces méprises sont trop ordinaires. Quelle que fût la rançon, l'empereur Henri VI. qui n'avait sur Richard que le droit des brigands, la reçut avec autant de lâcheté, qu'il retenait Richard avec injustice. On dit encor qu'il le força à lui faire hommage du roiaume d'Angleterre, hommage très-vain. Richard eut été bien loin de mériter son surnom de *cœur de lion* s'il eut consenti à cette bassesse.

Un évêque de Prague eft fait duc ou roi de Bohéme. Il achete fon inveftiture de Henri VI. à prix d'argent.

Henri le Lion agé de foixante & dix ans marie fon fils qui porte le titre de comte de Brunswik avec Agnés fille de Conrad comte palatin oncle de l'empereur. Agnés aimait le comte de Brunswik: ce mariage auquel l'empereur confent, le reconcilie avec le vieux duc qui meurt bientôt après en laiffant du moins le Brunswik à fes defcendans.

1194.

Il eft à croire que l'empereur Henri VI. ne ranconnait les rois Richard & l'évêque roi de Bohéme que pour avoir dequoi conquerir Naples & Sicile. Tancrede fon competiteur meurt. Les peuples mettent à fa p'ace fon fils Guillaume quoi qu'enfant: marque évidente que c'était moins Tancrede que la nation qui difputait le trone de Naples à l'empereur.

Les génois fourniffent à Henri la flote qu'ils lui ont promife ; les pifans y ajoutent douze galeres. L'empereur avec ces forces fournies par des italiens pour afservir l'Italie, fe montre devant Naples qui fe rend, & tandis qu'il fait affiéger en Si.ile Palerme & Catane, la veuve de Tancrede

en-

enfermée dans Salerne capitule & céde les deux roiaumes à condition que son fils Guillaume aura du moins la principauté de Tarente. Ainsi après cent ans que Robert & Roger avaient conquis la Sicile, ce fruit de tant de travaux des chevaliers français tombe dans les mains de la maison de Suabe.

Les génois demandent à l'empereur l'execution du traitté qu'ils ont fait avec lui, la restitution stipulée de quelques terres, la confirmation de leurs priviléges en Sicile acordez par le roi Roger. Henri VI. leur répond *quand vous m'aurez fait voir que vous êtes libres & que vous ne me deviez pas une flote en qualité de vassaux, je vous tiendrai ce que je vous ai promis*. Alors joignant l'atrocité de la cruauté à l'ingratitude & à la perfidie, il fait exhumer le corps de Tancrede & lui fait couper la tête par le boureau. Il fait eunuque le jeune Guillaume fils de Tancrede, l'envoie prisonnier à Coire, où il lui fait crever les yeux. La reine sa mere & ses filles sont conduites en Allemagne & enfermés dans un couvent en Alsace. Henri fait emporter une partie des trésors amassez par les rois. Et les hommes soufrent à leur tête de tels hommes!

1195.

Henri de Brunsvvik fils du Lion, obtient le Palatinat après la mort de fon beaupere le palatin Conrad.

On publie une nouvelle croifade, à Worms; Henri VI. promet d'aller combattre pour Jefus-Chrift.

1196.

Le zele des voiages d'outremer croiffait par les malheurs, comme les relligions s'affermiffent par les martires. Une fœur du roi de France Philippe Augufte veuve de Béla roi de Hongrie fe met à la tête d'une partie de l'armée croifée allemande & va en Paleftine effuier le fort de tous ceux qui l'ont précedée. Henri VI fait marcher une autre partie des croifés en Italie où elle lui devait être plus utile qu'à Jerufalem.

1197.

C'eft ici un des points les plus curieux & les plus intereffants de l'hiftoire. La grande cronique belgique raporte que non feulement Henri fit élire fon fils (Fréderic II.) encor au berceau par cinquante deux feigneurs ou évêques. Mais qu'il fit declarer l'empire hereditaire , & qu'il ftatua que Naples & Sicile feraient incorporés pour jamais à l'empire. Si Henri VI. put faire ces loix, il les fit fans doute ; & il était affez rédouté pour ne pas trouver de contradiction. Il eft certain que

fon

son épitaphe à Panorme porte qu'il réunit la Sicile à l'empire. Mais les papes rendirent bientôt cette réunion inutile. Et à sa mort il parut bien que le droit d'élection était toujours cher aux seigneurs d'Allemagne.

Cependant Henri VI. passe à Naples par terre ; tous les seigneurs y étaient animés contre lui ; un soulevement general était à craindre, il les dépouille de leurs fiefs & les donne aux allemands où aux italiens de son parti. Le désespoir forme la conjuration que l'empereur voulait prévenir. Un comte Jourdan de la maison des princes normands se met à la tête des peuples. Il est livré à l'empereur qui le fait perir par un suplice qu'on croirait imité des tirans fabuleux de l'antiquité: on l'attache nud sur une chaise de fer brulante, on le couronne d'un cerclé de fer enflammé qu'on lui attache avec des clous.

1197.

Alors l'empereur laisse partir le reste de ses allemands croisés, ils abordent en Chipre. L'évêque de Wirtzbourg qui les conduit, donne la couronne de Chipre au Emeri de Lusignan qui aimait mieux être vassal de l'empire allemand que de l'empire grec.

Ce même Emeri de Lusignan roi de Chipre épouse Isabelle fille du dernier roi de Jerusalem,

& de là vient le titre de roi de Chipre & de Jerusalem que plusieurs souverains se sont disputés en Europe.

Les allemands croisés éprouvent des fortunes diverses en Asie. Pendant ce tems Henri VI. reste en Sicile avec peu de troupes. Sa sécurité le perd; on conspire à Naples & en Sicile contre le tiran. Sa propre femme Constance est l'ame de la conjuration. On prend les armes de tous cotés; Constance abandonne son cruel mari, & se met à la tête des conjurés. On tue tout ce qu'on trouve d'allemands en Sicile. C'est le premier coup des vêpres siciliennes qui sonnerent depuis sous Charles de France. Henri est obligé de capituler avec sa femme, il meurt: & on prétend que c'est d'un poison que cette princesse lui donna; crime peut-être excusable dans une femme qui vangeait sa famille & sa patrie, si l'empoisonnement & sur tout l'empoisonnement d'un mari pouvait jamais être justifié.

PHILIPPE I.
VINGT-QUATRIEME EMPEREUR.
1198.

Dabord les seigneurs & les évêques assemblez dans Arnsberg en Turinge accordent l'administration

tion de l'Allemagne à Philippe duc de Suabe oncle de Fréderic II. mineur, reconnu deja roi des romains. Ainsi le veritable empereur était Fréderic II. Mais d'autres seigneurs indignés de voir un empire électif devenu hereditaire, choisissent à Cologne un autre roi; & ils élisent le moins puissant pour être puissants sous son nom. Ce prétendu roi ou empereur nommé Bertold duc d'une petite partie de la Suisse, renonce bientôt à un vain honneur qu'il ne peut soutenir. Alors l'assemblée de Cologne élit le duc de Brunswik Oton fils de Henri le Lion. Les électeurs étaient le duc de Lorraine, un comte de Kuke, l'archevêque de Cologne, les évêques de Minden, de Paderborn, l'abbé de Corbie, & deux autres abbés moines benedictins.

Philippe veut être aussi nommé empereur; il est élu à Erfort; voilà quatre empereurs en une année, & aucun ne l'est véritablement.

Oton de Brunswik était en Angleterre : & le roi d'Angleterre Richard si indignement traitté par Henri VI. & juste ennemi de la maison de Suabe, prenait le parti de Brunswik. Par conséquent le roi de France Philippe Auguste est pour l'autre empereur Philippe.

C'était encor une occasion pour les villes d'Italie de sécouer le joug allemand. Elles devenaient tous les jours plus puiffantes. Mais cette puiffance même les divifait. Les unes tenaient pour Oton de Brunswik les autres pour Philippe de Suabe. Le pape Innocent III. reftait neutre entre les competiteurs. L'Allemagne foufre tous les fléaux d'une guerre civile.

1199. 1200.

Dans ces troubles inteftins de l'Allemagne, on ne voit que changements de parti, accords faits & rompus, faibleffe de tous les cotés. Et cependant l'Allemagne s'appelle toujours l'empire romain.

L'imperatrice Conftance reftait en Sicile avec le prince Fréderic fon fils : elle y était paifible, elle y était régente : & rien ne prouvait mieux que c'était elle qui avait confpiré contre fon mari Henri VI. Elle retenait fous l'obéiffance du fils ceux qu'elle avait foulevés contre le pere. Naples & Sicile aimaient dans le jeune Fédéric le fils de Conftance, & le fang de le rs rois. Ils ne regardaient pas même ce Fréderic II. comme le fils de Henri VI. & il y a très grande aparence qu'il ne l'était pas ; puifque fa mere en demandant pour lui l'inveftiture de Naples & de Sicil au pape Celeftin III. avait été obligée de jurer que Henri VI. était fon pere. Le

Le fameux pape Innocent III. fils d'un comte de Segni étant monté fur le fiége de Rome, il faut une nouvelle inveftiture. Ici commence une querelle finguliére qui dure encor depuis plus de cinq cent années.

On a vu ces chevaliers de Normandie devenus princes & rois dans Naples & Sicile, relévant dabord des empereurs, faire enfuite hommage aux papes. Lorfque Roger encor comte de Sicile donnait de nouvelles loix à cette Ife, qu'il enlévait à la fois aux mahometans & aux grecs, lorfqu'il rendait tant d'églifes à la communion romaine; le pape Urbain fecond lui acorda folemnellement le pouvoir des légats à latere, & des légats nés du st fiége. Ces légats jugeaient en dernier reffort toutes les caufes eccléfiaftiques, conféraient les benefices levaient des décimes. Depuis ce tems les rois de Sicile étaient en éffet légats, vicaires du st. fiége dans ce roiaume, & vraiment papes chez eux. Ils avaient veritablement les deux glaives. Ce privilege unique que tant de rois auraient pu s'arroger, n'était connu qu'en Sicile. Les fucceffeurs du pape Urbain fecond avaient confirmé cette prérogative foit de gré foit de force. Céleftin III. ne l'avait pas conteftée. Innocent III. s'y opofa, traitta la légation des rois en Sicile de fubreptice, éxigea que Conftance y renonçat

pour

pour fon fils, & qu'elle fît un hommage lige pur & fimple de la Sicile.

Conftance meurt avant d'obéir, & laiffe au pape la tutelle du roi & du roiaume.

1201.

Innocent III. ne reconnait point l'empereur Philippe, il reconnait Oton ; & lui écrit *par l'autorité de Dieu à nous donnée nous vous recevons roi des romains & nous ordonnons qu'on vous obeiffe ; & après les préliminaires ordinaires nous vous donnerons la couronne impériale.*

Le roi de France Philippe Augufte partifan de Philippe de Suabe, & ennemi d'Oton, écrit au pape en faveur de Philippe. Innocent III. lui répond ; *Il faut que Philippe perde l'empire, ou que je perde le pontificat.*

1202.

Innocent III. publie une nouvelle croifade. Les allemands n'y ont point de part. C'eft dans cette croifade que les chrétiens d'occident prennent Conftantinople au lieu de fecourir la terre fainte. C'eft elle qui étend le pouvoir & les domaines de Venife.

1203.

L'Allemagne s'affaiblit du côté du nord dans ces troubles. Les danois s'emparent de la Vanda-

Philippe I. 255

dalie ; c'eſt une partie de la Pruſſe & de la Poméranie. Il eſt difficile d'en marquer les limites. Y en avait-il alors dans ces païs barbares ? le Holſtein annexé au Dannemarck ne reconnait plus alors l'empire.

1204.

Le duc de Brabant reconnait Philippe pour empereur & fait hommage.

1205.

Pluſieurs ſeigneurs ſuivent cet exemple. Philippe eſt ſacré à Aix par l'archevêque de Cologne. La guerre civile continue en Allemagne.

1206.

Oton battu par Philippe auprès de Cologne, ſe refugie en Angleterre. Alors le pape conſent à l'abandonner : il promet à Philippe de lever l'excommunication encourüe par tout prince qui ſe dit empereur ſans la permiſſion du st. ſiége. Il le reconnaitra pour empereur legitime s'il veut marier ſa ſœur à un neveu de ſa ſainteté, en donnant pour dot le duché de Spolete, la Toſcane, la marche d'Ancone. Voilà des propoſitions bien étranges ; la marche d'Ancone apartenait de droit au st. ſiége. Philippe réfuſe le pape & aime mieux être excommunié que de donner une telle dot. Cependant en rendant un archevêque de

Co-

Cologne qu'il retenait prisonnier, il a son absolution, & ne fait point le mariage.

1207.

Oton revient d'Angleterre en Allemagne. Il y parait sans partisans. Il faut bien pourtant qu'il en eût de secrets, puis qu'il revenait.

1208.

Le comte Oton qui était palatin dans la Baviére, assassine l'empereur Philippe à Bamberg, & se sauve aisément.

OTON IV.
Vingt-cinquieme Empereur.

Oton pour s'affermir, & pour réunir les partis, épouse Béatrix fille de l'empereur assassiné.

Béatrix demande à Francfort vangeance de la mort de son pere. La diette met l'assassin au ban de l'empire. Le comte Papenheim fit plus, il assassina quelque tems après l'assassin de l'empereur.

1209.

Oton IV. pour s'afermir mieux, confirme aux villes d'Italie tous leurs droits, & reconnait ceux que les papes s'atttribuent. Il écrit à Innocent III.

Nous

Nous vous rendrons l'obéiſſance, que nos prédeceſ-ſeurs ont rendue aux vôtres. Il le laiſſe en poſ-ſeſſion des terres que le pontife a deja recouvrées, comme Viterbe, Orviéte, Perouſe. Il lui promet tout le fameux héritage de Mathilde. Il lui aban-donne la ſuperiorité territoriale c'eſt à dire le do-maine ſuprème, le droit de mouvance ſur Naples & Sicile.

1210.

On ne peut paraître plus d'acord; mais à peine eſt-il couronné à Rome, qu'il fait la guerre au pape pour ces mêmes villes.

Il avait laiſſé au pape la ſuzeraineté & la garde de Naples, & Sicile; Il va s'emparer de la Poüille, héritage du jeune Fréderic roi des ro-mains qu'on depouillait à la fois de l'empire & de l'héritage de ſa mére.

1211.

Innocent III. ne peut qu'excommunier Oton. Une excommunication n'eſt rien contre un prince affermi : c'eſt beaucoup contre un prin-ce qui a des ennemis.

Les ducs de Baviére, celui d'Autriche, le land-grave de Turinge veulent le détrôner. L'arche-vêque de Mayence l'excommunie, & tout le par-ti reconnait le jeune Fréderic ſecond.

L'Al-

L'Allemagne est encor divisée. Oton prêt de perdre l'Allemagne pour avoir voulu ravir la Pouille, repasse les Alpes.

1212.

L'empereur Oton assemble ses partisans à Nuremberg. Le jeune Fréderic passe les Alpes après lui : il s'empare de l'Alsace dont les seigneurs se déclarent en sa faveur. Il met dans son parti Ferri duc de Lorraine. L'Allemagne est d'un bout à l'autre le théatre de la guerre civile.

1213.

Fréderic second reçoit enfin de l'archevêque de Mayence la couronne à Aix-la Chapelle.

Cependant Oton se soutient, & il regagne presque tout, lorsqu'il était prêt de tout perdre.

Il était toujours protegé par l'Angleterre. Son concurrent Fréderic second l'était par la France. Oton fortifie encor son parti en épousant la fille du duc de Brabant, après la mort de sa femme Béatrix. Le roi d'Angleterre Jean lui donne de l'argent pour attaquer le roi de France. Ce Jean n'était pas encor Jean *sans terre* ; mais il était destiné à l'être & à devenir comme Oton très-malheureux.

1214.

Il parait singulier qu'Oton qui un an auparavant

vant avait de la peine à se déffendre en Allemagne, puisse faire la guerre à present à Philippe Auguste. Mais il était suivi du duc de Brabant, du duc de Limbourg, du duc de Lorraine, du comte de Hollande, de tous les seigneurs de ces pays, & du comte de Flandre, que le roi d'Angleterre avait gagnés. C'est toujours un probleme, si les comtes de Flandre, qui alors faisaient toujours hommage à la France, étaient regardés comme vassaux de l'empire malgré cet hommage.

Oton marche vers Valenciennes avec une armée de plus de cent-vingt-mille combattans, tandis que Fréderic second caché vers la Suisse attendait l'issuë de cette grande entreprise. Philippe Auguste était pressé entre l'empereur & le roi d'Angleterre.

BATAILLE DE BOVINES.

Entre Lisle & Tournai est un petite village nommé Bovines, près duquel Oton IV. à la tête d'une armée qu'on dit forte de plus de cent-vingt-mille hommes, vint attaquer le roi, qui n'en avait guères que la moitié. On commençait alors à se servir d'arbaletes; c'était une machine qui lançait de longues & pesantes flèches, & qu'on tendait avec un tourniquet. Cette arme fut en usage sous Louis *le gros*. Mais ce qui décidait d'une journée, c'était cette pesante cavalerie, toute couverte
de

de fer, compofée de tous les feigneurs de fiefs, & de leurs écuiers. Les chevaliers portaient une cuiraffe, des bottines, des genouilléres, des braffards, des cuiffards, un cafque. Toute cette armure était de fer; & par deffus la cuiraffe, ils avaient encor une chemife de mailles appellée *Haubert* du mot *Albus*. Cette cotte de mailles était ornée d'une piece d'étoffe bordée des armoiries du chevalier. Ces armoiries qui commençaient à être d'ufage, n'ont été appellées ainfi, que parce qu'elles étaient peintes fur les armes du chevalier pour le faire reconnaitre dans les batailles. Les écuiers n'avaient pas droit de porter le haubert. Leur cafque n'était point fermé, & n'était pas de fi bonne déffenfe. Ils n'avaient ni braffards, ni cuiffards: ainfi armés plus à la legére, ils en avaient plus d'agilité pour monter à cheval, & pour relever dans les combats ces maffes pefantes de chevaliers, qui ne pouvaient fe remuer, & qu'on ne pouvait bleffer que difficilement. L'armure complette des chevaliers était encor une prérogative d'honneur, à laquelle les écuiers ne pouvaient prétendre; il ne leur était pas permis d'être invulnerables. Tout ce qu'un chevalier avait à craindre, était d'être bleffé au vifage, quand il levait la vifiére de fon cafque, ou dans le flanc au défaut de la cuiraffe quand il était abattu, ou qu'on avait levé fa chemife de mailles; enfin fous

les

les aiſſelles quand il levait les bras. Il y avait encor des troupes de cavalerie tirées du corps des communes, moins bien armées que les chevaliers. Pour l'infanterie elle portait des armes déffenſives à ſon gré & les offenſives étaient l'épée, la flèche, la maſſuë, la fronde.

Ce fut un évêque qui rangea en bataille l'armée de Philippe Auguſte. Il s'appellait Guerin, & venait d'être nommé à l'évêché de Senlis. Un évêque de Beauvais longtems priſonnier du roi Richard d'Angleterre, ſe trouva auſſi à cette bataille; il s'y ſervit d'une maſſuë, diſant qu'il ſerait irregulier, s'il verſait le ſang humain. On ne ſait point, comment l'empereur & le roi diſpoſerent leurs troupes. Philippe avant le combat fit chanter le pſeaume, *Exurgat Deus & diſſipentur inimici ejus*, comme ſi Oton avait combattu contre Dieu. Auparavant les français chantaient des vers en l'honneur de Charlemagne & de Rolland. L'étendart impérial d'Oton était ſur un chariot à quatre roües ſelon l'uſage d'Allemagne & d'Italie; c'était une longue perche qui portait un dragon de bois peint, & ſur le dragon s'élevait un aigle de bois doré. L'étendart roïal de France était un bâton doré, avec un drapeau de ſoie blanche, ſemé de fleurs de lis couleur d'or; car cet ornement qu'on appelle

fleurs

fleurs de lis, qui n'avait été qu'une imagination de peintre, commençait à fervir d'armoiries aux rois de France. D'anciennes couronnes des rois Lonbards dont on voit les eftampes fidéles dans Muratori, font furmontées de cet ornement, qui n'eft autre chofe que le fer d'une lance liée avec deux autres fers recourbés; c'eft ainfi que font auffi figurés plufieurs fceptres des anciens rois Lonbards.

Outre l'étendart roïal, Philippe Augufte fit encor porter l'oriflame de St. Denis, qui était une lance de cuivre doré, où pendait un gonfanon de foie rouge. Lorfque le roi était en danger, on hauffait ou baiffait l'un ou l'autre de ces étendarts. Chaque chevalier avait auffi le fien, qu'on appellait *pennon*, & les grands chevaliers qui avaient d'autres chevaliers fous eux, faifaient porter un autre drapeau, qu'on nomait *banière*. Ce terme de banière fi honorable était pourtant commun aux drapeaux de l'infanterie, prefque toute compofée de ferfs ou de nouveaux afranchis.

Le cri de guerre des françaix était d'ordinaire, *mon joïe St. Denis*: on difait indifferemment *mon joïe*, ou *ma joïe*, dans le jargon barbare de France. Le cri des allemands était encor *Kirie-eleyfon*.

L'armée teutonne très forte en infanterie, avait bien

bien moins de chevaliers que celle du roi. C'eſt à cette difference qu'on peut principalement attribuer le gain de cette grande bataille. Ces eſcadrons de chevaux caparaſſonnés d'acier, portant des hommes impénétrables aux coups, armés de longues lances, devaient mettre en déſordre les milices allemandes preſque nues & déſarmées en comparaiſon de ces citadelles mouvantes.

Une preuve que les chevaliers bien armés ne couraient d'autre riſque que d'être démontés, & n'étaient bleſſés que par un grand hazard, c'eſt que le roi Philippe Auguſte renverſé de ſon cheval fut longtems entouré d'ennemis, & reçut des coups de toute eſpèce d'armes, ſans verſer une goutte de ſang. On raconte même qu'étant couché par terre, un ſoldat allemand voulut lui enfoncer dans la gorge un javelot à double crochet, & n'en put jamais venir à bout. Aucun chevalier ne périt dans la bataille, ſi non Guillaume *de long champs*, qui malheureuſement mourut d'un coup dans l'œil adreſſé par la viſière de ſon caſque.

On compte du côté des allemands vingt-cinq chevaliers bannerets, & ſept comtes de l'empire priſonniers, mais aucun de bleſſé ; le véritable danger était donc pour la cavalerie légère,

&

& fur tout pour cette infanterie d'efclaves, ou de nouveaux affranchis, fur qui tombait toute la fatigue de la guerre, auffi-bien que le peril.

L'empereur Oton perdit la bataille. On tua, dit-on, trente-mille allemands, nombre probablement éxageré. L'ufage était alors de charger de chaines les prifonniers. Le comte de Flandre & le comte de Boulogne furent menés à Paris les fers aux pieds & aux mains. C'était une coutume barbare établie. Le roi Richard d'Angleterre *cœur de lion*, difait lui-même, qu'étant arrêté en Allemagne contre le droit des gens, on l'avait chargé de fers auffi péfants qu'il avait pû les porter.

Au refte on ne voit pas que le roi de France fît aucune conquête du côté de l'Allemagne après fa victoire de Bovines : mais il en eut bien plus d'autorité fur fes vaffaux.

Philippe Augufte envoye à Fréderic en Suiffe où il était retiré, le char imperial qui portait l'aigle allemande ; c'était un trophée & un gage de l'empire.

FREDERIC II.
Vingt-sixieme Empereur.

Oton vaincu, abandonné de tout le monde fe

retire à Brunswik, où on le laisse en paix parce qu'il n'est plus à craindre. Il n'est pas dépossédé, mais il est oublié. On dit qu'il devient dévot. Ressource des malheureux, qui devient une passion dans les ames faibles. Sa pénitence était, à ce qu'on prétend, de se faire fouler aux pieds par ses valets de cuisine, comme si les coups de pieds d'un marmiton expiaient les fautes des princes.

1215.

Fréderic II. empereur par la victoire de Bovines se fait partout reconnaitre.

Pendant les troûbles de l'Allemagne on a vû que les Danois avaient conquis beaucoup de terres vers l'Elbe, au nord & à l'orient. Fréderic II. commença par abandonner ces terres par un traité. Hambourg s'y trouvait comprise. mais comme à la premiere occasion on revient contre un traitté onéreux, il profite d'une petite guerre que le nouveau comte Palatin du Rhin frere d'Oton faisait aux danois ; il reçoit Hambourg sous sa protection, il la rend ensuite : honteux commencement d'un regne illustre.

Second couronnement de l'empereur à Aix-la-Chapelle. Il dépossede le comte Palatin, & le Palatinat retourne à la maison de Baviére Vitelsbac.

Nouvelle croisade. L'empereur prend la croix,

il fallait qu'il doutât bien encor de fa puiffance, puifqu'il promet au pape Innocent III. de ne point réunir Naples & Sicile à l'empire & de les donner à fon fils dès qu'il aura été facré à Rome.

1216.

Fréderic II. refte en Allemagne avec fa croix, & a plus de deffeins fur l'Italie que fur la Paléftine. La croifade eft inutilement prêchée à tous les rois. Il n'y a cette fois qu'André II. roi des hongrois qui parte. Ce peuple qui à peine était chrétien, prend la croix contre les mufulmans qu'on nomme infidéles.

1217.

Les allemands croifés n'en partent pas moins fous divers chefs par terre & par mer. La flote des pays-bas, arrêtée par les vents contraires, fournit encor aux croifés l'occafion d'employer utilement leurs armes vers l'Efpagne. Ils fe joignent aux portugais & battent les maures. On pouvait pourfuivre cette victoire & délivrer enfin l'Efpagne entiére : le pape Honorius III. fucceffeur d'Innocent ne veut pas le permettre. Les papes commandaient aux croifés comme aux milices de Dieu ; mais ils ne pouvaient que les envoyer en orient. On ne gouverne les hommes que fuivant leurs préjugés ; & ces foldats des papes n'euffent point obéi ailleurs.

1218.

1218.

Fréderic II. avait grande raifon de n'être point du voiage. Les villes d'Italie & furtout Milan refufaient de reconnaitre un fouverain qui maitre de l'Allemagne & des deux Siciles pouvait affervir toute l'Italie. Elles tenaient encor le parti d'Oton IV. qui vivait obfcurément dans un coin de l'Allemagne. Le reconnaitre pour empereur c'était en effet être entièrement libres.

Oton meurt auprès de Brunswik. Et la Lombardie n'a plus de pretexte.

1219.

Grande diette à Francfort où Fréderic II. fait élire roi des romains fon fils Henri agé de neuf ans né de Conftance d'Arragon. Touttes ces diettes fe tenaient en plein champ, comme aujourd'hui encor en Pologne.

L'empereur renonce au droit de la jouiffance du mobilier des évêques défunts & des revenus pendant la vacance. C'eft ce qu'en France on appelle la regale. Il renonce au droit de jurisdiction dans les villes epifcopales où l'empereur fe trouvera, fans y tenir fa cour. Prefque tous les premiers actes de ce prince font des renonciations.

1220.

Il va en Italie chercher cet empire que Fréderic

ric barberouffe n'avait pu faifir. Milan d'abord lui ferme fes portes comme à un petit fils de barberouffe dont les milanais deteftaient la mémoire. Il fouffre cet affront, & va fe faire couronner à Rome. Honorius III. exige d'abord que l'empereur lui confirme la poffeffion où il eft de plufieurs terres de la comteffe Mathilde. Fréderic y ajoute encor le territoire de Fondi. Le pape veut qu'il renouvelle le ferment d'aller à la terre fainte & l'empereur fait ce ferment. Après quoi il eft couronné avec touttes les ceremonies humbles ou humiliantes de fes prédeceffeurs. Il fignale encor fon couronnement par des édits fanglants contre les heretiques. Ce n'eft pas qu'on en connut alors en Allemagne, où regnait l'ignorance avec le courage & le trouble. Mais l'inquifition venait d'être établie à l'occafion des albigeois, & l'empereur pour plaire au pape fit ces édits cruels par lesquels les enfans des heretiques font exclus de la fucceffion de leurs peres.

Ces loix confirmées par le pape étaient vifiblement dictées pour juftifier le raviffement des biens otés par l'églife & par les armes à la maifon de Touloufe dans la guerre des albigeois. Les comtes de Touloufe avaient beaucoup de fiefs de l'empire. Fréderic voulait donc abfolument complaire au pape. De telles loix n'étaient ni de fon age, ni

de

de son caractére. Auraient elles été de son chancelier Pierre Desvignes tant accusé d'avoir fait le pretendu livre des trois imposteurs, ou du moins d'avoir eu des sentiments que le titre du livre supose?

1221. 1222. 1223. 1224.

Dans ces années Fréderic II. fait des choses plus dignes de memoire. Il embellit Naples il l'aggrandit, il la fait la Metropole du roiaume, & elle devient bientôt la ville la plus peuplée de l'Italie. Il y avait encor beaucoup de sarrazins en Sicile, & souvent ils prenaient les armes; il les transporte à Lucera dans la Pouille. C'est ce qui donna à cette ville le nom *de Lucera ou Nocera de Pagani.*

L'académie ou l'université de Naples est établie & florissante. On y enseigne les loix; & peu à peu les loix lonbardes céderent au droit romain.

Il parait que le dessein de Fréderic II. était de rester dans l'Italie. On s'attache au païs où l'on est né, & qu'on embellit; & ce païs était le plus beau de l'Europe. Il passe quinze ans sans aller en Allemagne. Pourquoi eut-il, tant flatté les papes, tant ménagé les villes d'Italie, s'il n'avait conçu l'idée d'établir enfin à Rome le siége de l'empire? n'était ce pas le seul moien de sortir de cette situation équivoque où étaient les empereurs?

situation devenue encor plus embaraffante depuis que l'empereur était à la fois roi de Naples & vaffal du st. fiége, & depuis qu'il avait promis de féparer Naples & Sicile de l'empire? tout ce cahos eut été enfin debrouillé fi l'empereur eut été le maître de l'Italie. Mais la deftinée en ordonna autrement.

Il parait auffi que le grand deffein du pape était de fe débaraffer de Fréderic & de l'envoier dans la terre fainte. Pour y reuffir il lui avait fait époufer après la mort de Conftance d'Arragon, une des heritieres pretendues du roiaume de Jerufalem perdu depuis longtems. Jean de Brienne qui prenait ce vain titre de roi de Jerufalem, fondé fur la prétention de fa mere, donna fa fille Jolanda ou Violanta à Fréderic avec Jerufalem pour dot, c'eft à dire avec prefque rien. Et Fréderic l'epoufa parce que le pape le voulait, & qu'elle était belle. Les rois de Sicile ont toujours pris le titre de roi de Jerufalem depuis ce tems-là. Fréderic ne s'empreffait pas d'aller conquerir la dot de fa femme qui ne confiftait que dans des prétentions fur un peu de terrain maritime refté encor aux chrétiens dans la Sirie.

1225.

Pendant les années précedentes & dans les fuivantes le jeune Henri fils de l'empereur eft toujours

jours en Allemagne. Une grande révolution arrive en Dannemarck & dans toutes les provinces qui bordent la mer baltique. Le roi danois Valdemar s'était emparé de ces provinces, où habitaient les flaves occidentaux, les vandales; de Hamboug à Dantzig, & de Dantzig à Revel tout reconnaiſſait Valdemar.

Un comte de Swerin dans le Mekelbourg, devenu vaſſal de ce roi, forme le deſſein d'enlever Valdemar & le prince hereditaire ſon fils. Il l'execute dans une partie de chaſſe le 23. may 1223.

Le roi de Dannemarck priſonnier implore Honorius III. ce pape ordonne au comte de Swerin & aux autres ſeigneurs allemands qui étaient de l'entrepriſe, de remettre en liberté le roi & ſon fils. Les papes pretendaient avoir donné la couronne de Dannemarck, comme celles de Hongrie de Pologne de Bohéme. Les empereurs pretendaient auſſi les avoir données. Les papes & les Ceſars qui n'étaient pas maîtres dans Rome, ſe diſputaient toujours le droit de faire des rois au bout de l'Europe. On n'eut aucun égard aux ordres d'Honorius. Les chevaliers de l'ordre teutonique ſe joignent à l'évêque de Riga en Livonie & ſe rendent maîtres d'une partie des côtes de la mer baltique.

Lubec, Hambourg reprennent leur liberté & leurs droits. Valdemar & son fils dépouillés de presque tout ce qu'ils avaient dans ces pais ne sont mis en liberté qu'en paiant une grosse rançon.

On voit ici une nouvelle puissance s'établir insensiblement. C'est cet ordre teutonique, il a deja un grand maître, il a des fiefs en Allemagne & il conquiert des terres vers la mer baltique.

1226.

Ce grand maître de l'ordre teutonique sollicite en Allemagne de nouvaux secours pour la Palestine. Le pape Honorius presse en Italie l'empereur d'en sortir au plus vite & d'aller accomplir son vœu en Sirie. Il faut observer qu'alors il y avait une tréve de neuf ans entre le sultan d'Egypte & les croisez. Fréderic II. n'avait donc point de vœu à remplir. Il promet d'entretenir des chevaliers en Palestine, & n'est point excommunié. Il lui fallait s'établir en Lonbardie & ensuitte à Rome plutôt qu'à Jerusalem. Les villes lonbardes avaient eu le tems de s'associer ; on leur donnait le titre de villes confedérées ; Milan & Boulogne étaient à la téte ; on ne les regardait plus comme sujettes mais comme vassales de l'empire. Fréderic II. voulait au moins les attacher à lui : & cela était difficile. Il indique une diette à Crémone & y appelle tous les seigneurs italiens & allemands.

Le pape qui craint que l'empereur ne prenne trop d'autorité dans cette diette, lui suscite des affaires à Naples. Il nomme à cinq évêchés vacants dans ce roiaume sans consulter Fréderic ; il empeche plusieurs villes, plusieurs seigneurs, de

venir

venir à l'assemblée de Crémone ; il soutient les droits des villes associées, & se rend le déffenseur de la liberté italique.

1227.

Beau triomphe du pape Honorius III. l'empereur aiant mis Milan au ban de l'empire, aiant transferé à Naples l'université de Boulogne prend le pape pour juge. Toutes les villes se soumettent à sa décision. Le pape arbitre entre l'empereur, & l'Italie donne son arrêt. *Nous ordonnons*, dit-il, *que l'empereur oublie son ressentiment contre toutes les villes, & nous ordonnons que les villes fournissent & entretiennent quatre cent chevaliers pour le secours de la terre sainte pendant deux ans.* C'était parler dignement à la fois en souverain & en Pontife.

Aiant ainsi jugé l'Italie & l'empereur, il juge Valdemar roi de Dannemarck qui avait fait serment de paier aux seigneurs allemands le reste de sa rançon & de ne jamais reprendre ce qu'il avait cedé. Le pape se releve d'un serment fait en prison & par force. Valdemar r'entre dans le Holstein, mais il est battu. Le seigneur de Lunebourg & Brunswik son neveu qui combat pour lui est fait prisonnier. Il n'est élargi qu'en cédant quelques terres. Toutes ces expeditions font toujours des guerres civiles. L'Allemagne alors est quelque tems tranquile.

1228.

Honorius III. étant mort, & Gregoire IX. frere d'Innocent III. lui aiant succédé, la politique du pontificat fut la même : mais l'humeur du nouveau pontife fut plus altiére : il presse la croisade

& le départ tant promis de Fréderic II. il fallait envoier ce prince à Jerusalem pour l'empêcher d'aller à Rome. L'esprit du temps faisait regarder le vœu de ce prince comme un devoir inviolable. Sur le prémier délai de l'empereur, le pape l'excommunie. Fréderic dissimule encor son ressentiment; il s'excuse, il prépare sa flotte, & éxige de chaque fief de Naples & de Sicile huit onces d'or pour son voiage. Les ecclésiastiques même lui fournissent de l'argent, malgré la défense du Pape. Enfin il s'embarque à Brindisi, mais sans avoir fait lever son excommunication.

1221.

Que fait Gregoire IX. pendant que l'empereur va vers la terre sainte? il profite de la négligence de ce prince à se faire absoudre, ou plûtôt du mépris qu'il a fait de l'excommunication; & il se ligue avec les milanais, & les autres villes conféderées pour lui ravir le roiaume de Naples dont on craignait tant l'incorporation avec l'empire.

Renaud duc de Spolete & vicaire du roiaume prend au pape la marche d'Ancone. Alors le pape fait prêcher une croisade en Italie contre ce même Fréderic II. qu'il avait envoié à la croisade de la terre sainte.

Il envoie un ordre au patriarche titulaire de Jérusalem qui résidait à Ptolémais, de ne point reconnaître l'empereur.

Fréderic dissimulant encor, conclut avec le soudan d'Egypte Melecsala que nous appellons Méledin, maitre de la Sirie, un traité par lequel il parait que l'objet de sa croisade est rempli. Le
sultan

fultan lui céde Jérufalem, avec quelques petites villes maritimes dont les chrétiens étaient encor en poffeffion. Mais c'eft à condition qu'il ne réfidera pas à Jérufalem, que les mofquées bâties dans les faints lieux fubfifteront, qu'il y aura toujours un émir dans la ville. Fréderic paffa pour s'être entendu avec le foudan afin de tromper le pape. Il va à Jérufalem avec une très petite efcorte, il s'y couronne lui-même ; aucun prélat ne voulant couronner un excommunié. Il retourne bientôt au roiaume de Naples qui éxigeait fa préfence.

1230.

Il trouve dans le territoire de Capouë fon beaupere Jean de Brienne à la tête de la croifade papale.

Les croifés du pape qu'on appellait *Guelfes* portaient le figne des deux clefs fur l'épaule. Les croifés de l'empereur qu'on appellait *Gibelins* portaient la croix. Les clefs s'enfuirent devant la croix.

Tout était en combuftion en Italie. On avait befoin de la paix ; on la fait le 23. juillet à San' Germano. L'empereur n'y gagne que l'abfolution. Il confent que déformais les bénéfices fe donnent par élection en Sicile ; qu'aucun clerc dans fes deux roiaumes ne puiffe être traduit devant un juge laïque ; que tous les biens eccléfiaftiques foient éxempts d'impôts ; & enfin il donne de l'argent au pape.

1231.

Il parait jufqu'ici que ce Fréderic II. qu'on a peint comme le plus dangéreux des hommes,

était

était le plus patient; mais on prétend que son fils était déja prêt à se révolter en Allemagne, & c'est ce qui rendait le pere si facile en Italie.

1232. 1233. 1234.

Il est clair que l'empereur ne restait si longtemps en Italie que dans le dessein d'y fonder un véritable empire romain. Maître de Naples & de Sicile, s'il eût pris sur la lonbardie l'autorité des Otons, il était le maître de Rome. C'est là son véritable crime aux yeux des papes; & ces papes qui le poursuivirent d'une man ere violente, étaient toujours regardés d'une partie de l'Italie comme les soutiens de la nation. Le parti des Guelfes était celui de la liberté. Il eût fallu dans ces circonstances à Fréderic des trésors, & une grande armée bien disciplinée & toujours sur pied. C'est ce qu'il n'eut jamais. Oton IV. bien moins puissant que lui, avait eu contre le roi de France une armée de près de cent-trente-mille hommes. Mais il ne la soudoïa pas, & c'était un effort passager de vassaux & d'alliés réunis pour un moment.

Fréderic pouvait faire marcher ses vassaux d'Allemagne en Italie. On prétend que le pape Gregoire IX. prévint ce coup en soulevant le roi des romains Henri contre son pere; ainsi que Gregoire VII. Urbain II. & Pascal II. avaient armé les enfans de Henri IV.

Le roi des romains met d'abord dans son parti plusieurs villes le long du Rhin & du Danube. Le duc d'Autriche se déclare en sa faveur. Milan, Boulogne, & d'autres villes d'Italie entrent dans ce parti contre l'empereur.

1235.

1235.

Fréderic II. retourne enfin en Allemagne après quinze ans d'abfence. Le marquis de Bade défait les révoltés. Le jeune Henri vient fe jetter aux genoux de fon pere à la grande diéte de Mayence. C'eft dans ces diétes célébres, dans ces parlements de princes, préfidés par les empereurs en perfonne que fe traitent toujours les plus grandes affaires de l'Europe avec la plus grande folemnité. L'empereur dans cette mémorable diéte de Mayence dépofe fon fils Henri roi des romains, & craignant le fort du faible Louis nommé le Débonnaire, & du courageux & trop facile Henri IV. il condamne fon fils rébelle à une prifon perpétuelle. Il affure dans cette diéte le duché de Brunfvvik à la maifon Guelfe qui le poffède encor. Il reçoit folemnellement le droit canon publié par Gregoire IX. & il fait publier pour la premiere fois des décréts de l'empire en langue allemande quoiqu'il n'aimat pas cette langue & qu'il cultivat la romance à laquelle fuccéda l'italienne.

1236.

Il charge le roi de Bohéme, le duc de Baviére, & quelques évêques ennemis du duc d'Autriche, de faire la guerre à ce duc, comme vaffaux de l'empire, qui en foutiennent les droits contre des rebelles.

Il repaffe en Lonbardie, mais avec peu de troupes, & par conféquent n'y peut faire aucune expédition utile. Quelques villes, comme Vicence, & Vérone mifes au pillage le rendent plus odieux aux Guelfes fans le rendre plus puiffant.

1237.

Il vient dans l'Autriche deffenduë par les hongrois. Il la fubjugue; fonde une univerfité à Vienne, confirme les priviléges de quelques villes impériales, comme de Ratisbonne & de Strasbourg; fait reconnaître fon fils Conrad, roi des romains à la place de Henri; & enfin après ces fuccès en Allemagne, il fe croit affez fort pour remplir fon grand projet de fubjuguer l'Italie. Il y revole, prend Mantoüe, défait l'armée des conféderés.

Le pape qui le voïait alors marcher à grands pas à l'éxécution de fon grand deffein, fait une diverfion par les affaires eccléfiaftiques; & fous prétexte que l'empereur faifait juger par des cours laïques les crimes des clercs, il excite toute l'églife contre lui; l'églife excite les peuples.

1238. 1239.

Fréderic II. avait un bâtard nommé *Enzius* qu'il avait fait roi de Sardaigne; autre prétexte pour le pontife qui prétendait que la Sardaigne relevait du st. fiége.

Ce pape était toujours Gregoire IX. Les différents noms des papes ne changent jamais rien aux affaires; c'eft toujours la même querelle & le même efprit. Gregoire IX. excommunie folemnellement l'empereur deux fois pendant la femaine de la paffion. Ils écrivent violemment l'un contre l'autre. Le pape accufe l'empereur de foutenir que le monde a été trompé par trois impofteurs, *Moyfe*, *Jéfus-Chrift*, & *Mahomet*. Fréderic appelle Gregoire *Ante-Chrift*, *Balaam*, *& prince des ténèbres.*

La

La patience de l'empereur était enfin poussée à bout, & il se croiait puissant. Les dominicains, & les franciscains, milices spirituelles du pape nouvellement établies, sont chassés de Naples & de Sicile. Les bénédictins du Mont-Cassin sont chassés aussi, & on n'en laisse que huit pour faire l'office. On défend sous peine de mort dans les deux roiaumes de recevoir des lettres du pape.

Tout cela anime d'avantage les factions des Guelfes & des Gibelins. Vénise & Gênes s'unissent aux villes de Lonbardie. L'empereur marche contre elles. Il est défait par les milanais. C'est la troisiéme victoire signalée, dans laquelle les milanais soutiennent leur liberté contre les empereurs.

1240.

Il n'y a plus alors à négocier, comme l'empereur avait toujours fait. Il augmente ses troupes, & marche à Rome, où il y avait un grand parti de Gibelins.

Gregoire IX. fait exposer les têtes de St. Pierre & de St. Paul, harangue le peuple en leur nom, échauffe tous les esprits, & profite de ce moment d'entousiasme pour faire une croisade contre Fréderic.

Ce prince ne pouvant entrer dans Rome, va ravager le Beneventin. Tel était le pouvoir des papes dans l'Europe, & le seul nom de croisade était devenu si sacré, que le pape obtient le vingtiéme des revenus ecclésiastiques en France, & le cinquiéme en Angleterre pour sa croisade contre l'empereur.

Il offre par ses légats la couronne impériale à Robert d'Artois frere de St. Louis. Il est dit dans sa lettre au roi & au baronnage de France: *Nous avons condamné Fréderic soi-disant empereur, & lui avons ôté l'empire. Nous avons élu en sa place le prince Robert frere du roi: nous le soutiendrons de toutes nos forces, & par toutes sortes de moyens.*

Cette offre indiscrete fut réfusée. Quelques historiens disent, en citant mal *Mathieu Pâris*, que les barons de France répondirent, qu'il suffisait à Robert d'Artois d'être frere d'un roi qui était au-dessus de l'empereur. Ils prétendent même que les ambassadeurs de St. Louis auprès de Fréderic, lui dirent la même chose dans les mêmes termes. Il n'est nullement vraisemblable qu'on ait répondu une grossiéreté si indécente, si peu fondée, & qui ne menait à rien.

La réponse des barons de France que Mathieu Pâris rapporte, n'a pas plus de vraisemblance. Les premiers de ces barons étaient tous les évêques du roiaume. Or il est bien difficile que tous les barons & tous les évêques du temps de St. Louis aient répondu au pape: *Tantum relligionis in papa non invenimus, qui eum debuit promovisse, & Deo militantem protexisse, eum conatus est absentem confundere & nequiter supplantare.* " Nous ne trouvons pas tant de relligion dans
„ le pape que dans Fréderic II. dans ce pape qui
„ devait secourir un empereur combattant pour
„ Dieu, & qui profite de son absence pour
„ l'opprimer & le supplanter méchamment.

Pour peu qu'un lecteur ait de bon sens, il verra bien

bien qu'une nation en corps ne peut faire une réponse insultante au pape qui offre l'empire à cette nation. Comment les évêques auraient-ils écrit au pape que l'incrédule Fréderic II. avait plus de relligion que lui? que ce trait apprenne à se défier des historiens qui érigent leurs propres idées en monuments publics.

1241.

Dans ce tems les peuples de la grande Tartarie menaçaient le reste du monde. Ce vaste reservoir d'hommes grossiers & belliqueux avait vomi ses inondations sur presque tout notre émisphére dès le cinquieme siécle de l'Ere chrétienne. Une partie de ces conquerants venait d'enlever la Palestine au soudan d'Egypte, & au peu de chrétiens qui restaient encor dans cette contrée. Des hordes plus considérables de tartares sous Batoukam petit fils de Genziskam, avaient été jusqu'en Pologne, & jusqu'en Hongrie.

Les hongrois mélés avec les huns, anciens compatriotes de ces tartares, venaient d'être vaincus par ces nouveaux brigans. Ce torrent s'était répandu en Dalmatie, & portait ainsi ses ravages de Pekin aux frontiéres de l'Allemagne. Etait-ce là le tems pour un pape d'excommunier l'empereur, & d'assembler un concile pour le déposer?

Gregoire IX. indique ce concile. On ne conçoit pas comment il peut proposer à l'empereur de faire une cession entiére de l'empire & de tous ses états au st. siége pour tout concilier. Le pape fait pourtant cette proposition. Quel était l'esprit d'un siécle, où l'on pouvait proposer de pareilles choses!

1242.

1242.

L'orient de l'Allemagne est délivré des tartares, qui s'en retournent comme des bêtes féroces après avoir saisi quelque proïe.

Gregoire IX, & son successeur Celestin IV. étant morts presque dans la même année, & le st. siége aiant vaqué longtems, il est surprenant que l'empereur presse les romains de faire un pape, & même à main armée. Il parait qu'il était de son intérêt que la chaire de ses ennemis ne fût pas remplie ; mais le fonds de la politique de ces tems-là est bien peu connu. Ce qui est certain, c'est qu'il fallait que Fréderic II. fût un prince sage puisque dans ces tems de troubles, l'Allemagne, & son roiaume de Naples & Sicile étaient tranquiles.

1243.

Les cardinaux assemblés à Agnani élisent le cardinal Fiesque génois de la maison des comtes de Lavagna, attaché à l'empereur. Ce prince dit, *Fiesque était mon ami, le pape sera mon ennemi.*

1244.

Fiesque connu sous le nom d'Innocent IV. ne va pas jusqu'à demander que Fréderic second lui cède l'empire ; mais il veut la restitution de toutes les villes de l'état ecclesiastique, & de la comtesse Mathilde, & demande à l'empereur l'hommage de Naples & de Sicile.

1245.

Innocent IV. sur le refus de l'empereur, assemble à Lion le concile indiqué par Gregoire IX. c'est le treizieme des conciles generaux.

On peut demander pourquoi ce concile se tint dans une ville imperiale ? cette ville était protégée par la France ; l'archevêque était prince ; & l'empereur n'avait plus dans ces provinces que le vain titre de seigneur suzerain.

Il n'y eut à ce concile général que cent quarante quatre évêques ; mais il était décoré de la presence de plusieurs princes, & sourtout de l'empereur de Constantinople, Baudouin de Courtenai placé à la droite du pape. Ce monarque était venu demander des secours qu'il n'obtint point.

Fréderic ne négligea pas d'envoier à ce concile, où il devait être accusé, des ambassadeurs pour le deffendre. Innocent IV. prononça contre lui deux longues harangues dans les deux premieres sessions. Un moine de l'ordre de citeaux évêque de Carinola près du Garillan, chassé du roiaume de Naples par Fréderic, l'accusa dans les formes.

Il n'y a aujourd'hui aucun tribunal reglé au quel les accusations intentées par ce moine fussent admises. *L'empereur*, dit-il, *ne croit ni à Dieu ni aux saints;* mais qui l'avait dit à ce moine ? *l'empereur a plusieurs épouses à la fois ;* mais quelles étaient ces épouses ? *il a des correspondances avec le soudan de Babilone.* Mais pourquoi le roi titulaire de Jerusalem ne pouvait-il traiter avec son voisin ? *il pense comme Averroes, que Jesus-Christ & Mahomet étaient des imposteurs.* Mais où Averroes a t'il écrit cela ? & comment prouver que l'empereur pense comme Averroes ? *il est heretique.* Mais qu'elle est son héresie ? & comment peut il être héretique sans être chrétien ?

Thadée Sessa ambassadeur de Fréderic, répond

au moine évêque qu'il en à menti, que son maître est un fort bon chrétien, & qu'il ne tolére point la simonie. Il accusait assez par ces mots la cour de Rome.

L'ambassadeur d'Angleterre alla plus loin que celui de l'empereur : *vous tirez* dit-il, *par vos italiens plus de soixante-mille marcs par an du roiaume d'Angleterre : vous taxez toutes nos églises ; vous excommuniez quiconque se plaint ; nous ne souffrirons pas plus longtems de telles vexations.*

Tout cela ne fit que hâter la sentence du pape; *je déclare* dit Innocent IV. *Frederic convaincu de sacrilége & d'hérésie, excommunié & déchu de l'empire. J'ordonne aux électeurs d'élire un autre empereur, & je me réserve la disposition du roiaume de Sicile.*

Après avoir prononcé cet arrêt, il entonne une Te Deum, comme on fait aujourd'hui après une victoire.

L'empereur était à Turin, qui appartenait alors au marquis de Suze. Il se fait donner la couronne imperiale. (Les empereurs la portaient toujours avec eux) & la mettant sur sa tête ; *le pape*, dit-il, *ne me l'a pas encor ravie ; & avant qu'on me l'ôte, il y aura bien du sang répandu.* Il envoie à tous les princes chrétiens une lettre circulaire. *Je ne suis pas le premier*, dit-il, *que le clergé ait aussi indignement traité, & je ne serai pas le dernier. Vous en êtes la cause en obéissant à ces hypocrites dont vous connaissez l'ambition effrénée. Combien ne découvririez vous pas d'infamies à Rome qui font fremir la nature ?* &c.

1246.

1246.

Le pape écrit au duc d'Autriche chassé de ses états, aux ducs de Saxe, de Baviére & de Brabant, aux archevêques de Cologne, de Tréves & de Mayence, aux évêques de Strasbourg & de Spire, & leur ordonne d'élire pour empereur Henri Landgrave de Turinge.

Les ducs refusent de se trouver à la diette indiquée à Wurtzbourg, & les évêques couronnent leur turingien qu'on appelle *le roi des prêtres*.

Il y a ici deux choses importantes à remarquer : la premiere qu'il est évident que les électeurs n'étaient pas au nombre de sept ; la seconde que Conrad fils de l'empereur, roi des romains, était compris dans l'excommunication de son pere, & déchu de tous ses droits, comme un hérétique, selon la loi des papes, & selon celle de son propre pere, qu'il avait publiées quand il voulait plaire aux papes.

Conrad soutient la cause de son pere & la sienne. il donne bataille au roi des prêtres près de Francfort. Mais il a du désavantage.

Le landgrave de Turinge, ou l'anti-empereur meurt en assiegeant Ulm. Mais le schifme imperial ne finit pas.

C'est aparemment cette année que Fréderic II. n'ayant que trop d'ennemis se reconcilia avec le duc d'Autriche, & que pour se l'attacher il lui donna à lui & à ses déscendants le titre de roi par un diplome conservé à Vienne. Ce diplome est sans datte. Il est bien étrange que les ducs d'Autriche n'en ayent fait aucun usage. Il est vraisemblable que les princes de l'empire s'opposérent
à

à ce nouveau titre donné par un empereur excommunié que la moitié de l'Allemagne commençait à ne plus réconnaitre.

1247.

Innocent IV. offre l'empire à plusieurs princes. Tous refusent une dignité si orageuse. Un Guillaume comte de Hollande l'accepte. C'était un jeune seigneur de vingt ans. La plus grande partie de l'Allemagne ne le reconnait pas ; c'est le légat du pape qui le nomme empereur dans Cologne & qui le fait chevalier.

1248.

Deux partis se forment en Allemagne aussi violents que les Guelfes & les Gibelins en Italie. L'un tient pour Fréderic & son fils Conrad, l'autre pour le nouveau roi Guillaume. C'était ce que les papes voulaient. Guillaume est couronné à Aix-la-Chapelle par l'archevêque de Cologne. Les fêtes de ce couronnement sont de tous cotés du sang répandu, & des villes en cendres.

1249.

L'empereur n'est plus en Italie que le chef d'un parti dans un guerre civile. Son fils Ensio que nous nommons Enzius est battu par les polonais, tombe captif entre leurs mains, & son pere ne peut pas même obtenir sa délivrance à prix d'argent.

Une autre avanture funeste trouble les derniers jours de Fréderic II. si pourtant cette avanture est telle qu'on la raconte. Son fameux chancelier Pierre des Vignes, ou plutôt *de la Vigna*, son conseil son oracle, son ami depuis plus de trente

trente années, le restaurateur des loix en Italie, veut, dit-on, l'empoisonner & par les mains de son médecin. Les historiens varient sur l'année de cet évenement, & cette varieté peut causer quelque supçon. Est-il croiable que le premier des magistrats de l'Europe, vieillard vénérable, ait tramé un aussi abominable complot? & pourquoi? pour plaire au pape son ennemi. On pouvait-il ésperer une plus grande fortune? Quel meilleur poste le medecin pouvait-il avoir, que celui de medecin de l'empereur?

Il est certain que Pierre des vignes eut les yeux crevés. Ce n'est pas là le supplice de l'empoisonneur de son maitre. Plusieurs auteurs italiens prétendent qu'une intrigue de Cour fut la cause de sa disgrace, & porta Fréderic II. à cette cruauté, ce qui est bien plus vraisemblable.

1250.

Cependant Fréderic fait encor un effort dans la Lonbardie il fait même passer les Alpes à quelques troupes, & donne l'allarme au pape, qui était toujours dans Lion sous la protection de st. Louis; car ce roi de France, en blamant les excez du pape, respectait sa personne & le concile.

Cette expédition est la derniére de Fréderic.

1251.

Il meurt le 17 decembre. Quelques uns croient qu'il eut des remords du traitement qu'il avait fait à Pierre des Vignes; mais par son testament il paraît qu'il ne se douta de rien. Sa vie & sa mort sont une époque importante dans l'histoire. Ce fut de tous les empereurs, celui qui chercha le
plus

plus à établir l'empire en Italie, & qui y réussit le moins, ayant tout ce qu'il fallait pour y réussir.

Les papes qui ne voulaient point de maîtres, & les villes de Lonbardie qui déffendirent si souvent la liberté contre un maître, empechérent qu'il n'y eut en effet un empereur romain.

La Sicile & sourtout Naples furent ses roiaumes favoris. Il augmente & embellit Naples & Capouë, bâtit Alitea, Monte Leone, Flagella, Dondona, Aquila, & plusieurs autres villes; fonda des universités, & cultiva les beaux arts dans ces climats où ces fruits semblent venir d'eux-mêmes; c'était encor une raison qui lui rendait cette patrie plus chere. Il en fut le legislateur. Malgré son esprit, son courage, son application, & ses travaux, il fut très malheureux; & sa mort produisit de plus grands malheurs encore.

CONRAD IV.
VINGT-SEPTIEME EMPEREUR.

On peut compter parmi les empereurs Conrad IV. fils de Fréderic II. à plus juste titre que ceux qu'on place entre les descendants de Charlemagne, & les Otons. Il avait été couronné deux fois roi des romains. Il succedait à un pere respectable: & Guillaume comte de Hollande son concurrent, qu'on appellait aussi *le roi des prêtres*, comme le landgrave de Turinge, n'avait pour tout droit qu'un ordre du pape, & les suffrages de quelques évêques.

Con-

Conrad essuie d'abord une défaite auprès d'Oppenheim, mais il se soutient. Il force son compétiteur à quitter l'Allemagne. Il va à Lion trouver le pape Innocent IV. qui le confirme roi des romains, & qui lui promet de lui donner la couronne impériale à Rome.

Il était devenu ordinaire de prêcher des croisades contre les princes chrêtiens. Le pape en fait prêcher une en Allemagne contre l'empereur Conrad, & une en Italie contre Manfredo ou Mainfroi bâtard de Fréderic II. fidéle alors à son frere & aux dernieres volontés de son pere.

Ce Mainfroi prince de Tarente gouvernait Naples & Sicile au nom de Conrad. Le pape faisait révolter contre lui Naples & Capoue. Conrad y marche & semble abandonner l'Allemagne à son rival Guillaume pour aller seconder son frere Mainfroi contre les croisés du pape.

1252.

Guillaume de Hollande s'établit pendant ce tems-là en Allemagne. On peut observer ici une avanture qui prouve combien tous les droits ont été longtems incertains & les limites confondues. Une comtesse de Flandre & du Hainaut a une guerre avec Jean Davennes son fils d'un prémier lit pour le droit de succession de ce fils même sur les états de sa mere. On prend St. Louis pour arbitre. Il adjuge le Hainaut à Davennes, & la Flandre au fils du second lit. Jean Davennes dit au roi Louis, *vous me donnez le Hainaut qui ne dépend pas de vous, il releve de l'évêque de Liége, & il est arriere-fief de l'empire. La Flandre dépend de vous & vous ne me la donnez pas.*

Q   Il

Il n'était donc pas décidé de qui le Hainaut relevait. La Flandre était encor un autre probléme. Tout le païs d'Aloft était fief de l'empire. Tout ce qui était fur l'Efcaut l'était auffi. Mais le refte de la Flandre depuis Gand relevait des rois de France. Cependant Guillaume en qualité de roi d'Allemagne met la comteffe au ban de l'empire & confifque tout au profit de Jean Davennes en 1252. Cette affaire s'accommoda enfin : mais elle fait voir quels inconvénients la féodalité entrainait. C'était encor bien pis en Italie & furtout pour les roiaumes de Naples & Sicile.

1253. 1254.

Ces années qu'on appelle ainfi que les fuivantes les années d'interregne, de confufion, & d'anarchie font pourtant très-dignes d'attention.

La maifon de Maurienne & de Savoie qui prend le parti de Guillaume de Hollande & qui le reconnait empereur, en reçoit l'inveftiture de Turin, de Montcalier, d'Ivrée, & de plufieurs fiefs qui en font une maifon puiffante.

En Allemagne les villes de Francfort, Mayence, Cologne, Worms, Spire, s'affocient pour leur commerce, & pour le défendre des feigneurs de châteaux qui étaient autant de brigands. Cette union des villes du Rhin eft moins une imitation de la conféderation des villes de Lonbardie que des premieres villes anféatiques Lubec, Hambourg, Brunswik.

Bientôt la plupart des villes d'Allemagne & de Flandre entrent dans la hanfe. Le principal objet eft d'entretenir des vaiffaux & des barques à frais communs pour la fureté du commerce. Un billet d'une de ces villes eſt payé ſans difficulté dans les autres. La confiance du négoce s'établit. Des commerçants font par cette alliance plus de bien à la ſociété que n'en avaient fait tant d'empereurs & de papes.

La ville de Lubec ſeule eſt déja ſi puiſſante que dans une guerre inteſtine qui ſurvint en Dannemark elle arme une flotte.

Tandis que des villes commerçantes procurent ces avantages temporels, les chevaliers de l'ordre teutonique veu'ent procurer celui du chriſtianiſme à ces reſtes de vandales qui vivaient dans la Pruſſe & aux environs. Ottocare II. roi de Bohéme ſe croiſe avec eux. Le nom d'Ottocare était devenu celui des rois de Bohéme depuis qu'ils avaient pris le parti d'Oton quatre. Ils battent les païens, les deux chefs des Pruſſiens reçoivent le batême. Ottocare rebâtit Kœnigsberg.

D'autres ſcénes s'ouvrent en Italie. Le Pape entretient toujours la guerre & veut diſpoſer du roiaume de Naples & Sicile. Mais il ne peut recouvrer ſon propre domaine ni celui de la comteſſe Mathilde. On voit toujours les papes puiſſants au dehors par les excommunications qu'ils lancent, par les diviſions qu'ils fomentent, très faibles chez eux, & ſurtout dans Rome.

Les factions des Gibelins & des Guelfes partageaient & déſolaient l'Italie. Elles avaient commencé par les querelles des papes & des empereurs; ces noms avaient été par tout un mot de ralliement du tems de Fréderic II. Ceux qui prétendaient acquerir des fiefs & des titres que les empereurs donnent, se déclaraient Gibelins. Les Guelfes paraissaient plus partisans de la liberté italique. Le parti Guelfe à Rome était à la vérité pour le pape quand il s'agissait de se réunir contre l'empereur, mais ce même parti s'opposait au pape quand le pontife délivré d'un maître voulait l'être à son tour. Ces factions se subdivisaient encor en plusieurs partis différents & servaient d'aliment aux discordes des villes & des familles. Quelques anciens capitaines de Fréderic second employaient ces noms de faction qui échauffent les esprits pour atirer du monde sous leurs drapeaux, & autorisaient leurs brigandages du prétexte de soutenir les droits de l'empire. Des brigands opposés feignaient de servir le pape qui ne les en chargeait pas, & ravageaient l'Italie en son nom. Parmi ces brigands qui se rendirent illustres, il y eût surtout un partisan de Fréderic II. nommé Ezzelino qui fut sur le point de s'établir une grande domination & de changer la face des affaires. Il est encor fameux par ses ravages; le butin lui donna une armée. Si la fortune l'eût toujours secondé, il devenait un conquérant. Mais enfin il fut pris dans une ambuscade & Rome qui le craignait en fut délivrée. Les factions Guelfe & Gibeline ne s'éteignirent pas avec lui. Elles subsistérent longtems, & furent violentes, même pendant que l'Allemagne sans empereur véritable dans l'interregne qui suivit la mort de Conrad ne pouvait plus servir de prétexte à ces troubles. Un pape dans ces circonstances avait une place bien difficile à remplir. Obligé par sa qualité d'évêque de prêcher la paix au milieu de la guerre, se trouvant à la tête du gouververnement romain, fans pouvoir parvenir à l'autorité abfolue, aiant à fe défendre des Gibelins à ménager les Guelfes, craignant fur tout une maifon impériale qui poffédait Naples & Sicile. Tout était équivoque dans fa fituation. Les papes depuis Grégoire VII. eurent toujours avec les empereurs cette conformité ; les titres de maîtres du monde & la puiffance la plus génée. Et fi on y fait attention on verra que dès le temps des premiers fucceffeurs de Charlemagne l'empire & le facerdoce font deux problémes difficiles à réfoudre.

Conrad fait venir un de fes freres à qui Fréderic II. avait donné le duché d'Autriche. Ce jeune prince meurt & on foupçonne Conrad de l'avoir empoifonné. Car dans ce tems il fallait qu'un prince mourut de vieilleffe pour qu'on n'imputât pas fa mort au poifon.

Conrad IV. meurt bientôt après, & on accufe Mainfroi de l'avoir fait périr par le même crime.

L'empereur Conrad IV. mort à la fleur de fon âge laiffait un enfant, ce malheureux Conradin dont Mainfroi prit la tutelle. Le pape Innocent IV. pourfuit fur cet enfant la mémoire de fes peres. Ne pouvant s'emparer du roiaume de Naples, il l'offre au Roi d'Angleterre, il l'offre à un frere de St. Louis. Il meurt au milieu de fes projets dans Naples même que fon parti avait conquis. On croirait à voir les dernieres entreprifes d'Innocent IV que c'etait un guerrier. Non. Il paffait pour un profond théologien.

1255.

Après la mort de Conrad IV. ce dernier empereur,

reur, & non le dernier prince de la maison de Suabe, il était vraisemblable que le jeune Guillaume de Hollande qui commençait à régner sans contradiction en Allemagne ferait une nouvelle maison impériale. Ce droit féodal qui a causé tant de disputes & tant de guerres, le fait armer contre les Frisons. On prétendait qu'ils étaient vassaux des comtes de Hollande & arrière-vassaux de l'Empire. Et les Frisons ne voulaient relever de personne. Il marche contre eux, il y est tué sur la fin de l'année 1255. ou au commencement de l'autre ; & c'est là l'époque de la grande anarchie d'Allemagne.

La même anarchie est dans Rome dans la Lonbardie, dans le roiaume de Naples & de Sicile.

Les Guelfes venaient d'être chassés de Naples par Mainfroi. Le nouveau pape Alexandre IV. mal affermi dans Rome veut comme son prédécesseur ôter Naples & Sicile à la maison excommuniée de Suabe & dépouiller à la fois le jeune Conradin à qui ce roiaume appartient, & Mainfroi qui en est le tuteur.

Qui pourait croire qu'Alexandre fait prêcher en Angleterre une croisade contre Conradin ? & qu'en offrant les états de cet enfant au roi d'Angleterre Henri III. il emprunte au nom même de ce roi anglais assez d'argent pour léver lui-même une armée ? Quelles démarches d'un pontife pour dépouiller un orphelin ! Un légat du pape commande cette armée qu'on prétend être de près de cinquante mille hommes. L'armée du pape est battue & dissipée.

Remarquons encor que le pape Alexandre IV.
qui

qui croiait pouvoir se rendre maître de deux roiaumes aux portes de Rome n'ose pas y r'entrer & se retire dans Viterbe. Rome était toujours comme ces villes impériales qui disputent à leurs archevêques les droits régaliens, comme Cologne par exemple dont le gouvernement municipal est indépendant de l'électeur. Rome resta dans cette situation équivoque jusqu'au temps d'Alexandre VI.

1256. 1257. 1258.

On veut en Allemagne faire un empereur. Les princes allemands pensaient alors, comme pensent aujourd'hui les palatins de Pologne, ils ne voulaient point un compatriote pour roi. Une faction choisit Alphonse X. roi de Castille, une autre élit, Richard, frere du Roi d'Angleterre Henri III. Les deux élus envoient également au pape pour faire confirmer leur élection: le pape n'en confirme aucune. Richard cependant va se faire couronner à Aix-la-Chapelle le 17. Mai 1257. sans être pour cela plus obéi en Allemagne.

Alphonse de Castille fait des actes de souverain d'Allemagne à Toléde. Fréderic III. duc de Lorraine, y va recevoir à genoux l'investiture de son duché, & la dignité de grand sénéchal de l'empereur sur les bords du Rhin, avec le droit de mettre le premier plat sur la table impériale dans les cours plénieres.

Tous les historiens d'Allemagne comme les plus modernes disent que Richard ne reparut plus dans l'empire. Mais c'est qu'ils n'avaient pas connaissance de la cronique d'Angleterre de Thomas Wik. Cette cronique nous apprend que Richard repaſſa trois fois en Allemagne, qu'il y exerça ſes droits d'empereur dans plus d'une occaſion, qu'en 1263. il donna l'inveſtiture de l'Autriche & de la Stirie à un Ottocare roi de Bohéme & qu'il ſe maria en 1669. à la fille d'un baron nommée Falkemorit avec laquelle il retourna à Londres. Ce long interregne dont on parle tant, n'a donc pas véritablement ſubſiſté. Mais on peut appeller ces années, un temps d'interrégne puiſque Richard était rarement en Allemagne. On ne voit dans ces temps-là en Allemagne que de petites guerres entre de petits ſouverains.

1259.

Le jeune Conradin était alors élévé en Baviére avec le duc titulaire d'Autriche ſon couſin de l'ancienne branche d'Autriche-Baviére qui ne ſubſiſte plus. Mainfroi plus ambitieux que fidéle & laſſé d'être régent ſe fait déclarer roi de Sicile & de Naples.

C'était donner au pape un juſte ſujet de chercher à le perdre. Alexandre IV. comme pontife avait le droit d'excommunier un parjure & comme ſeigneur ſuzerain de Naples le droit de punir un uſurpateur. Mais il ne pouvait ni comme pape ni comme ſeigneur ôter au jeune & innocent Conradin ſon heritage.

Mainfroi qui ſe croit affermi inſulte aux excommunications & aux entrepriſes du pape.

Erzelin autre tiran dévaſte les contrées de la Lonbardie qui tiennent pour les Guelfes & pour le pontife. Enfin bleſſé dans un combat contre les crémonais, la terre en eſt délivrée.

Depuis

Depuis 1260. jusqu'à 1266.

Tandis que l'Allemagne est ou désolée ou languissante dans son anarchie, que l'Italie est partagée en factions, que les guerres civiles troublent l'Angleterre, que St. Louis racheté de sa captivité en Egypte, médite encor une nouvelle croisade qui fut plus malheureuse s'il est possible; le st. siége persiste toujours dans le dessein d'arracher à Mainfroi Naples & Sicile, & de dépouiller à la fois le tuteur coupable & l'orphelin.

Quelque pape qui soit sur la chaire de St. Pierre, c'est toujours le même génie, le même mélange de grandeur & de faiblesse. Les romains ne veulent reconnaitre ni l'autorité temporelle des papes, ni avoir d'empereurs. Les papes sont à peine soufferts dans Rome, & ils ôtent ou donnent des roiaumes. Rome élisait alors un seul sénateur comme protecteur de sa liberté. Mainfroi, Pierre d'Arragon son gendre, le Duc d'Anjou Charles freres de St. Louis briguent tous trois cette dignité, qui était celle de patrice sous un autre nom.

Urbain IV. nouveau pontife offre à Charles d'Anjou Naples & Sicile, mais il ne veut pas qu'il soit sénateur: ce serait trop de puissance.

Il propose à St. Louis d'armer le duc d'Anjou pour lui faire conquerir le roiaume de Naples. St. Louis hésite. C'était manifestement ravir à un pupille l'heritage de tant d'ayeux qui avaient conquis cet état sur les musulmans. Le pape calme ses scrupules. Charles d'Anjou accepte du pape la donation & se fait élire sénateur de Rome malgré le pape.

Urbain IV. trop engagé fait promettre à Charles d'Anjou qu'il renoncera dans cinq ans au titre de fénateur, & comme ce prince doit faire ferment aux romains pour toute fa vie, le pape concilie ces deux ferments, & l'abfout de l'un pourvû qu'il lui faffe l'autre.

Il l'oblige auffi de jurer entre les mains de fon légat qu'il ne poffedera jamais l'empire avec la couronne de Sicile. C'était la loi des papes fes prédeceffeurs ; & cette loi montre combien on avait craint Fréderic II.

Le comte d'Anjou promet furtout d'aider le st. fiége à fe remettre en poffeffion du patrimoine ufurpé par beaucoup de feigneurs & des terres de la comteffe Mathilde. Il s'engage à paier par an 8000. onces d'or de tribut ; confentant d'être excommunié fi jamais ce paiement eft differé de deux mois : il jure d'abolir tous les droits que les conquerants français & les princes de la maifon de Suabe avaient eu fur les eccléfiaftiques, & par la il renonce à la prérogative finguliere de Sicile.

A ces conditions & à beaucoup d'autres il s'embarque à Marfeille avec 30. galéres & va recevoir à Rome en juin 1265. l'inveftiture de Naples & de Sicile qu'on lui vend fi cher.

Une bataille dans les plaines de Benevent le 26. fevrier 1266. décide de tout. Mainfroy y périt, fa femme, fes enfans, fes tréfors font livrés au vainqueur.

Le légat du pape qui était dans l'armée, prive le corps de Mainfroi de la fépulture des chrétiens ; vangeance lâche & maladroite qui ne fert qu'à irriter les peuples.

1267.

1267. 1268.

Dès que Charles d'Anjou est sur le trone de Sicile il est craint du pape & haï de ses sujets. Les conspirations se forment. Les gibelins qui partageaient l'Italie envoient en Bavière soliciter le jeune Conradin de venir prendre l'héritage de ses peres. Clement IV. successeur d'Urbain, lui défend de passer en Italie, comme un souverain donne un ordre à son sujet.

Conradin part à l'age de seize ans avec le duc de Baviere son oncle, le comte de Tirol dont il vient d'épouser la fille & surtout avec le jeune duc d'Autriche son cousin, qui n'était pas plus maitre de l'Autriche que Conradin ne l'était de Naples. Les excommunications ne lui manquèrent pas. Clement IV. pour lui mieux resister nomme Charles d'Anjou vicaire imperial en Toscane. Cette province illustre devenue libre par son esprit & par son courage était partagée en Guelfes & en Gibelins, & par la les Guelfes y prennent toute l'autorité.

Charles d'Anjou sénateur de Rome & chef de la Toscane en devenait plus redoutable au pape. Mais Conradin l'eut été davantage.

Tous les cœurs étaient à Conradin, & par une destinée singuliére les romains & les musulmans se déclarerent en même tems pour lui. D'un côté l'infant Henri frere d'Alphonse X. roi de Castille, vrai chevalier errant passe en Italie, & se fait déclarer sénateur de Rome pour y soutenir les droits de Conradin. De l'autre un roi de Tunis leur prête de l'argent & des galéres, & tous les sarrasins qui étaient restés dans le roiaume de Naples prennent les armes en sa faveur.

Conradin eſt reçu dans Rome au capitole comme un empereur. Ses galéres abordent en Sicile, & preſque toute la nation y reçoit ſes troupes avec joie. Il marche de ſuccès en ſuccès juſqu'à Aquila dans l'Abruze. Les chevaliers français aguerris défont entiérement en bataille rangée l'armée de Conradin, compoſée à la hâte de pluſieurs nations.

Conradin, le duc d'Autriche & Henri de Caſtille ſont faits priſonniers.

Les hiſtoriens Villani, Guadelfiero, Fazelli aſſurent que le pape Clement IV. demanda le ſuplice de Conradin à Charles d'Anjou. Ce fut ſa derniére volonté. Ce pape mourut bientôt après. Charles fait prononcer une ſentence de mort par ſon protonotaire Robert de Bari contre les deux princes. Il envoie priſonnier Henri de Caſtille en Provence ; car la Provence lui apartenait de chef de ſa femme.

Le 26. octobre 1268. Conradin & Fréderic d'Autriche ſont executés dans le marché de Naples par la main du boureau. C'eſt le premier exemple d'un pareil attentat contre des têtes couronnées. Conradin avant de recevoir le coup jetta ſon gand dans l'aſſemblée, en priant qu'il fut porté à Pierre d'Arragon ſon couſin, gendre de Mainfroi, qui vangera un jour ſa mort. Le gand fut ramaſſé par le chevalier Truchſès de Walbourg qui executa en effet ſa volonté. Depuis ce tems la maiſon de Walbourg porte les armes de Conradin qui ſont celles de Suabe. Le jeune duc d'Autriche eſt executé le premier. Conradin qui l'aimait tendrement, ramaſſe ſa tête, & reçoit en la baiſant le coup de la mort.

On

On tranche la tête à plufieurs feigneurs fur le même échaffaut. Quelque tems après Charles d'Anjou fait perir en prifon la veuve de Mainfroi avec le fils qui lui refte. Ce qui furprend, c'eft qu'on ne voit point que st. Louis frere de Charles d'Anjou ait jamais fait à ce barbare le moindre reproche de tant d'horreurs. Au contraire ce fut en faveur de Charles qu'il entreprit en partie fa derniere malheureufe croifade contre le roi de Tunis protecteur de Conradin.

1269. 1270. 1271. 1272.

Les petites guerres continuaient toujours entre les feigneurs d'Allemagne. Rodolphe comte de Habsbourg en Suiffe fe rendait deja fameux dans ces guerres, & fourtout dans celle qu'il fit à l'évêque de Bâle en faveur de l'abbé de st. Gal. C'eft à ces tems que commencent les traités de confraternité hereditaire entre les maifons allemandes. C'eft une donation reciproque de terres d'une maifon à une autre au dernier furvivant des males.

La premiere de ces confraternités avait été faite dans les dernieres années de Fréderic II. entre les maifons de Saxe & de Heffe.

Les villes anféatiques augmentent dans ces années leurs priviléges & leur puiffance. Elles établiffent des confuls qui jugent toutes les affaires du commerce; car à quel tribunal aurait-on eu alors recours?

La même néceffité qui fait inventer les confuls aux villes marchandes, fait inventer les *auftregues* aux autres villes & aux feigneurs, qui ne veulent pas toujours vuider leurs différents par le fer. Ces *auftregues* font ou des feigneurs ou des villes mêmes, que l'on choisit pour arbitres sans frais de justice.

Ces deux établissements si heureux & si sages furent le fruit des malheurs des tems, qui obligeaient d'y avoir recours.

L'Allemagne restait toujours sans chef, mais voulait enfin en avoir un.

Richard d'Angleterre était mort. Alphonse de Castille n'avait plus de parti. Ottocare III. roi de Bohême, duc d'Autriche, & de Stirie fut proposé, & refusa, dit-on l'empire. Il avait alors une guerre avec Béla roi de Hongrie, qui lui disputait la Stirie, la Carinthie, & la Carniole. On pouvait lui contester la Stirie dépendante de l'Autriche, mais non la Carinthie & la Carniole, qu'il avait achetées.

La paix se fit. La Stirie & la Carinthie avec la Carniole resterent à Ottocare. On ne conçoit pas comment étant si puissant., il refusa l'empire, lui qui depuis refusa l'hommage à l'empereur. Il est bien plus vraisemblable qu'on ne voulut pas de lui par cela même qu'il était trop puissant.

RODOLPHE I. DE HABSBOURG
Premier Empereur de la Maison d'Autriche.
VINGT-HUITIEME EMPEREUR.
1273.

Enfin on s'assemble à Francfort pour élire un empereur, & cela sur les lettres du pape Grégoire X. qui ménace d'en nommer un. C'était une chose nouvelle que ce fut un pape qui voulût un empereur.

On

On ne propose dans cette assemblée aucun prince possesseur de grands états. Ils étaient trop jaloux les uns des autres. Le comte de Tirol, qui était du nombre des électeurs, indique trois sujets, un comte de Goritz seigneur d'un petit païs dans le Frioul, & absolument inconnu ; un Bernard non moins inconnu encor, qui n'avait pour tout bien que des prétentions sur le duché de Carinthie ; & Rodolphe de Habsbourg capitaine célèbre, & grand maréchal de la cour d'Ottocare roi de Bohéme.

Les électeurs partagés entre ces trois concurrents, s'en rapportent à la décision du comte Palatin Louis le severe duc de Baviére, le même qui avait élevé, & secouru en vain le malheureux Conradin, & Fréderic d'Autriche. C'est là le premier exemple d'un pareil arbitrage. Louis de Baviére nomme empereur Rodolphe de Habsbourg.

Le burgrave ou châtelain de Nuremberg en apporte la nouvelle à Rodolphe, qui n'étant plus alors au service du roi de Bohéme, s'occupait de ses petites guerres vers Bâle, & vers Strasbourg.

Alphonse de Castille, & le roi de Bohéme protestent en vain contre l'élection. Cette protestation d'Ottocare ne prouve pas assurément qu'il eut refusé la couronne impériale.

Rodolphe était fils d'Albert comte de Habsbourg en Suisse. Sa mere était Ulrike de Kibourg qui avait plusieurs seigneuries en Alsace. Il était marié depuis longtems avec Anne de Hœneberg dont il avait quatre enfans. Son âge était de cinquante-cinq ans & demi, quand il fut élevé à l'empire. Il avait un frere colonel au service des
mila-

milanais, & un autre chanoine à Bâle. Ses deux freres moururent avant son élection.

Il est couronné à Aix-la-Chapelle. On ignore par quel archevêque. Il est raporté que le sceptre impérial, qu'on prétendait être celui de Charlemagne, ne se trouvant pas, ce défaut de formalité commençait à servir de prétexte à plusieurs seigneurs qui ne voulaient pas lui prêter serment. Il prit un crucifix : *voila mon sceptre*, dit-il, & tous lui rendirent hommage. Cette seule action de fermeté le rendit respectable, & le reste de sa conduite le montra digne de l'empire.

Il marie son fils Albert à la fille du comte de Tirol sœur uterine de Conradin. Par ce mariage Albert semble acquerir des droits sur l'Alsace & sur la Suabe, héritage de la maison du fameux empereur Fréderic II. L'Alsace était alors partagée entre plusieurs petits seigneurs. Il fallut leur faire la guerre. Il obtint par sa prudence des troupes de l'empire, & soumit tout par sa valeur. Un préfect est nommé pour gouverner l'Alsace. C'est ici une des plus importantes époques pour l'interieur de l'Allemagne. Les possesseurs des terres dans la Suabe & dans l'Alsace relevaient de la maison imperiale de Suabe, mais après l'extinction de cette maison dans la personne de l'infortuné Conradin ils ne voulurent plus relever que de l'empire. Voila la veritable origine de la noblesse immédiate. Et voila pourquoi on trouve plus de cette noblesse en Suabe que dans les autres provinces. L'empereur Rodolphe vint a bout de soumettre les gentishommes d'Alsace & crea un préfect dans cette province mais après lui les barons

d'Ald'Alsace redevinrent pour la plus part barons libres & immediats, souverains dans leurs petites terres, comme les plus grands seigneurs allemans dans les leurs. C'était dans presque toute l'Europe l'objet de quiconque possedait un château.

1274.

Trois ambassadeurs de Rodolphe font serment de sa part au pape Gregoire X. dans le consistoire. Le pape ecrit à Rodolphe *de l'avis des cardinaux, nous vous nommons roi des romains.*

Alphonse X. roi de Castille renonce alors à l'empire.

1275.

Rodolphe va trouver le pape à Lausanne. Il lui promet de lui faire rendre la marche d'Ancone, & les terres de Mathilde. Il promettait ce qu'il ne pouvait tenir. Tout cela était entre les mains des villes & des seigneurs, qui s'en étaient emparés aux depends du pape & de l'empire. L'Italie était partagée en vingt principautés ou républiques, comme l'ancienne grece, mais plus puissantes. Venise, Gênes, & Pise, avaient plus de vaisseaux que l'empereur ne pouvait entretenir d'enseignes. Florence devenait considerable, & deja elle était le berceau des beaux arts.

Rodolphe pense d'abord à l'Allemagne. Le puissant roi de Bohéme Ottocare III. duc d'Autriche, de Carinthie, & de Carniole lui refuse l'hommage. *Je ne dois rien à Rodolphe*, dit-il; *je lui ai païé ses gages.* Il se ligue avec la Baviére.

Rodolphe soutient la majesté de son rang. Il fait mettre au ban de l'empire ce puissant Ottocare, & le duc de Baviére Henri qui est lié avec lui.

On

On donne à l'empereur des trouppes, & il va vanger les droits de l'empire allemand.

1276.

L'empereur Rodolphe bat l'un après l'autre, tous ceux qui prennent le parti d'Ottocare, ou qui veulent profiter de cette division; le comte de Neubourg, le comte de Fribourg, & le marquis de Bade, & le comte de Wirtemberg, & Henri duc de Baviére. Il finit tout d'un coup cette guerre avec les bavarois, en mariant une de ses filles au fils de ce prince, & en recevant quarante mille onces d'or, au lieu de donner une dot a sa fille.

De-là il marche contre Ottocare; il le force de venir à composition. Le roi de Bohéme céde l'Autriche, la Stirie, & la Carniole. Il consent de faire un hommage lige à l'empereur dans l'Isle de Camberg au milieu du Danube sous un pavillon dont les rideaux devaient être fermés, pour lui épargner une mortification publique.

Ottocare s'y rend couvert d'or & de pierreries. Rodolphe par un faste superieur le reçoit avec l'habit le plus simple; & au milieu de la cérémonie les rideaux du Pavillon tombent, & font voir aux yeux du peuple & des armées qui bordaient le Danube, le superbe Ottocare à genoux tenant ses mains jointes entre les mains de son vainqueur, qu'il avait si souvent appellé son maître d'hôtel, & dont il devenait le grand échanson. Ce conte est accredité, & il importe peu qu'il soit vrai.

1277.

La femme d'Ottocare princesse plus altiére que son époux, lui fait tant de reproches de son hommage

mage rendu, & de la cession de ses provinces, que le roi de Bohéme recommence la guerre vers l'Autriche.

L'empereur remporte une victoire complette. Ottocare est tué dans la bataille le 26. août. Le vainqueur use de sa victoire en legislateur. Il laisse la Bohéme au fils du vaincu, le jeune Venceslas; & la régence au marquis de Brandebourg.

1278.

Rodolphe fait son entrée à Vienne, & s'établit dans l'Autriche. Louis duc de Baviére qui avait plus d'un droit à ce duché, veut remuer pour soutenir ce droit. Rodolphe tombe sur lui avec ses trouppes victorieuses. Alors rien ne resiste, & on voit ce prince, que les électeurs avaient appellé à l'empire pour y regner sans pouvoir, devenir en effet le conquérant de l'Allemagne.

1279.

Ce maître de l'Allemagne est bien loin de l'être en Italie. Le pape Nicolas III. gagne avec lui sans peine ce long procés que tant de pontifes ont soutenu contre tant d'empereurs. Rodolphe par un diplome du 15. fevrier 1279. céde au st. siege les terres de la comtesse Mathilde, renonce au droit de suzeraineté, désavoüe son chancelier qui a reçu l'hommage. Les électeurs aprouvent la même année cette cession de Rodolphe. Ce prince en abandonnant des droits pour lesquels on avait si longtems combattu, ne cédait en effet que le droit de recevoir un hommage de seigneurs qui voulaient à peine le rendre. C'était tout ce qu'il pouvait alors obtenir en Italie ou l'empire n'était plus rien. Il fallait que cette cession fut

bien

bien peu de chose, puisque l'empereur n'eut en échange que le titre de sénateur de Rome, & encor ne l'eut-il que pour un an.

Le pape vint à bout de faire ôter cette vaine dignité de sénateur à Charles d'Anjou roi de Sicile, parce que ce prince ne voulut pas marier son neveu avec la niéce de ce pontife, en disant, que *quoi qu'il s'appellât Orsini, & qu'il eut les pieds rouges, son sang n'était pas fait pour se mêler au sang de France.*

Nicolas III. ôte encor à Charles d'Anjou le vicariat de l'empire en Toscane. Ce vicariat n'était plus qu'un nom, & ce nom même ne pouvait subsister, depuis qu'il y avait un empereur.

La situation de Rodolphe en Italie était (à ce que dit Girolamo Briani) semblable à celle d'un négociant, qui a fait faillite, & dont d'autres marchands partagent les effets.

1280.

L'empereur Rodolphe se accomode avec Charles de Sicile par le mariage d'une de ses filles. Il donne cette princesse nommée Clémence à Charles Martel, petit fils de Charles. Les deux mariés étaient presque encor au berceau.

Charles au moien de ce mariage obtient de l'empereur l'investiture des comtés de Provence, & de Forcalquier.

Après la mort de Nicolas III. on élit un français nommé Brion, qui prend le nom de Martin IV. Ce français fait rendre d'abord la dignité de sénateur au roi de Sicile, & veut lui faire rendre aussi le vicariat de l'empire en Toscane. Rodolphe parait ne guères s'en embarasser; il est assez occupé

en

en Bohême. Ce païs s'était révolté par la conduite violente du margrave de Brandebourg, qui en était régent; & d'ailleurs Rodolphe avait plus besoin d'argent que de titres.

1281. 1282.

Ces années font mémorables par la fameufe confpiration des vêpres ficiliennes. Jean de Procida gentil-homme de Salerne, riche, & qui malgré fon état exerçait la profeffion de médecin, & de jurifconfulte, fut l'auteur de cette confpiration, qui femblait fi oppofée à fon genre de vie. C'était un Gibelin paffionément attaché à la mémoire de Fréderic II. & à la maifon de Suabe. Il avait été plufieurs fois en Arragon auprès de la reine Conftance, fille de Mainfroi. Il brulait de vanger le fang que Charles d'Anjou avait fait répandre; mais ne pouvant rien dans le roiaume de Naples, que Charles contenait par fa préfence & par la terreur, il trama fon complot dans la Sicile gouvernée par des provençaux plus deteftés que leur maître, & moins puiffants.

Le projet de Charles d'Anjou était la conquête de Conftantinople. Un des grands fruits des croifades de l'occident avait été de prendre l'empire des grecs en 1204. & on l'avait perdu depuis, ainfi que les autres conquêtes fur les mufulmans. La fureur d'aller fe battre en Paleftine avait paffé, depuis les malheurs de st. Louis, mais la proye de Conftantinople paraiffait facile à faifir; & Charles d'Anjou efpérait detrôner Michel Paléologue qui poffedait alors ce refte de l'empire d'orient.

Jean de Procida va déguifé à Conftantinople avertir Michel Paléologue : il l'excite à prévenir
Char-

Charles. De-là il court en Arragon voir en secret le roi Pierre. Il eut de l'argent de l'un & de l'autre. Il gagne aisément des conjurés. Pierre d'Arragon équippe une flotte, & feignant d'aller contre l'Afrique, il se tient prêt pour descendre en Sicile. Procida n'a pas de peine à disposer les siciliens.

Enfin le troisiéme jour de pâques 1282. au son de la cloche de vêpres, tous les provenceaux sont massacrés dans l'Isle, les uns dans les églises, les autres aux portes ou dans les places publiques, les autres dans leurs maisons. On compte qu'il y eut huit-mille personnes égorgées. Cent batailles ont fait périr le triple & le quadruple d'hommes, sans qu'on y ait fait attention. Mais ici ce secret gardé si longtems par tout un peuple, des conquérants exterminés par la nation conquise, les femmes, les enfans massacrés, des filles siciliennes enceintes par des provenceaux, tuées par leurs propres peres, des penitentes égorgées par leurs confesseurs, rendent cette action à jamais fameuse & exécrable. On dit toujours que ce furent des français qui furent massacrés à ces vêpres siciliennes, parce que la Provence est aujourd'hui à la France : mais elle était alors province de l'Empire ; & c'était réellement des imperiaux qu'on égorgait.

Voila comme on commença enfin la vangeance de Conradin, & du duc d'Autriche. Leur mort avait été le crime d'un seul homme, de Charles d'Anjou ; & huit-mille innocents l'expierent.

Pierre d'Arragon aborde alors en Sicile avec sa femme Constance. Toute la nation se donne à lui,

lui, & de ce jour la Sicile resta à la maison d'Arragon, mais le roiaume de Naples demeure au prince de France.

L'empereur investit ses deux fils aînés Albert & Rodolphe à la fois, de l'Autriche, de la Stirie, de la Carniole le 27. décembre 1282. dans une diéte à Augsbourg, du consentement de tous les seigneurs, & même de celui de Louis de Baviére qui avait des droits sur l'Autriche. Mais comment donner à la fois l'investiture des mêmes états à ces deux princes? n'en avaient-ils que le titre, le puîné devait-il succéder à l'aîné ? ou bien le puîné n'avait-il que le nom tandis que l'autre avait la terre : ou devaient-ils posséder ces états en commun ? c'est ce qui n'est pas expliqué. Ce qui est incontestable, c'est qu'on voit beaucoup de diplomes dans lesquels les deux freres sont nommés conjointement ducs d'Autriche, de Stirie & de Carniole.

Il y a une seule vieille cronique anonime qui dit que l'empereur Rodolphe investit son fils Rodolphe de la Suabe. Mais il n'y a aucun document, aucune charte où l'on trouve que ce jeune Rodolphe ait eu la Suabe. Tous les diplomes l'appellent duc d'Autriche, de Stirie, de Carniole comme son frere. Cependant un historien ayant adopté cette cronique, tous les autres l'ont suivie & dans les tables généalogiques on appelle toujours ce Rodolphe duc de Suabe. S'il l'avait été, comment sa maison aurait-elle perdu ce duché?

Dans la même diéte l'empereur donne la Carinthie, & la marche Trevisane au comte de Tirol

rol fon gendre. L'avantage qu'il tira de fa dignité d'empereur fut de pourvoir toute fa maifon.

1283. 1284.

Rodolphe gouverne l'Empire auffi-bien que fa maifon. Il appaife les querelles de plufieurs feigneurs & de plufieurs villes.

Les hiftoriens difent que fes travaux l'avaient fort affaibli, & qu'à l'âge de 65. ans paffés, les médecins lui confeillérent de prendre une femme de 15 ans pour fortifier fa fanté. Ces hiftoriens ne font pas phificiens. Il époufe Agnès fille d'un comte de Bourgogne.

Dans cette année 1284. le roi d'Arragon Pierre fait prifonnier le prince de Salerne fils de Charles d'Anjou, mais fans pouvoir fe rendre maitre de Naples. Les guerres de Naples ne regardent plus l'Empire jufqu'à Charles quint.

1285.

Les cumins, refte de tartares, dévaftent la Hongrie.

L'empereur inveftit Jean Davennes du comté d'Aloft, du pays de Vafs, de la Zélande, du Hainaut. Le comté de Flandre n'eft point fpécifié dans l'inveftiture; il était devenu inconteftable qu'il relevait de la France.

1286. 1287.

Pour mettre le comble à la gloire de Rodolphe, il eût fallu s'établir en Italie, comme il l'était en Allemagne, mais le tems était paffé. Il ne voulut pas même aller fe faire couronner à Rome. Il fe contenta de vendre la liberté aux villes d'Italie, qui voulurent bien l'acheter. Florence donna quarante mille ducats d'or. Luques
douze

douze mille. Gênes, Boulogne, six mille. Presque toutes les autres ne donnèrent rien du tout, prétendant qu'elles ne devaient point reconnaitre un empereur qui n'était pas couronné à Rome.

Mais en quoi consistait cette liberté ou donnée ou confirmée ? était-ce dans une séparation absoluë de l'empire ? il n'y a aucun acte de ces tems-là qui énonce de pareilles conventions. Cette liberté consistait dans le droit de nommer des magistrats de se gouverner suivant leurs loix municipales, de battre monnoie, d'entretenir des trouppes. Ce n'était qu'une confirmation, une extension, des droits obtenus de Fréderic barberousse. L'Italie fut alors indépendante & comme détachée de l'empire, parce que l'empereur était éloigné & trop peu puissant. Le tems eut pû assurer à ce païs une liberté pleine & entiere. Deja les villes de Lonbardie, celles de la Suisse même ne prêtaient plus de serment, & rentraient insensiblement dans leurs droits naturels.

A l'égard des villes d'Allemagne, elles prêtaient toutes serment ; mais les unes étaient réputées *libres*, comme Augsbourg, Aix-la-Chapelle & Metz; les autres avaient le nom *d'impériales* en fournissant des tributs ; les autres *sujettes*, comme celles qui relevaient immédiatement des princes, & mediatement de l'empire ; les autres *mixtes*, qui en relevant des princes, avaient pourtant quelques droits impériaux.

Les grandes villes impériales étaient toutes différemment gouvernées. Nuremberg était administrée par des nobles : les citoiens avaient à Strasbourg l'autorité.

R 1288.

1288. 1289. 1290.

Rodolphe fait servir toutes ses filles à ses intérêts. Il marie encor une fille qu'il avait de sa premiere femme au jeune Venceslas roi de Bohéme, devenu majeur, & lui fait jurer qu'il ne prétendra jamais rien aux duchés d'Autriche & de Stirie ; mais aussi en récompense il lui confirme la charge de grand échanson.

Les ducs de Baviére ; prétendaient cette charge de la maison de l'empereur. Il semble que la qualité d'électeur fut inséparable de celle de grand officier de la couronne ; non que les seigneurs des principaux fiefs ne prétendissent encor le droit d'élire ; mais les grands officiers voulaient ce droit de préférence aux autres. C'est pourquoi les ducs de Baviére disputaient la charge de grand maître à la branche de Baviére palatine quoiqu'ainée.

Grande diette à Erfort, dans laquelle on confirme le partage deja fait de la Turinge. L'orientale reste à la maison de Misnie qui est aujourd'hui de Saxe. L'occidentale demeure à la maison de Brabant héritiére de la Misnie par les femmes. C'est la maison de Hesse.

Le roi de Hongrie Ladislas III. aiant été tué par les tartares cumins, qui ravageaient toujours ce païs; l'empereur, qui prétend que la Hongrie est un fief de l'empire, veut donner ce fief à son fils Albert auquel il avait donné deja l'Autriche.

Le pape Nicolas IV. qui croit que tous les roiaumes sont des fiefs de Rome, donne la Hongrie à Charles Martel, petit fils de Charles d'Anjou

roi

roi de Naples & Sicile. Mais comme ce Charles Martel se trouve gendre de l'empereur, & comme les hongrois ne voulaient point du fils d'un empereur pour roi, de peur d'être asservis, Rodolphe consent que Charles Martel son gendre tâche de s'emparer de cette couronne, qu'il ne peut lui ôter.

Voici encor un grand exemple qui prouve combien le droit féodal était incertain. Le comte de Bourgogne, c'est-à-dire de la Franche-Comté, prétendait relever du roiaume de France, & en cette qualité il avait prêté serment de fidélité à Philippe le Bel. Cependant jusques-là tout ce qui faisait partie de l'ancien roiaume de Bourgogne, relevait des empereurs.

Rodolphe lui fait la guerre : elle se termine bientôt par l'hommage que le comte de Bourgogne lui rend. Ainsi ce comte se trouve relever à la fois de l'Empire & de la France.

Rodolphe donne au duc de Saxe son gendre Albert II. le titre de *palatin* de Saxe. Il faut bien distinguer cette maison de Saxe d'avec celle d'aujourd'hui, qui est, comme nous l'avons dit, celle de Misnie.

1291.

L'empereur Rodolphe meurt à Germesheim le 15. juillet à l'âge de 73. ans, après en avoir regné dix-huit.

ADOLPHE DE NASSAU
Vingt-neuvieme Empereur.
Après un Interregne de neuf mois

1292

Les princes allemans craignant de rendre héréditaire cet empire d'Allemagne toujours nommé l'empire romain; & ne pouvant s'acorder dans leur choix, font un second compromis, dont on avait vû l'exemple à la nomination de Rodolphe.

L'archevêque de Mayence au quel on s'en raporte, nomme Adolphe de Naſſau par le même principe qu'on avait choisi son prédéceſſeur. C'était le plus illuſtre guerrier de ces tems-là, & le plus pauvre. Il paraiſſait capable de soutenir la gloire de l'Empire à la tête des armées allemandes, & trop peu puiſſant pour l'aſſervir. Il ne poſſedait que trois seigneuries dans le comté de Naſſau.

Albert duc d'Autriche fâché de ne point succéder à son pere, s'unit contre le nouvel empereur avec ce même comte de Bourgogne qui ne veut plus être vaſſal de l'Allemagne, & tous deux obtiennent des secours du roi de France Philippe le Bel. La maison d'Autriche commence par appeller contre l'empereur ces mêmes français que les princes de l'Empire ont depuis si souvent appellés contre elle. Albert d'Autriche avec le secours de la France fait d'abord la guerre en Suiſſe, dont sa maison réclame la souveraineté. Il prend Zurich avec des trouppes françaises.

1293.

Albert d'Autriche souleve contre Adolphe, Strasbourg & Colmar. L'empereur à la tête de quelques troupes que les fiefs impériaux lui fourniſſent, appaise ces troubles.

Un

Un differend entre le comte de Flandre, & les citoiens de Gand, est porté au parlement de Paris, & jugé en faveur des citoiens. Il était bien clairement reconnu que depuis Gand jusqu'à Boulogne Arras & Cambray, la Flandre relevait uniquement du roi de France.

1294.

Adolphe s'unit avec Edouard roi d'Angleterre contre la France; mais comme il craint un aussi puissant vassal que le duc d'Autriche, il n'entreprend rien. On a vû depuis renouveller plus d'une fois cette alliance dans des circonstances pareilles.

1295.

Une injustice honteuse de l'empereur, est la premiere origine de ses malheurs & de sa fin funeste : grand exemple pour les souverains. Albert de Misnie landgrave de Thuringe, l'un des ancêtres de tous les princes de Saxe, qui font une si grande figure en Allemagne, gendre de l'empereur Frédéric II. avait trois enfans de la princesse sa femme. Il l'avait repudiée pour une maîtresse indigne de lui, & c'est pour cela que les allemands lui avaient donné avec justice le surnom de *dépravé*. Ayant un bâtard de cette concubine, il voulait déshériter pour lui ses trois enfans légitimes. Il met ses fiefs en vente malgré les loix, & l'empereur malgré les loix les achete avec l'argent que le roi d'Angleterre lui avait donné pour faire la guerre à la France.

Les trois princes soutiennent hardiment leurs droits contre l'empereur. Il a beau prendre Dresde & plusieurs châteaux, il est chassé de la Misnie, & toute l'Allemagne se déclare contre cet indigne procédé.

1296.

1296.

La rupture contre l'empereur & le roi d'Angleterre d'un côté, & la France de l'autre, durait toujours. Le pape Boniface VIII. leur ordonne à tous trois une trêve fous peine d'excommunication.

1297.

L'empereur avait plus befoin d'une trêve avec les feigneurs de l'Empire. Sa conduite les révoltait tous. Venceslas roi de Bohême, Albert duc d'Autriche, le duc de Saxe, l'archevêque de Mayence s'affemblent à Prague. Il y avait deux marquis de Brandebourg; non qu'ils poffédaffent tous deux la même marche; mais étant freres, ils prenaient tous deux le même titre. C'eft un ufage qui commençait à s'établir. On accufe l'empereur dans les formes, & on indique une diette à Egra pour le dépofer.

Albert d'Autriche envoie à Rome folliciter la dépofition d'Adolphe. C'eft un droit qu'on reconnait toujours dans les papes, quand on croit en profiter.

Le duc d'Autriche feint d'avoir reçu le confentement du pape, qu'il n'a pourtant pas. L'archevêque de Mayence dépofe folemnellement l'empereur au nom de tous les princes. Voici comme il s'exprime: *on nous a dit que nos envoiés avaient obtenu l'agrément du pape; d'autres affûrent que le pape l'a refufé; mais n'aiant égard qu'à l'autorité qui nous a été confiée, nous dépofons Adolphe de la dignité impériale, & nous élifons pour roi des romains le feigneur Albert duc d'Autriche.*

1298.

1298.

Boniface VIII. défend aux électeurs fous peine d'excommunication de facrer le nouveau roi des romains. Ils lui répondent que ce n'eft pas-là une affaire de relligion.

Cependant Adolphe ayant dans fon parti quelques évêques & quelques feigneurs, avait encor une armée. Il donne bataille le 2. juillet auprès de Spire à fon rival; tous deux fe joignent au fort de la mêlée. Albert d'Autriche lui porte un coup d'épée dans l'œil. Adolphe meurt en combattant, & laiffe l'Empire à Albert.

ALBERT I. D'AUTRICHE.
Trentieme Empereur.

1298.

Albert d'Autriche commence par remettre fon droit aux électeurs afin de le mieux affurer. Il fe fait élire une feconde fois à Francfort, puis couronner à Aix-la-Chapelle par l'archevêque de Cologne.

Le pape Boniface VIII. ne veut pas le reconnaitre. Ce pape avait alors de violents démêlés avec le roi de France Philippe le Bel.

1299.

L'empereur Albert s'unit incontinent avec Philippe, & marie fon fils ainé Rodolphe à Blanche fœur du roi. Les articles de ce mariage font remarquables. Il s'engage de donner à fon fils l'Autriche, la Stirie, la Carniole, l'Alface, Fribourg en Brisgau, & assigne pour douaire à sa belle fille l'Alsace & Fribourg, s'en remettant pour la dot de Blanche à la volonté du roi de France.

Albert fait part de ce mariage au pape qui pour toute réponse dit que l'empereur n'est qu'un usurpateur, & qu'il n'y a d'autre *César* que le souverain pontife des chrétiens.

1300. 1301.

Les maisons de France & d'Autriche semblaient alors étroitement unies par ce mariage ; par leur haine commune contre Boniface VIII. par la nécessité où elles étaient de se défendre contre leurs vassaux. Car dans le même temps la Hollande & la Zélande vassales de l'Empire faisaient la guerre à Albert, & les flamands vassaux de la France la faisaient au roi Philippe le bel.

Boniface VIII. plus fier encor que Gregoire VII. & plus impétueux prend ce temps pour braver à la fois l'empereur & le roi de France. D'un côté il excite contre Philippe le bel son frere Charles de Valois ; de l'autre il souleve des princes de l'Allemagne contre Albert.

Nul pape ne poussa plus loin la manie de donner des roïaumes. Il fait venir en Italie ce Charles de Valois & le nomme vicaire de l'Empire en Toscane. Il marie ce prince à la fille de Baudouin II. empereur de Constantinople dépossédé ; & déclare hardiment Charles de Valois empereur des grecs. Rien n'est plus grand que ces entreprises quand elles sont bien conduites & heureuses. Rien de plus petit quand elles sont sans effet. Ce pape en moins de trois ans donna les empires d'orient & d'occident & mit en interdit le roïaume de France. Les

Les circonstances où se trouvait l'Allemagne le mirent sur le point de réussir contre Albert d'Autriche.

Il écrit aux archevêques de Mayence, de Tréves & de Cologne; *nous ordonnons qu'Albert comparaisse devant nous dans six mois pour se justifier, s'il peut, du crime de Leze-Majesté commis contre la personne de son souverain Adolphe. Nous défendons qu'on le reconnaisse pour roi des romains. &c.*

Ces trois archevêques qui n'aimaient pas Albert, conviennent avec le comte Palatin du Rhin de procéder contre lui, comme ils avaient procédé contre son prédecesseur; & ce qui montre bien qu'on a toujours deux poids & deux mesures, c'est qu'ils lui font un crime d'avoir vaincu & tué en combattant ce même Adolphe, qu'ils avaient déposé, & contre lequel il avait été armé par eux-mêmes.

Le comte palatin fait en effet des informations contre l'empereur Albert. On sait que les comtes palatins étaient originairement juges dans le palais, & juges des causes civiles entre le prince & les sujets, comme cela se pratique dans tous les païs sous des noms différents.

Les palatins se croiaient en droit de juger criminellement l'empereur même. C'est sur cette prétention qu'on verra un palatin, un ban de Croatie condamner une reine.

Albert aiant pour lui les autres princes de l'Empire, répond aux procédures par la guerre.

1302.

Bientôt ses juges lui demandent grace, & l'électeur palatin païe par une grosse somme d'argent ses procédures.

La Pologne aprés beaucoup de troubles, élit pour son roi Venceslas roi de Bohéme. Venceslas met quelque ordre dans un païs où il n'y en avait jamais eu. C'eſt lui qui inſtitua le ſenat. Ce Venceslas donne ſon fils pour roi aux hongrois, qui le demandaient lui-même.

Boniface VIII. ne manque pas de prétendre que c'eſt un attentat contre lui, & qu'il n'apartient qu'à lui ſeul de donner un roi à la Hongrie. Il nomme à ce roiaume Carobert deſcendant de Charles d'Anjou. Il semblerait que l'empereur n'eût pas dû accoûtumer le pape à donner des roiaumes; cependant c'eſt ce qui le raccommoda avec lui. Il craignait plus la puiſſance de Venceslas que celle du pape. Il protége donc Carobert, & déſole la Bohéme avec une armée. Les auteurs diſent que cette armée fut empoiſonnée par les Bohémiens qui infectèrent les eaux voiſines du camp; cela eſt aſſez difficile à croire.

1303.

Ce qui achéve de mettre l'empereur dans les intéréts de Boniface VIII. c'eſt la ſanglante querelle de ce pape avec Philippe le Bel. Boniface très-maltraité par ce monarque, & qui méritait de l'être, reconnait enfin cet Albert à qui il avait voulu faire le procès, pour roi legitime des romains, & lui promet la couronne impériale, pourvu qu'il déclare la guerre au roi de France.

Albert paie la complaiſance du pape par une complaiſance bien plus grande. Il reconnait *que l'Empire a été transferé des grecs aux allemands par le st. siège ; que les électeurs tiennent leur droit du pape, & que les empereurs & les rois reçoivent de lui le droit du glaive.* C'eſt contre une telle déclaration que le comte Palatin aurait dû faire des procédures.

Ce

Ce n'était pas la peine de flatter ainſi Boniface VIII. qui mourut le 12. octobre, échappé a peine de la priſon où le roi de France l'avait retenu aux portes même de Rome.

Cependant le roi de France confiſque la Flandre ſur le comte Gui Dampiere, & demeure après une ſanglante bataille, maître de Lille, de Douay, d'Orchies, de Bethune, & d'un très-grand païs, ſans que l'empereur s'en mette en peine.

Il ne ſonge pas d'avantage à l'Italie toujours partagée entre les guelfes & les gibelins.

1304. 1305.

Ladislas, ce fils du reſpectable Venceslas roi de Bohême, & de la Pologne, eſt chaſſé de la Hongrie. Son pere en meurt, à ce qu'on prétend, de chagrin, ſi les rois peuvent mourir de cette maladie.

Le duc de Bavière Oton, ſe fait élire roi de Hongrie, & ſe fait renvoier dès la même année. Ladislas retourné en Bohême y eſt aſſaſſiné. Ainſi voila trois roiaumes électifs à donner à la fois, la Hongrie, la Bohême, & la Pologne.

L'empereur Albert fait couronner ſon fils Rodolphe en Bohême à main armée. Carobert ſe propoſe toujours pour la Hongrie; & un ſeigneur polonais nommé Uladislas *Locticus* eſt élu ou plutôt rétabli en Pologne, mais l'empereur n'y a aucune part.

1306.

Voici une injuſtice qui ne parait pas d'un prince habile. L'empereur Adolphe de Naſſau avait perdu la couronne & la vie pour s'être attiré la haine des allemands, & cette haine fut principalement fondée fur ce qu'il voulut dépouiller à prix d'argent les héritiers legitimes de la Mifnie & de la Thuringe.

Philippe de Naffau frere de cet empereur réclama ces païs fi injuftement achetés. Albert fe déclare pour eux dans l'efpérance d'en obtenir fa part. Les princes de Thuringe fe défendent. Ils font mis fans formalités au ban de l'Empire. Cette profcription leur donne des partifans & une armée. Ils taillent en piéces l'armeé de l'empereur, qui eft trop heureux de les laiffer paifibles dans leurs états. On voit toujours en général dans les allemands un grand fonds d'attachement pour leurs droits ; & c'eft ce qui a fait fubfifter fi longtems ce gouvernement mixte ; édifice fouvent prêt à écrouler, & cependant toujours ferme.

1307.

Le pape Clement V. envoie un légat en Hongrie, qui donne la couronne à Carobert au nom du st. fiége. Autrefois les empereurs donnaient ce roiaume : alors les papes en difpofent ainfi que de celui de Naples. Les hongrois aimaient mieux être vaffaux des papes défarmés, que des empereurs qui pouvaient les affervir. Il valait mieux n'être vaffal de perfonne.

ORIGINE DE LA LIBERTÉ DES SUISSES.

La Suiffe relevait de l'Empire, & une partie de ce païs était domaine de la maifon d'Autriche, comme Fribourg, Lucerne, Zug, Glaris. Ces petites

tites villes quoique fujettes avaient de grands privileges & étaient au rang des villes *mixtes* de l'Empire ; d'autres étaient impériales, & fe gouvernaient par leurs citoyens, comme Zurich, Bâle, & Schaffhoufe. Les cantons d'Uri, de Schwitz, & d'Underwald étaient fous le patronage de la maifon d'Autriche, mais non fous fa domination.

L'empereur Albert voulut être défpotique dans tout le païs. Les gouverneurs & les commiffaires qu'il y envoia, y excercérent une tirannie qui caufa d'abord beaucoup de malheurs, & qui enfuite produifit le bonheur de la liberté.

Les fondateurs de cette liberté fe nomment *Melchthal*, *Stauffacher* & *Walter Fuft*. La difficulté de prononcer des noms fi refpectables, nuit à leur célébrité. Ces trois païfans, hommes de fens, & de réfolution furent les prémiers conjurés. Chacun d'eux en attira trois autres. Ces neuf gagnérent les cantons d'Uri, Schwitz, & Underwald.

Tous les hiftoriens prétendent que tandis que la confpiration fe tramait, un gouverneur d'Uri nommé *Grisler*, s'avifa d'un genre de tirannie ridicule & horrible. Il fit mettre, dit-on, un de fes bonnets au haut d'une perche dans la place, & ordonna qu'on faluât le bonnet fous peine de la vie. Un des conjurés nommé *Guillaume Tell* ne falua point le bonnet. Le gouverneur le condamna à être pendu, & ne lui donna fa grace qu'à condition que le coupable, qui paffait pour archer adroit, abattrait d'un coup de flêche une pomme placée fur la tête de fon fils. Le pere tremblant tira, & fut affez heureux pour abattre la pomme. *Grisler* apercevant une seconde flèche sous l'habit de *Tell*, demanda ce qu'il en prétendait faire. *Elle t'était déstinée*, dit le suisse, *si j'avais blessé mon fils*.

Il faut avouer que l'histoire de la pomme est bien suspecte, & que tout ce qui l'accompagne ne l'est pas moins. Mais enfin on tient pour constant que *Tell* aiant été mis aux fers, tua ensuite le gouverneur d'une flèche: que ce fut le signal des conjurés: que les peuples se saisirent des forteresses, & démolirent ces instrumens de leur esclavage.

1308.

Albert prêt de commettre ses forces contre ce courage que donne l'entousiasme d'une liberté naissante, perd la vie d'une maniére funeste. Son propre neveu Jean qu'on a appellé mal-à-propos duc de Suabe, qui ne pouvait obtenir de lui la jouissance de son patrimoine, conspire sa mort avec quelques complices. Il lui porta lui-même le dernier coup en se promenant avec lui auprès de Rheinsfeld sur le bord de la riviére de russ dans le voisinage de la Suisse. Peu de souverains ont péri d'une mort plus tragique, & nul n'a été moins regretté. Il est très vraisemblable que le don de l'Autriche de la Stirie de la Carniole fait par l'empereur Rodolphe de Hasbourg à ses deux enfans fut la cause de cet assassinat. Jean fils du prince Rodolphe ayant en vain demandé à son oncle Albert sa part qu'il retenait, voulut s'en mettre en possession par un crime.

HENRI

HENRI VII.
de la maison de Luxembourg.
TRENTE-UNIEME EMPEREUR.
1308.

Après l'assassinat d'Albert, le trône d'Allemagne demeure vacant sept mois. On compte parmi les prétendants à ce trône, le roi de France Philippe le *Bel :* mais il n'y a aucun monument de l'histoire de France, qui en fasse la moindre mention.

Charles de Valois frére de ce monarque se met sur les rangs. C'était un prince qui allait par tout chercher des roïaumes. Il avait reçu la couronne d'Arragon des mains du pape Martin IV. & lui avait prêté l'hommage & le serment de fidélité, que les papes éxigeaient des rois d'Arragon : mais il n'avait plus qu'un vain titre. Boniface VIII. lui avait promis de le faire roi des romains, mais il n'avait pû tenir sa parole.

Bertrand de Got gascon, archevêque de Bourdeaux, élevé au Pontificat de Rome par la protection de Philippe le Bel, promet cette fois la couronne imperiale à ce Prince. Les papes y pouvaient beaucoup alors, malgré toute leur faiblesse, parce que leur refus de reconnaître le roi des romains élu en Allemagne, était souvent un prétexte de factions, & de guerres civiles.

Ce pape Clément V. fait tout le contraire de ce qu'il avait promis. Il fait presser sous main les électeurs de nommer Henri Comte de Luxembourg.

Ce prince est le premier qui est nommé par six électeurs seulement, tous six grands officiers de la couronne : les archévêques de Mayence, Trêves, & Cologne, chanceliers : le comte Palatin de la maison de Baviére d'aujourd'hui, grand maître de la maison : le Duc de Saxe de la maison d'Ascanie, grand écuïer : le marquis de Brandebourg de la même maison d'Asconie, grand Chambellan.

Le roi de Bohéme grand échanson n'y assista pas, & personne même ne le représenta. Le roïaume de Bohéme était alors vacant, les bohemiens ne voulant pas reconnaître le duc de Carinthie, qu'ils avaient élu, mais auquel ils faisaient la guerre comme à un tiran.

Ce fut le comte palatin qui nomma au nom de six électeurs, *Henri comte de Luxembourg, roi des romains, futur empereur, protecteur de l'église romaine & universelle & défenseur des veuves & des orphelins.*

1309.

Henri VII. commence par vanger l'assassinat de l'empereur Albert. Il met l'assassin Jean prétendu duc de Suabe, au ban de l'empire. Frédéric, & Léopold d'Autriche ses cousins, descendants comme lui de Rodolphe de Habsbourg, éxécutent la sentence, & reçoivent l'investiture de ses domaines.

Un des assassins, nommé Rodolphe de Warth seigneur considérable, est pris ; & c'est par lui que commence l'usage du supplice de la roue. Pour Jean, après avoir erré longtemps, il obtint l'absolution du pape, & se fit moine.

L'empereur donne à son fils de Luxembourg le titre de duc sans ériger le Luxembourg en duché

duché. Il y avait des ducs à brevet comme on en voit aujourd'hui en France, mais c'étaient des princes. On a déja vu que les empereurs faifaient des rois à brevet.

L'empereur fonge à établir fa maifon, & fait élire fon fils Jean de Luxembourg, Roi de Bohéme. Il fallut la conquérir fur le duc de Carinthie; & cela ne fut pas difficile, puifque le duc de Carinthie avait contre lui la nation.

Tous les juifs font chaffés d'Allemagne, & une grande partie eft dépouillée de fes biens. Ce peuple confacré à l'ufure depuis qu'il eft connu, aïant toujours exercé ce métier à Babilone, à Alexandrie, à Rome, & dans toute l'Europe, s'était rendu par tout également néceffaire & exécrable. Il n'y avait guéres de villes, où l'on n'acufat les juifs d'immoler un enfant le Vendredi Saint, & de poignarder une hoftie. On fait encor dans plufieurs villes des proceffions en mémoire des hofties qu'ils ont poignardées, & qui ont jetté du fang. Ces accufations ridicules fervaient à les dépouiller de leurs richeffes.

1310.

L'ordre des templiers eft traité plus cruellement que les juifs. C'eft un des événemens les plus incomprehenfibles. Des chevaliers qui faifaient vœu de combattre pour JEfus-Chrift, font accufés de le renier, d'adorer une tête de cuivre, & de n'avoir pour cérémonies fecrettes de leur reception dans l'ordre, que les plus horribles débauches. Ils font condamnés au feu en France en confequence d'une bulle du pape Clement V. & de leurs grands biens. Le grand maître de l'ordre Molai Gui frere du Dauphin d'Auvergne, & foixante & quatorze chevaliers, jurérent en vain que l'ordre était innocent. Philippe le Bel irrité contre eux les fit trouver coupables. Le Pape dévoné au roi de France les condamna. Il y en eut cinquante-neuf de brulés a Paris. On les pourfuivit partout. Le Pape abolit l'ordre deux ans après; mais en allemagne on ne fit rien contre eux ; peut-être parce qu'on les perfécutait trop en France. Il y a grande apparence que les débauches de quelques jeunes chevaliers avaient donné occafion de calomnier l'ordre entier.

Henri VII. veut rétablir l'Empire en Italie. Aucun empereur n'y avait été, depuis Fréderic II.

Diétte à Francfort pour établir Jean de Luxembourg, roi de Bohéme, vicaire de l'empire, & pour fournir au voïage de l'empereur. Ce voïage s'appelle comme on fait *l'éxpedition Romaine*. Chaque état de l'empire fe cotife pour fournir des foldats, des cavaliers, ou de l'argent.

Les comiffaires de l'empereur qui le précedent font à Laufanne le 11. Octobre, le ferment accoutumé aux commiffaires du pape. Serment regardé toujours par les papes comme un acte d'obeiffance & un hommage ; & par les empereurs comme une promeffe de protection ; mais les paroles en étaient favorables aux prétentions des papes.

1311.

Les factions des Guelfes & des Gibelins partageaient toujours l'Italie. Mais ces factions n'avaient plus le même objet qu'autrefois ; elle necombat-

Henri VII.

battaient plus l'une pour l'empereur, l'autre pour le pape. Ce n'était plus qu'un mot de ralliement, auquel il n'y avait guères d'idée fixe attachée. C'est de quoy nous avons vû un exemple en Angleterre dans les factions de Wighs & de Thoris.

Le pape Clément V. fuiait Rome, où il n'avait aucun pouvoir. Il établiſſait ſa cour à Lion avec ſa maîtreſſe la comteſſe de Perigord, & amaſſait ce qu'il pouvait de tréſors.

Rome était dans l'anarchie d'un gouvernement populaire. Les Colonna, les Urſini, les barons Romains partageaient la ville, & ceſt la cauſe de ce long ſejour des papes au bord du rône; de ſorte que Rome paraiſſait également perdue pour les papes & pour les empereurs.

La Sicile était reſtée à la maiſon d'Arragon. Carobert roi de Hongrie diſputait le roïaume de Naples à Robert ſon oncle, fils de Charles ſecond de la maiſon d'Anjou.

La maiſon d'Eſte s'était établie à Ferrare. Les Venitiens voulaient s'emparer de ce païs.

L'ancienne ligue des villes d'Italie était bien loin de ſubſiſter. Elle n'avait été faite que contre les empereurs. Mais depuis qu'ils ne venaient plus en Italie, ces villes ne penſaient qu'à s'agrandir aux dépens les unes des autres.

Les florentins & les génois faiſaient la guerre à la republique de Piſe. Chaque ville d'ailleurs était partagée en factions. Florence entre les noirs & les blancs: Milan entre les viconti & les turriani.

Ce fut au milieu de ces troubles que Henri VII

VII. parait enfin en Italie. Il fe fait couronner roi de Lonbardie à Milan. Les Guelfes cachent cette ancienne couronne de fer des rois Lonbards, comme fi c'était à un petit cercle de fer que fût attaché le droit de regner. L'empereur fait faire une nouvelle couronne.

Les turriani, le propre chancelier de l'emperéur confpirent contre fa vie dans Mi'an. Il condamne fon chancelier au feu. La plûpart des villes de Lonbardie, Créme, Cremone, Lodi, Brefcia lui refufent obéïffance. Il les foumet par la force, & il y a beaucoup de fang répandu.

Il marche à Rome. Robert Roi de Naples de concert avec le pape lui ferme les portes, en faifant marcher vers Rome Jean prince de Morée fon frere avec des gendarmes, & de l'infanterie.

Plufieurs villes, comme Florence, Boulogne, Lucques fe joignent fecretement à Robert. Cépendant le pape écrit de Lion à l'empereur, qu'il ne fouhaite rien tant que fon couronnement; le roi de Naples l'affure des mêmes fentiments, & lui protefte que le prince de Morée n'eft à Rome que pour y mettre l'ordre.

Henry VII. fe préfente à la porte de la ville Léonine, qui renferme l'églife de St. Pierre, mais il faut qu'il l'affiége pour y entrer. Il eft battu au lieu d'être couronné. Il négocie avec l'autre partie de la ville, & demande qu'on le couronne dans l'églife de St. Jean de Latran. Les cardinaux s'y oppofent, & difent que cela ne fe peut fans la permiffion du pape.

Le

Le peuple de ce quartier prend le parti de l'empereur. Il est couronné en tumulte par quelques cardinaux. Alors il fait examiner par des jurisconsultes la question, *si le pape peut ordonner quelque chose à l'empereur, & si le roiaume de Naples relève de l'Empire, ou du st. siège.* Ses jurisconsultes ne manquent pas de décider en sa faveur, & le pape a grand soin de faire décider le contraire par les siens.

1313.

C'est comme on a vu, la destinée des empereurs de manquer de forces pour dominer dans Rome. Henri VII. est obligé d'en sortir. Il va assiéger inutilement Florence, & cite non moins inutilement Robert roi de Naples à comparaître devant lui. Il met non moins vainement ce roi au ban de l'Empire, comme coupable de Leze-Majesté, *& le bannit à perpétuité sous peine de perdre la tête.* L'arrêt est du 25 avril.

Il rend des arrêts à peu près semblables contre Florence, & Lucques, & permet par ces arrêts d'assassiner les habitans ; Venceslas en démence n'aurait pas donné de tels rescripts.

Il fait lever des troupes en Allemagne par son frere archevêque de Tréves. Il obtient des génois, & des pisans cinquante galéres. On conspire dans Naples en sa faveur. Il pense conquérir Naples & ensuite Rome ; mais prêt à partir, il meurt auprès de la ville de Sienne. L'arrêt contre les florentins était une invitation à l'empoisonner. Un dominicain nommé Politien de Montepulciano, qui le communiait, mêla, dit-on, du poison dans le vin consacré. Il est diffi-

difficile de prouver de tels crimes. Mais les dominicains n'obtinrent du fils de Henri VII. Jean roi de Bohême, des lettres qui les déclarent innocens, que trente ans après la mort de l'empereur. Il eut mieux valu avoir ces lettres dans le tems même qu'on commençait à les accuser de cet empoisonnement sacrilége.

INTERREGNE DE QUATORZE MOIS.

Dans les dernieres années de la vie de Henri VII. l'ordre teutonique s'agrandissait, & faisait des conquêtes sur les idolatres, & sur les chrétiens des bords de la mer baltique. Ils se rendirent même maîtres de Dantzick, qu'ils cederent après. Ils acheterent la contrée de prusse nommée Pomerelie d'un margrave de Brandebourg qui la posseda.

Pendant que les chevaliers Teutons devenaient des conquerants, les templiers furent détruits en Allemagne, comme ailleurs, & quoy qu'ils se soutinssent encor quelques années vers le Rhin, leur ordre fut enfin entiérement aboli.

1314.

Le pape Clement V. condamne la mémoire de Henri VII. déclare que le serment que cet empereur avait fait à son couronnement dans Rome était un *serment de fidélité*, & par consequent d'un vassal qui rend hommage.

Il casse la sentence de Henri VII. portée contre le roi de Naples, *attendu*, dit-il avec raison *que le roi Robert est notre vassal.*

Mais le pape ajoute à cette raison des choses bien étonnantes. *Nous avons*, dit-il, *la superiorité sur l'empire, & nous succedons à l'empereur pendant la vacance, par le plein pouvoir que JEsus-Chrift nous a donné.*

En vertu de cette prétention le pape établit le roi de Naples Robert, vicaire de l'empire en Italie. Ainfi les papes qui ne craignent rien tant qu'un empereur, aident eux-mêmes à perpetuer cette dignité, en reconnaiffant qu'il faut un vicaire dans l'interregne. Mais ils nomment ce vicaire pour fe faire un droit de nommer un empereur.

Les électeurs en Allemagne font longtems divifés. Il était déja établi dans l'opinion des hommes que le droit de fuffrage n'apartenait qu'aux grands officiers de la maifon, c'eft à dire, aux trois chanceliers ecclésiastiques, & aux quatre princes féculiers. Ces officiers avaient longtems eu la premiere influence. Ils déclaraient la nomination faite par la pluralité des fuffrages : peu à peu ils attirerent à eux feuls le droit d'élire.

Cela eft fi vrai que le duc de Carinthie Henri, qui prenait le titre de roi de Bohéme, difputait en cette feule qualité le droit d'électeur à Jean de Luxembourg fils de Henri VII. qui en éffet était roi de Bohéme.

Les ducs de Saxe, Jean, & Rodolphe, qui avaient chacun une partie de la Saxe, prétendaient partager le droit d'élire, & être tous deux électeurs, parce qu'ils fe difaient tous deux grands maréchaux.

Le duc de Baviére Louis, le même qui fut empereur, chef de la branche Bavaroife, voulait partager avec fon frere ainé Rodolphe comte palatin le droit de fuffrage.

Il y eut donc dix électeurs qui représentaient sept officiers, sept charges principales de l'empire. De ces dix électeurs cinq nomment Louis duc de Baviére, qui ajoutant son suffrage, est ainsi élu par six voix.

Les quatre autres choisissent Fréderic duc d'Autriche, fils de l'empereur Albert; & ce duc d'Autriche ne compta point sa propre voix; ce qui prouve évidement que l'Autriche n'avait point droit de suffrage, ne fournissant point de grand officier.

LOUIS V. ou LOUIS DE BAVIERE.
TRENTE-DEUXIEME EMPEREUR.

1315.

On ne compte pour empereur que Louis de Baviére, parce qu'il passe pour avoir été élu par le plus grand nombre, mais surtout parce que son rival Fréderic le beau, fut malheureux. Fréderic est sacré à Cologne, par l'archevêque du lieu. Louis à Aix-la-Chapelle par l'archevêque de Mayence; & cet archevêque s'attribue ce privilege, malgré l'archevêque de Cologne Metropolitain d'Aix.

Ces deux sacres produisent necessairement des guerres civiles; & celle-ci l'est d'autant plus que Louis de Baviére était oncle de Fréderic son rival. Quelques cantons suisses deja ligués prennent les armes pour Louis de Baviére. Ils deffendaient par là leur liberté contre l'Autriche.

Mé-

Mémorable bataille de Mortgat. Si les suisses avaient eu l'éloquence des athéniens comme le courage, cette journée serait aussi celebre que celle des Termopiles. Seize cens suisses des cantons d'Uri, de Schwitz, & d'Underwald dissipent au passage des montagnes une armée formidable du duc d'Autriche. Le champ de bataille de Mortgat est le vrai berceau de leur liberté.

1316.

Jean XXII. pape à Avignon & à Lion comme ses deux prédécesseurs, n'osant pas mettre le pied en Italie, & abandonnant Rome, déclare cependant que l'empire dépend de l'église romaine, & cite à son tribunal les deux prétendants à l'Empire. Il y a eu de plus grandes révolutions sur la terre, mais il n'y en a pas une plus singuliére dans l'esprit humain, que de voir les successeurs des Césars créés sur les bords du Méin, soumettre les droits qu'ils n'ont point sur Rome, à un pontife de Rome créé dans Avignon ; tandis que les rois d'Allemagne prétendent avoir le droit de donner les roiaumes de l'Europe, que les papes prétendent nommer les empereurs & les rois, & que le peuple romain ne veut ni d'empereur ni de pape.

1317.

Il faut se représenter dans ces tems-là, l'Italie aussi divisée que l'Allemagne. Les guelfes & les gibelins la déchirent toujours. Les guelfes à la téte desquels est le roi de Naples Robert tiennent pour Fréderic d'Autriche. Louis a pour lui les gibelins. Les principaux de cette faction sont les Viscomtis à Milan. Cette maison établissait sa puissance sur le prétexte de soutenir celle des empereurs.

reurs. La France voulait deja se mêler des affaires du milanais, mais faiblement.

1318.

Guerre entre Eric roi de Dannemarck & Valdemar margrave de Brandebourg. Ce margrave soutient seul cette guerre sans l'aide d'aucun prince de l'Empire. Quand un état faible tient tête à un plus fort, c'est qu'il est gouverné par un homme superieur.

Le duc de Lavembourg dans cette courte querelle bientôt accomodée, est prisonnier du margrave, & se rachete pour seize mille marcs d'argent. On pourait par ces rançons juger à peu près de la quantité d'espéces qui roulaient alors dans ces païs, où les princes avaient tout, & les peuples presque rien.

1319.

Les deux empereurs consentent à décider leur querelle plus importante, par trente champions : usage des anciens tems que la chevalerie a renouvellé quelque fois.

Ce combat d'homme à homme, de quinze contre quinze fut comme celui des héros grecs & troyens. Il ne decida rien, & ne fut que le prélude de la bataille que les deux armées se livrerent après avoir été spectatrices du combat des trente. Louis est vainqueur dans cette bataille; mais sa victoire n'est point decisive.

1320.

1320. 1321.

Philippe de Valois, neveu de Philippe le Bel roi de France, accepte du pape Jean XXII. la qualité de lieutenant général de l'églife contre les gibelins en Italie. Philippe de Valois y va, croiant tirer quelque parti de toutes ces divifions. Les Vifcomtis trouvent le fecret de lui faire repaffer les Alpes, tantôt en affamant fa petite armée, & tantôt en négociant.

L'Italie refte partagée en guelfes & en gibelins fans prendre trop parti ni pour Fréderic d'Autriche, ni pour Henri de Baviére.

1322.

Il fe donne une bataille décifive entre les deux empereurs, encor affez près de Muldorf le 28. fept. 1322. le duc d'Autriche eft pris avec le duc Henri fon frere, & Ferri duc de Lorraine. Dès ce jour il n'y eut plus qu'un empereur.

Léopold d'Autriche frere des deux prifonniers continuë en vain la guerrre.

Jean de Luxembourg roi de Bohéme fatigué des contradictions qu'il éprouve dans fon païs, envoie fon fils en France pour l'y faire élever à la Cour du roi Charles le Bel. Il fait un échange de fa couronne contre le palatinat du Rhin avec l'empereur. Cela parait incroiable. Le poffeffeur du palatinat du Rhin était Rodolphe de Baviére propre frere de l'empereur. Ce Rodolphe s'était jetté dans le parti de Fréderic d'Autriche contre fon frere; & l'empereur Louis de Baviére qui venait de s'emparer du palatinat, gagne la Bohéme à ce marché.

On ne peut pas toujours en tout païs acheter & vendre des hommes comme des bêtes. Toute la nobleffe de Bohéme fe fouleva contre cet accord, le declarerent nul & injurieux, & il demeura fans effet. Mais Rodolphe refta privé de fon palatinat.

1323.

Un évenement plus extraordinaire encor arrive dans le Brandebourg. Le margrave de ce païs de l'ancienne maifon d'Afcanie, quitte fon margraviat pour aller en pelerinage à la terre fainte. Il laiffe fes états à fon frere, qui meurt vingt-quatre jours après le départ du pelerin. Il y avait beaucoup de parents capables de fucceder L'ancienne maifon de Saxe-Lavembourg, & celle de Anhalt avaient des droits. L'empereur pour les accorder tous, & fans attendre de nouvelles du pelerinage du veritable poffeffeur, voulut aproprier à fa maifon les états de Brandebourg, & il en inveftit fon fils Louis.

L'empereur époufe en fecondes noces la fille d'un comte de Hainaut & de Hollande, qui lui apporte pour dot ces deux provinces avec la Zélande & la Frife. Aucun etat vers les Païs-Bas n'était regardé comme un fief mafculin. Les empereurs fongeaient à l'établiffement de leurs maifons auffi bien qu'à l'Empire.

L'empereur aiant vaincu fon concurrent, a le pape encor à vaincre. Jean XXII. des bords du
Rhône

Rhône ne laiſſait pas d'influer beaucoup en Italie. Il animait la faction des guelfes, contre les gibelins. Il déclare les Viſcomtis hérétiques; & comme l'empereur favoriſe les Viſcomtis, il déclare l'empereur fauteur d'hérétiques, & par une bulle du 9. octobre, il ordonne à Louis de Bavière de ſe déſiſter dans trois mois de l'adminiſtration de l'Empire, *pour avoir pris le titre de roi des romains ſans attendre que le pape ait examiné ſon élection.* L'empereur ſe contente de proteſter contre cette bulle, ne pouvant encor faire mieux.

1324.

Louis de Bavière ſoutient le reſte de la guerre contre la maiſon d'Autriche, pendant qu'il eſt attaqué par le pape.

Jean XXII. par une nouvelle bulle du 15. juillet, déclare l'empereur *contumace*, & le prive de tout droit à l'empire s'il ne comparait devant ſa ſainteté avant le 1. octobre. Louis de Bavière donne un réſcript, par lequel il invite l'égliſe à dépoſer le pape, & appelle au futur concile.

Marcile de Padouë, & Jean de Gent franciſcain viennent offrir leur plume à l'empereur contre le pape, & prétendent prouver que le st. père eſt hérétique. Il avait en éffet des opinions ſingulières qu'il fut obligé de retracter.

1325.

Quand on voit ainſi les papes, n'aiant pas une ville à eux parler aux empereurs en maîtres, on devine aiſément qu'ils ne font que mettre à profit les préjugés des peuples, & les intérêts des prin-

princes. La maifon d'Autriche avait encor un parti en Allemagne, quoique le chef fut en prifon; & ce n'eft qu'à la tête d'un parti qu'une bulle peut être dangereufe.

L'Alface, & le païs Meffin par éxemple tenaient pour cette maifon. L'empereur fit une alliance avec le duc de Lorraine fon prifonnier, avec l'archevêque de Tréves, & le comte de Bar pour prendre Metz. Metz fut prife en effet, & païa environ quarante-mille livres tournois à fes vainqueurs.

Fréderic d'Autriche étant toujours en prifon, le pape veut faire donner l'Empire à Charles le Bel roi de France. Il eut été naturel qu'un pape eut fait nommer un empereur en Italie. C'était ainfi qu'on en avait ufé envers Charlemagne ; mais le long ufage prévalait, & il fallait que l'Allemagne fit l'élection. On gagne en faveur du roi de France quelques princes d'Allemagne, qui donnérent rendez-vous au roi à Bar-fur-Aube. Le roi de France s'y tranfporte, & n'y trouve que Léopold d'Autriche.

Le roi de France retourne chez lui, affligé de fa fauffe démarche. Léopold d'Autriche fans refource renvoie à Louis de Baviére la lance, l'épée, & la couronne de Charlemagne. L'opinion publique attachait encor à ces fimboles un droit qui confirmait celui de l'élection.

Louis de Baviére élargit enfin fon prifonnier, & lui fait figner une rénonciation à l'Empire pour le tems de la vie de Louis. On prétend que Fréderic d'Autriche conferva toujours le titre de roi des romains.
1326.

1326.

Léopold d'Autriche meurt. Il faut bien obferver, que malgré les loix, l'ufage conftant était, que les grands fiefs fe partageaffent encor entre les heritiers. Trente enfans auraient partagé le même état en trente parts, & auraient tous porté le même titre. Tous les agnats de Rodolphe de Habsbourg portaient le nom de ducs d'Autriche.

Léopold avait eu pour fon partage l'Alface, la Suiffe, la Suabe, & le Brifgau. Ses freres fe difputent cet héritage ; ils choififfent le roi de Bohême Jean de Luxembourg pour auftregue, c'eft-à-dire, pour arbitre.

1327.

Louis de Baviére va enfin en Italie fe mettre à la tête des gibelins, & le pape anime de loin les guelfes contre lui. L'ancienne querelle de l'Empire & du pontificat fe renouvelle avec fureur.

Louis marche avec une petite armée à Milan ; il eft accompagné d'une foule de moines francifcains. Ces moines étaient excommuniés par le pape Jean XXII. pour avoir foutenu que leur capuchon devait être plus pointu, & que leur boire & leur manger ne leur apartenait pas en propre.

Ces mêmes francifcains traitaient le pape d'hérétique & de damné au fujet de fon opinion fur la vifion béatifique.

L'empereur eft couronné roi de Lonbardie à Milan, non par l'archevêque, qui le refufe, mais par l'évêque d'Arezzo.

Dès que ce prince se prépare à aller à Rome, la faction des guelfes presse le pape d'y revenir. Le pape n'ose y aller, tant il craint le parti gibelin & l'empereur.

Les pisans offrent à l'empereur soixante-mille livres pour qu'il ne passe point par leur ville dans son voiage à Rome. Louis de Bavière assiége Pise, & se fait donner au bout de trois jours trente autres mille livres pour y séjourner deux mois. Les historiens disent que ce sont de livres d'or, mais cette somme ferait six millions d'écus d'Allemagne, ce qui est plus aisé de coucher par écrit que de païer.

Nouvelle Bulle de Jean XXII. à Avignon le 23. octobre. *Nous réprouvons ledit Louis comme hérétique. Nous dépouillons ledit Louis de tous ses biens meubles & immeubles, du palatinat du Rhin, de tout droit à l'Empire, défendons de fournir audit Louis du blé, du linge, du vin, du bois &c.*

L'hérésie de l'empereur était d'aller à Rome.

1328.

Louis de Bavière est couronné dans Rome sans prêter le serment de fidélité. Le célébre Castruccio Castracani, tiran de Lucques, créé d'abord par l'empereur comte du palais de Latran & gouverneur de Rome, le conduit à st. Pierre avec les quatre premiers barons romains, Colonna, Ursini, Savelli, Conti.

Louis est sacré par un évêque de Venise, assisté d'un évêque d'Aleria, tous deux excommuniés par le pape. Il y eut peu de troubles dans Rome à ce couronnement.

Le

Le 18. avril, l'empereur tient une assemblée générale. Il y préside revêtu du manteau impérial, la couronne en tête, & le sceptre à la main Un moine augustin, Nicolas Fabriano y accuse le pape, & demande *s'il y a quelqu'un qui veuille défendre le prêtre de Cahors, qui se fait nommer le pape Jean.* L'ordre des augustins devait produire un jour un homme plus dangereux pour les papes.

On lut ensuite la sentence par laquelle l'empereur déposait le pape. *Nous voulons*, dit-il, *suivre l'exemple d'Oton I. qui avec le clergé, & le peuple de Rome déposa le pape Jean XII. &c. Nous déposons de l'évêché de Rome Jacques de Cahors, convaincu d'hérésie, & de Leze-Majesté. &c.*

Le jeune Colonna attaché en secret au pape, publie son opposition dans Rome, l'affiche à la porte de l'église, & s'enfuit.

Enfin Louis prononce un arrêt de mort contre le pape & même contre le roi de Naples qui avait accepté du pape le vicariat de l'Empire en Italie. Il les condamne tous deux à être brulés vifs ; la colére outrée va quelque fois jusqu'au ridicule. Il crée pape le 22. may de son autorité Pierre Reinalucci de la ville de Corbiero ou Corbario, dominicain, & le fait agréer par le peuple romain. Il l'investit par l'anneau au lieu de lui baiser les pieds, & se fait de nouveau couronner par lui.

Ce qui était arrivé à tous les empereurs depuis les Otons, arrive à Louis de Baviére. Les romains conspirent contre lui. Le roi de Naples arrive avec des troupes aux portes de Rome. L'empereur & son pape sont obligés de s'enfuir.

1329.

1329.

L'empereur refugié à Pife, est forcé d'en fortir. Il retourne fans armée en Baviére avec deux franciscains qui écrivaient contre le pape; Michel de Cefène, & Guillaume Okam. L'antipape Pierre de Corbiero se cache de ville en ville.

Le roi de Naples Robert fait rentrer fous la domination, ou plûtôt fous la protection papale, Rome & plusieurs villes d'Italie.

Les Viscomtis toujours puissants dans Milan, & qui ne pouvaient plus être défendus par l'empereur, l'abandonnent. Ils se rangent du parti de Jean XXII. qui toujours refugié dans Avignon, femble donner des loix à l'Europe; & en donne en effet quand ces loix font exécutées par les forts contre les faibles.

Louis de Baviére étant à Pavie fait un traité mémorable avec fon neveu Robert fils de l'électeur palatin Rodolphe mort en exil en Angleterre, & tige de toute la branche palatine. Par ce traité il partage avec fon neveu les terres de la maifon palatine; il lui rend le palatinat du Rhin & le haut palatinat, & il garde pour lui la Baviére. Il regle qu'après l'extinction d'une des deux maifons palatine & Baviére, qui ont une fouche commune, la furvivante entrera en poffeffion de toutes les terres & dignités de l'autre, & que cependant le fuffrage dans les élections des empereurs apartiendra alternativement aux deux maifons. Le droit de fuffrage accordé ainfi à la maifon de Baviére ne dura pas longtems. La divifion que cet accord mit entre les deux maifons fut plus longue.

1330.

1330.

Le pape Frere Pierre de Corbiéro caché dans un château d'Italie, entouré de soldats envoiés par l'archevêque de Pise, demande grace à Jean XXII. qui lui promet la vie sauve, & trois-mille florins d'or de pension pour son entretien.

Ce pape Frere Pierre va la corde au cou se présenter devant le pape, qui le fait enfermer dans une prison où il mourut au bout de trois ans. On ne sait, s'il avait stipulé ou non, qu'il ne serait pas enfermé.

Christophe roi de Dannemarck est déposé par les états du païs. Il a recours à l'Empire. Les ducs de Saxe, de Méklenbourg, & de Poméranie, sont nommés par l'empereur pour juger entre le prince & les sujets. C'était faire revivre les droits éteints de l'Empire sur le Dannemarck. Mais Gerard comte de Holstein, régent du roiaume, ne voulut pas reconnaitre cette commission. Le roi Christophe avec les forces de ces princes, & du margrave de Brandebourg, chasse le régent, & remonte sur le trône.

Louis de Baviére veut se reconcilier avec le pape, & lui envoie une ambassade. Jean XXII. pour réponse mande au roi de Bohéme qu'il ait à faire déposer l'empereur.

1331.

Le roi de Bohéme Jean au lieu d'obeïr au pape, se lie avec l'empereur, & marche en Italie avec une armée, en qualité de vicaire de l'Empire. Aiant réduit quelques villes, comme Crémone, Parme,

Parme, Pavie, Modéne, il est tenté de les garder pour lui, & dans cette idée il s'unit secretement avec le pape. Les guelfes & les gibelins allarmés se réunissent contre Jean XXII. & contre Jean de Bohême.

L'empereur craignant un vicaire si dangereux, excite contre lui Oton d'Autriche, frere de ce même Fréderic son rival pour l'Empire, tant les intérêts changent en peu de tems.

Il suscite le marquis de Misnie, & Carobert roi de Hongrie, & jusqu'à la Pologne. Il est donc prouvé qu'alors il pouvait bien peu par lui-même. L'Empire fut rarement plus faible. Mais l'Allemagne dans tous ces troubles est toujours respectée des étrangers, toujours hors d'atteinte.

Le roi de Bohéme revenu en Allemagne bat tous ses ennemis l'un après l'autre. Il laisse son fils Charles vicaire en Italie malgré Louis de Baviére, & pour lui il va jusqu'en Pologne. Ce roi de Bohéme Jean était alors le véritable empereur par son pouvoir.

Les guelfes & les gibelins, malgré leur antipatie se liguent contre le prince Charles de Bohémie en Italie. Le roi son pere vainqueur en Allemagne, passe les Alpes pour secourir son fils. Il arrive lorsque ce jeune prince vient de remporter une victoire signalée le 25. novembre vers le Tirol.

Il rentre avec son fils triomphant dans Prague, & lui donne la marche, ou marquisat, ou margraviat de Moravie, en lui faisant prêter un hommage lige.

1332.

1332.

Le pape continue d'employer la relligion dans l'intrigue. Oton duc d'Autriche gagné par lui, quitte le parti de l'empereur, & gagné par des moines il foumet fes états au st. fiége. Il fe déclare vaffal de Rome. Quel temps, où une telle action ne fut ni abhorrée, ni punie !

C'eft que ce tems était celui de l'anarchie. Le roi de Bohéme fe faifait craindre de l'empereur, & fongeait à établir fon crédit dans l'Allemagne. Lui & fon fils avaient gagné des batailles en Italie, mais des batailles inutiles. Toute l'Italie était armée alors, Gibelins contre Guelfes, les uns & les autres contre les allemands, toutes les villes s'accordaient dans leur haine contre l'Allemagne, & toutes fe faifaient la guerre, au-lieu de s'entendre pour brifer à jamais leurs chaines.

Pendant ces troubles l'ordre teutonique eft toujours une milice de conquérants vers la Pruffe. Les polonais leur prennent quelques villes. Ce même Jean roi de Bohéme marche à leur fecours. Il va jufqu'à Cracovie. Il appaife des troubles en Siléfie. Ce prince maître de la Bohéme, de la Siléfie, de la Moravie, faifait alors tout trembler.

Strasbourg, Fribourg en Brifgau, & Bâle s'uniffent dans ces temps de trouble contre les tirans voifins. Plufieurs villes entrent dans cette affociation. Le voifinage de quatre cantons fuiffes devenus libres, infpirent à ces peuples des fentimens de liberté.

Oton

Oton d'Autriche affiége Colmar. L'empereur foutient cette ville contre le duc d'Autriche. Le comte de Wirtemberg fournit des troupes à l'empereur; le roi de Bohême lui en donne. On voit de part & d'autre des armées de trente-mille hommes, mais ce n'eft jamais que pour une campagne. L'empereur n'eft alors que comme un autre prince d'Allemagne qui a fes amis contre fes ennemis. Qu'eût ce été, fi tout eût été réuni pour fubjuguer en effet toute l'Italie?

Mais l'Allemagne n'eft occupée que de fes querelles inteftines. Le duc d'Autriche fe raccommode avec l'empereur. La face des affaires change continuellement, & la mifère des peuples continue.

1333.

On a vû Jean roi de Bohême combattre en Italie pour l'empereur, maintenant le voici armé pour le pape. On a vû Robert roi de Naples défenfeur du pape; il eft à préfent fon ennemi. Ce même roi de Bohême qui venait d'afliéger Cracovie, va en Italie de concert avec le roi de France, pour y établir le pouvoir du pape. C'eft ainfi que l'ambition promène les hommes.

Qu'arrive-t-il? il donne bataille près de Ferrare au roi Robert de Naples, aux vifcomtis, aux l'efcales princes de Verone, réunis. Il eft défait deux fois. Il retourne en Allemagne après avoir perdu fes troupes, fon argent, & fa gloire.

Troubles & guerres en Brabant au fujet de la propriété de Malines, que le duc de Brabant, & le comte de Flandre fe difputent. Le roi de Bohême

Bohême s'en mêle encore. On s'accommode. Malines demeure à la Flandre.

1334.

Cependant l'empereur Louis de Bavière reste tranquille dans Munich, & semble ne plus prendre part à rien.

Le pape Jean XXII. plus remuant, sollicite toujours les princes allemands à se soulever contre Louis de Bavière; & les franciscains du parti de Michel de Cesène, condamnés par le pape, pressent l'empereur d'assembler un concile pour faire déclarer le pape hérétique, & pour le déposer.

La mort devait vanger l'empereur plus promptement qu'un concile. Jean XXII. meurt à quatre-vingt-dix ans le 2. décembre dans Avignon.

Villani prétend qu'on trouva dans son trésor la valeur de vingt-cinq millions de florins d'or, dont dix-huit millions monnoïés: *Je le sais*, dit Villani, *de mon frère Romone qui était marchand du pape.* On peut dire hardiment à Villani, que son frère le marchand était un grand exagérateur. Cela ferait environ deux-cent millions d'écus d'Allemagne d'aujourd'hui. On eût alors avec une pareille somme acheté toute l'Italie, & Jean XXII. n'y mit jamais le pied. Il eut beau ajouter une troisième couronne à la tiare pontificale, il n'en fut pas plus puissant. Il est vrai qu'il vendait beaucoup de bénéfices, qu'il inventa les

anna-

annates, les reserves, les expectatives, qu'il mit à prix les dispenses, & les absolutions. Tout cela est une ressource bien plus faible qu'on ne pense, & a produit beaucoup plus de scandale que d'argent ; les exacteurs de pareils tributs n'en font d'ordinaire aux maîtres qu'une part fort legère.

Ce qui est digne de remarque, c'est qu'il eut du scrupule en mourant sur la manière dont il avait dit qu'on voïait Dieu dans le ciel, & qu'il n'en eut point sur les trésors qu'il avait amassés sur la terre.

1335.

Le vieux roi Jean de Luxembourg épouse une jeune princesse de la maison de France, de la branche de Bourbon, & par son contract de mariage, il donne le duché de Luxembourg au fils qui naîtra de cette alliance. La plûpart des clauses des contracts sont des sémences de guerre.

Voici un autre mariage qui produit une guerre dès qu'il est consommé. Le vieux roi de Bohéme avait un second fils Jean de Luxembourg duc de Carinthie. Ce jeune prince prenait le titre de duc de Carinthie, parce que sa femme avait des prétensions sur ce duché. Cette princesse de Carinthie qu'on appellait Marguerite *la grande bouche*, prétend que son mari Jean de Luxembourg est impuissant. Elle trouve un évêque de Frisingue qui casse son mariage sans formalités ; elle se donne au marquis de Brandebourg.

L'intérêt a autant de part que l'amour dans cet adultère. Le margrave de Brandebourg, était

le

le fils de l'empereur Louis de Bavière. Marguerite *la grande bouche* apportait le Tirol en dot & des droits sur la Carinthie : ainsi l'empereur ne fit aucune difficulté d'ôter cette princesse au prince de Bohéme, & de la donner à son fils de Brandebourg. Ce mariage excite une guerre qui dure toute l'année ; & après beaucoup de sang répandu, on en vient à un accommodement singulier. C'est que le jeune Jean de Luxembourg avoüe que sa femme a raison de l'avoir quitté, & approuve son mariage avec le Brandebourgeois fils de l'empereur.

Petite guerre des Strasbourgeois contre les seigneurs des environs. Strasbourg agit en vraïe république indépendante, à cela près que son évêque se mettait souvent à la tête des troupes, pour faire dépendre les citoïens de l'évêque.

1336. 1337.

On commence à négocier beaucoup en Allemagne pour la fameuse guerre que le roi d'Angleterre Edouard III. méditait contre Philippe de Valois. Il s'agissait de savoir à qui la France appartiendrait.

Il est vrai que ce païs beaucoup plus resserré qu'il ne l'est aujourd'hui, affaibli par les divisions du gouvernement féodal, & n'aïant point de grand commerce maritime, n'était pas le plus grand théatre de l'Europe, mais c'était toujours un objet très-important.

Philippe de Valois d'un côté, & Edouard de l'autre tâchent d'engager les princes d'Allemagne dans leur querelle : mais il parait que l'anglais
fit

fit mieux fa partie que le français. Philippe de Valois a pour lui le roi de Bohéme, & Edouard a tous les princes voifins de la France. Il a fur tout pour lui l'empereur ; il n'en obtient à la vérité que des lettres patentes, mais ces lettres patentes font de vicaire de l'Empire. Le fier Edouard confent volontiers à éxercer ce vicariat, pour tâcher de faire déclarer guerre de l'Empire, la guerre contre la France. Ses provifions portent qu'il pourra faire battre monnoie dans toutes les terres de l'Empire : rien ne prouve mieux ce refpect fecret qu'on avait dans toute l'Europe pour la dignité impériale.

Pendant qu'Edouard s'appuïe des forces temporelles de l'Allemagne, Philippe de Valois cherche à faire agir les forces fpirituelles du pape; elles étaient alors bien peu de chofe.

Le pape Benoît XI. encor dans Avignon comme fes prédéceffeurs, était dépendant du roi de France.

Il faut favoir que l'empereur n'aïant point été abfous par le pape, demeurait toujours excommunié, & privé de fes droits dans l'opinion vulgaire de ces tems-là.

Philippe de Valois qui peut tout fur un pape d'Avignon, force Benoît XI. à différer l'abfolution de l'empereur. Ainfi l'autorité d'un prince dirige fouvent le miniftére pontifical, & ce miniftére à fon tour fufcite quelques princes. Il y a un Henri duc de Baviére, parent de Louis l'empereur, prenant toujours felon l'ufage ce titre de duc fans avoir le duché ; mais poffédant une

partie

partie de la Bavière inférieure. Ce Henri demande pardon au pape par ses députés, d'avoir reconnu son parent empereur. Cette bassesse ne produit dans l'Empire aucune des révolutions qu'on en attendait.

1338.

Le pape Benoît XI. avoüe que c'est Philippe de Valois roi de France qui l'empêche de reconcilier à l'église l'empereur Louis. Voilà comme presque tous les papes n'ont été que les instrumens d'une force étrangère. Ils ressemblaient souvent aux dieux des Indiens, à qui on demande de la pluye à genoux, & qu'on traine dans la rivière, quand on n'est pas éxaucé.

Grande assemblée des princes de l'empire à Rens sur le Rhin. On y déclare ce qui ne devrait pas avoir besoin d'être déclaré; *que celui qui a été élu par le plus grand nombre, est véritable empereur; que la confirmation du pape est absolument inutile; que le pape a encor moins le droit de déposer l'empereur; & que l'opinion contraire est un crime de Leze-Majesté.*

Cette déclaration passe en loi perpétuelle le 8. août à Francfort.

Albert d'Autriche surnommé d'abord *le contrefait*, & qui ensuite changea ce surnom en celui de *sage*, l'un des freres de ce Fréderic d'Autriche, qui avait disputé l'empire, & le seul de tous ses freres par qui la race Autrichienne s'est perpétuée, attaque encor en vain les suisses. Ces peuples qui n'avaient de bien que leur liberté, la défendent toujours avec courage. Albert est malheureux dans son entreprise, & mérite le nom de *sage* en l'abandonnant.

1339.

L'empereur Louis ne pense plus qu'à rester tranquile dans Munich, pendant qu'Edouard roi d'Angleterre son vicaire, traîne cinquante princes de l'Empire à la guerre contre Philippe de Valois, & va conquerir une partie de la France. Mais avant la fin de la campagne tous ces princes allemands se retirent chez eux; & Edouard assisté des flamans, poursuit ses vûes ambitieuses.

1340.

L'empereur Louis qui s'était repenti d'avoir donné le vicariat d'Italie à un roi de Bohéme guerrier & puissant, se repent d'avoir donné le vicariat d'Allemagne à un roi plus puissant & plus guerrier. L'empereur était le pensionnaire du vicaire; & le fier anglais se conduisant en maître, & païant mal la pension, l'empereur lui ôte ce vicariat, devenu un titre inutile.

L'empereur négocie avec Philippe de Valois. Pendant ce tems l'autorité impériale est absolument anéantie en Italie. Malgré la loi perpétuelle de Francfort.

Le pape de son autorité privée accorde aux deux freres Viscomtis le gouvernement de Milan qu'ils avaient sans lui, & les fait vicaires de l'église romaine; ils avaient été auparavant vicaires impériaux.

Le roi Jean de Bohéme va à Montpelier pour se guérir par la salubrité de l'air, d'un mal qui attaquait ses yeux. Il n'en perd pas moins la vûe, & il est connu depuis sous le nom de Jean *l'aveugle*. Il fait son testament, donne la Bohéme,

&

& la Siléfie à Charles depuis empereur, à Jean la Moravie, à Wenceflas né de Béatrix de Bourbon, le Luxembourg & les terres qu'il a en France du chef de fa femme.

L'empereur cependant jouit de la gloire de décider en arbitre des querelles de la maifon de Dannemarck. Le duc de Sléefwich-Holftein par cet accomodement renonce aux prétentions fur le roiaume de Dannemarck, il marie fa fœur au roi Valdemar III. & refte en poffeffion du Jutland.

1341. 1342. 1343.

Louis de Bavière femble ne plus penfer à l'Italie, & donne des tournois dans Munich.

Clément VI. nouveau pape né français, & réfidant à Avignon, eft follicité de revenir enfin rétablir en Italie le pontificat, & d'y achever d'anéantir l'autorité impériale. Il fuit les procèdures de Jean XXII. contre Louis. Il follicite l'archevêque de Trêves de faire élire en Allemagne un nouvel empereur. Il foulève en fec et contre lui, ce roi de Bohéme Jean *l'aveugle* toujours remuant, & le duc de Saxe, & Albert d'Autriche.

L'empereur Louis qui a toujours à craindre qu'un défaut d'abfolution n'arme contre lui les princes de l'Empire, flatte le pape qu'il détefte, & lui écrit. *qu'il remet à la difpofition de fa fainteté, fa perfonne, fon état, fa liberté, & fes titres.* Quelles expreffions pour un empereur qui ava t condamné Jean XXII. à être brulé vif!

Les princes affemblés à Francfort font moins complaifans, & maintiennent les droits de l'empire.

2344. 1345.

Jean l'aveugle femble plus ambitieux, depuis qu'il a perdu la vue. D'un côté il veut fraïer le che-

chemin de l'Empire à son fils Charles, de l'autre il fait la guerre à Casimir roi de Pologne, pour la mouvance du duché de Schwednitz dans la Silésie.

C'est l'effet ordinaire de l'établissement féodal. Le duc de Schwednitz avait fait hommage au roi de Pologne. Jean de Bohéme réclame l'hommage en qualité de duc de Silésie. L'empereur soutient en secret les intérêts du polonais, & malgré l'empereur, la guerre finit heureusement pour la maison de Luxembourg. Le prince Charles de Luxembourg, marquis de Moravie, fils de Jean l'aveugle, devenu veuf, épouse la nièce du duc de Schwednitz qui fait hommage à la Bohéme; & c'est une nouvelle confirmation que la Silésie est un annexe de la couronne de Bohéme.

L'imperatrice Marguerite femme de l'empereur Louis de Baviére, & sœur de Jean de Brabant se trouve héritière de la Hollande, de la Zélande, & de la Frise; elle recueille cette succession. L'empereur son mari devait en être beaucoup plus puissant, il ne l'est pourtant pas.

En ce tems Robert comte palatin fonde l'université de Heidelberg sur le modèle de celle de Paris.

1346.

Jean *l'aveugle* & son fils Charles font un grand parti dans l'Empire au nom du pape.

Les factions impériales & papales troublent enfin l'Allemagne comme les guelfes & les gibelins avaient troublé l'Italie. Clément VI. en profite. Il publie contre Louis de Baviére une bulle le 13. avril; *que la colère de Dieu*, dit-il, *& celle de st. Pierre & st. Paul tombe sur lui dans ce monde-ci, & dans l'autre; que la terre l'engloutisse tout vivant, que sa mémoire périsse, que tous les élémens*

lui

lui soient contraires, que ses enfans tombent dans les mains de ses ennemis aux yeux de leur pere.

Il n'y avait point de protocole pour ces bulles; elles dépendaient du caprice du Dataire qui les expédiait. Le caprice en cette occasion est un peu violent.

Il y avait alors deux archevêques de Mayence, l'un déposé en vain par le pape; l'autre élu à l'instigation du pape par une partie de chanoines. C'est à ce dernier que Clément VI. adresse une autre bulle pour élire un empereur.

Le roi de Bohéme Jean *l'aveugle*, & son fils Charles marquis de Moravie qui fut depuis l'empereur Charles IV. vont à Avignon marchander l'Empire avec Clément VI. Charles s'engage à casser toutes les ordonnances de Louis de Baviére, à reconnaitre que le comté d'Avignon, apartenait de droit au st. siége, ainsi que Ferrare, & les autres terres; (il entendait celles de la comtesse Mathilde) les roiaumes de Sicile, de Sardaigne, & de Corse, & sourtout Rome; que si l'empereur va à Rome se faire couronner, il en sortira le même jour, qu'il n'y reviendra jamais sans une permission expresse du pape &c.

Après ces promesses, Clément VI. recommande aux archevêques de Cologne, & de Tréves, & au nouvel archevêque de Mayence d'élire empereur le marquis de Moravie. Ces trois prélats avec Jean l'aveugle s'assemblent à Rens près de Coblentz le 1. juillet. Ils élisent Charles de Luxembourg marquis de Moravie, qu'on connait sous le nom de Charles IV.

Quoique l'Allemagne fût partagée, le parti de Louis de Baviére est tellement le plus fort, que le nouvel empereur, & son vieux pere aveugle, au lieu de soutenir leurs droits en Allemagne,

vont

vont se battre en France contre Edouard d'Angleterre pour Philippe de Valois.

Le vieux roi Jean de Bohéme est tué à la fameuse bataille de Creci le 25. ou 26. août, gagnée par les anglais. Charles s'en retourne en Bohéme sans troupes & sans argent ; il est le premier roi de Bohéme qui se soit fait couronner par l'archevêque de Prague ; & c'est pour ce couronnement que l'évêché de Prague jusques-là suffragant de Mayence, fut érigé en archevêché.

1347.

Alors Louis de Baviére & l'anti-empereur Charles se font la guerre. Charles de Luxembourg est battu par tout.

Il se passait alors une scène singuliére en Italie. Nicolas Rienzi notaire à Rome, homme éloquent, hardi & persuasif voiant Rome abandonnée des empereurs & des papes qui n'osaient y retourner, s'était fait tribun du peuple. Il regna quelques mois d'une maniére absoluë ; mais le peuple qui avait élevé cette idole, la détruisit. Rome depuis longtems ne semblait plus faite pour des tribuns. Mais on voit toujours cet ancien amour de la liberté qui produit des secousses & qui se débat dans ses chaines. Rienzi s'intitulait amateur *de l'univers, & tribun auguste*. Cela seul prouve qu'il était entousiaste, & par conséquent indigne de commander à des hommes d'esprit.

Mort de l'empereur Louis de Baviére le 11. octobre. Quelques historiens le disent empoisonné : cela peut être, mais il faut en être sûr pour le dire. Au reste il s'intitulait Louis IV, & non Louis V. il n'avait pas encor plu aux cronologistes de compter pour empereur, Louis l'enfant bâtard du bâtard Arnoud ; ou plutôt il n'y avait point alors de cronologistes.

FIN DU I. TOME.

www.ingramcontent.com/pod-product-compliance
Lightning Source LLC
Chambersburg PA
CBHW071859230426
43671CB00010B/1398